Dieses Buch
ist ein Geschenk des Verlages
an Mitarbeiter/-innen
der Deutsche Nestlé AG

Den Verfasser
verbinden mit diesem Unternehmen
30 Jahre seines Berufslebens
Verkauf, Marketing, Personal-Entwicklung
und viele sehr gute Erinnerungen

www.paddel-buecher.de

Otto v. Stritzky

Abenteuerliche Ziele

für Boot und Zelt

Kanadas Fjorde
Indianerland
Ohio River
Mexikos Baja
Bahama Cays

Wandertouren zum Nach(er)fahren

Verlag Otto v. Stritzky, Kelkheim - Eppenhain

in Zusammenarbeit mit dem Deutschen Kanu-Verband

Dank

allen denen, die uns unterwegs halfen zurecht zu kommen, die von ihrem Land erzählten, Anregungen und Hinweise gaben, manchmal besorgt abrieten oder ermutigten. Oft haben wir ihre Erfahrungen nutzen können. Wir beide, Marja und ich, sind vor allem aber dankbar dafür, daß wir diese Fahrten zusammen erleben durften.

Buch

Layout, Satz, PC-Grafik, Fotos und Fehler: Otto v. Stritzky, Kelkheim
Umschlag und Illustrationen: Marja de Pree, Kelkheim
Gesamtherstellung: Societätsdruck, Frankfurt am Main

CIP-Titelaufnahme der Deutschen Bibliothek

Stritzky, Otto v.:
Abenteuerliche Ziele für Boot und Zelt : Kanadas Fjorde, Indianerland, Ohio River, Mexikos Baja, Bahama Cays ; Wandertouren zum Nach(er)fahren / Otto v. Stritzky. In Zusammenarbeit mit dem Deutschen Kanu-Verband. - Kelkheim-Eppenhain : v. Stritzky, 1994
ISBN 3 - 9801220-3-4

Printed in Germany 1994

Im Birkenfeld 13 A • D 65779 Kelkheim - Eppenhain
✆ 06198-8657

ISBN 3 - 9801220 3 - 4

Abenteuer

„Gefährliches Wagnis, ungewöhnliches Geschehen, ersehntes Ereignis in einem stillen Leben und das galante bzw. schöne Liebesabenteuer“ - die Enzyklopädie hält gleich mehrere Bedeutungen für dieses Wort bereit. Welche davon treffen auf Fahrten zu, wie sie in diesem Buch beschrieben werden? Keine nur für sich allein, alle gemeinsam schon eher. So wie beim „Abenteuer Leben“ das ja auch sowohl aus wagen und riskieren, aus dem was nicht wie vorausgesehen passiert, aus Sehnsucht und Liebe besteht. Wobei für den Einzelnen das Maß dieser Begriffe jeweils ein anderes ist. Risiko, zum Beispiel, bedeutet nicht für jeden dasselbe.

Die „abenteuerlichen Ziele“ des Buches liegen jenseits des großen Teiches, mit dem Flugzeug bequem zu erreichen. Ein Boot für die Tour mieten Sie entweder dort oder Sie lassen Ihr eigenes Faltboot mitreisen, meist ohne zusätzliche Kosten. Es geht nach Kanada, USA, Mexiko und zu den Bahamas, in Länder wie sie verschiedener kaum sein können. Zu erfahren worin diese Unterschiede bestehen, das ist bereits ein Teil des Abenteuers. Die Landschaft? Die wirtschaftliche Situation? Oder sind es die Menschen, denen Sie oft überraschend unterwegs begegnen? Nach Rückkehr von einer der Wandertouren wissen Sie es. Vielleicht auch, zum Teil wenigstens, nach dem Lesen der Tagebuchaufzeichnungen. Die zeigen Ihnen wie wir die fremde Welt vom Boot aus sahen - Sie werden die wahrscheinlich unter einem ganz anderen Blickwinkel sehen wollen und können. So nimmt die Beschreibung nichts voraus, im Gegenteil: Sie gibt Ihnen Hinweise fürs eigene, individuelle Erleben während solch einer selbstgeplanten Wanderfahrt. Oder Sie sagen nach der Lektüre: „Das ist nichts für mich, da brauch' ich nicht hinzufliegen. Gut das zu wissen."

Geschrieben wurde das Buch auch für jene die meinen, man könne oder sollte fremde Länder aus Sicherheitsgründen besser in Gesellschaft vieler und unter erfahrener Leitung bereisen. Sicher, warum nicht - das Abenteuer aber bleibt dabei meistens auf der Strecke. Wir erlebten es jeweils zu zweit, was auch schon etwas darüber aussagt, daß die Touren gut nach(er)fahrbar sind. Amerikaner bezeichneten sie mehrfach als „adventurous", abenteuerlich. Sie meinten damit Risiken die wir nicht als solche empfanden - der typische Unterschied zwischen Zuschauen und in einem Ablauf aktiv drinstecken. Lagen sie also falsch mit ihrer Ansicht? Nein, eigentlich hatten sie schon Recht. Denn es war ja, wie stets bei solchen Fahrten, eine Verbindung von wagen, von nicht erwarteten Ereignissen und ungewöhnlichem Geschehen, so wie die Enzyklopädie den Begriff „Abenteuer" eben definiert. Und die Liebe reiste auch mit.

Wann ziehen Sie los mit Boot und Zelt, erneut oder zum ersten Mal? Zu einem dieser oder zu anderen abenteuerlichen Zielen? Gute Fahrt!

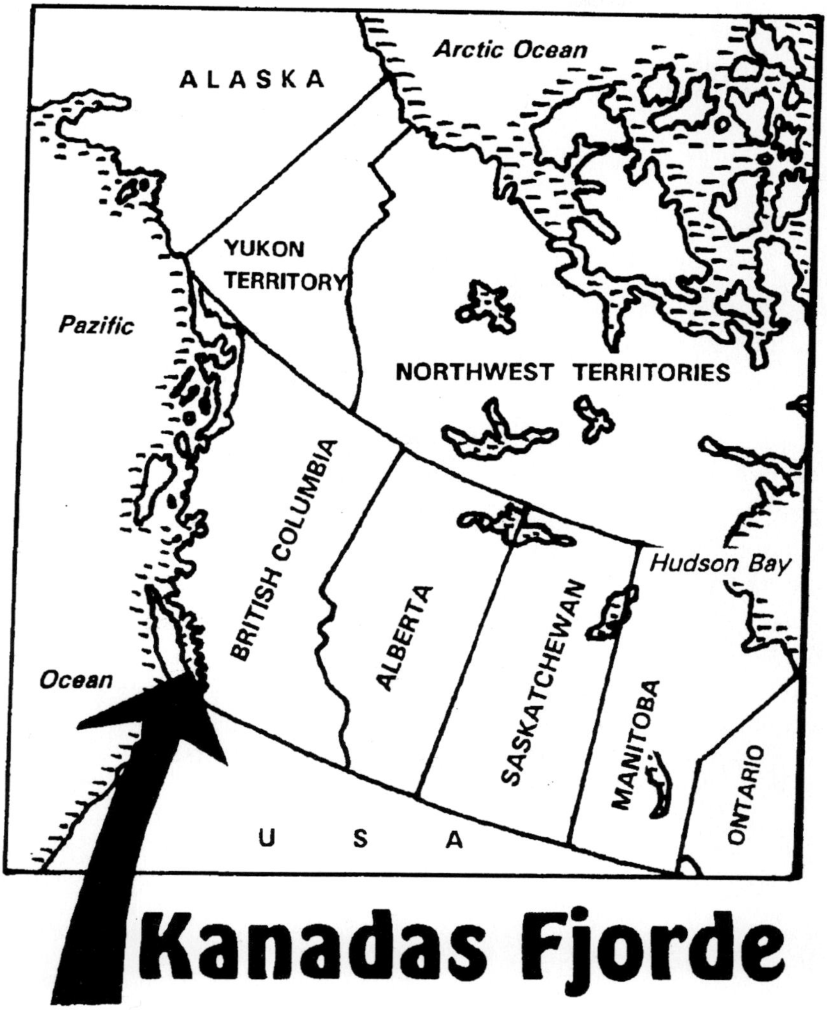

Kanadas Fjorde

Seite und dort . . .

In British Columbia paddeln

in einer Welt aus hohen Bergen, schneeweißen Gletscher, auf in der Sonne glitzerndem Wasser? Beschreibungen versprachen 1. 000 km Küstenlänge die sich um das 25 fache vervielfachen würde, wenn man die Ufer aller Inseln und Fjorde hinzu rechne. Und Indianer schienen dort auch zu sein, jedenfalls zierte einer ihrer Totempfähle die Information. Ein interessantes Gebiet also?

Das fanden vor mehr als 200 Jahren zwei Männer, die sich aus unterschiedlichen Gründen auf den Weg machten. 1778/79 segelte James Cook die pazifische Küste des Kontinents hinauf und durchforschte Buchten und Einschnitte. Er wollte eine schiffbare Verbindung von West nach Ost finden. Erfolg hatte er nicht. 1793 erreichten Alexander Mackenzie und seine Begleiter von der anderen Seite her die Westküste bei Bella Coola, nördlich Vancouver Island. Nach einer teils dramatischen Expedition über Wasser und Land. Sie suchten den kurzen Weg für ihre im östlichen Kanada eingehandelten Felle. Deren Abnehmer saßen in China - jenseits des Pazifik. Bisher bekamen sie ihre Ware über England und Rußland, also halb um die Erde herum.

Die Berichte lockten und wir fuhren. Auf einem von vielen möglichen Kursen. Ihrer könnte ein anderer sein - mit jedoch der gleichen ursprünglichen Natur vor dem Bug. Denn die hat sich in den 200 Jahren seit ihrer Entdeckung durch Fremde kaum verändert.

Britisch Columbia: Am Westen des nördlichen Amerikas, hinter der Barriere hoher Berge, hatte lange Zeit niemand Interesse. Da lebten nur einige Indianerstämme, da war unwegsames, wildes Land mit Bären und Mückenschwärmen. Und abgesehen von etwas Handel tat sich dort nichts. Dann aber fand 1849 jemand Gold in diesem Gebiet. Und da wurde man in London wach: Doch ein reiches Land? Beamte reisten hin, steckten Grenzen ab, zeichneten Landkarten und gründeten 1858 eine Kronkolonie. Deren Namen „British Columbia" erfand Queen Victoria höchstselbst. Ob Kolumbus bei ihren Überlegungen mitspielte, der diese Gegend nie gesehen hatte? Das ist nicht überliefert. Zur kanadischen Konföderation gehört B.C., wie es abgekürzt genannt wird, seit 1871, heute als westlichste Provinz zum Staat Kanada. Nur nominell ist die britische Queen immer noch Staatsoberhaupt. Daran erinnert in der B.C. Flagge das Union Jack mit einer Krone über der Sonne und blau-weißen Ozeanwellen.

Bevölkerung: Die eigentliche Besiedlung des Landes, seiner Westküste, begann 1886, nach Fertigstellung der transkontinentalen Eisenbahnlinie. Heute leben auf 950.000 qkm, einer Fläche, die größer ist als Schweden, Norwegen, Island und Dänemark zusammen, kaum 3 Millionen Menschen. Es sind Kaufleute und Händler, Beamte und Angestellte, Forstleute, Fischer und viele Rentner: B.C.'s Natur und Klima bieten ideale Voraussetzungen um gesund alt zu werden. Und die Urbevölkerung, die vor etwa 10.000 Jahren über eine Landbrücke einwanderte, die damals Asien mit Amerika verband? Ihre Nachfahren, die Indianer vieler verschiedener Stämme, sind teils integriert, teils leben sie in eigenen, abgeschlossenen Siedlungen bzw. Reservaten - auf ihrem Land, es gehört ihnen. Meist sind es Wälder, endlose, teils noch unerschlossene Wälder.

Wirtschaft: Wald ist nahezu ein Synonym für B.C. - 70% des kanadischen Holzes kommt von dort, Holz erwirtschaftet rund die Hälfte des Einkommens der Provinz. Den anderen Teil produzieren Land- und Fischwirtschaft sowie Obstplantagen in sonnigen Tälern. Der Abbau von Kohle, Kupfer, Blei, Molybden und Silber bringt ebenso Geld wie Gasvorkommen und aus Wasserkraft erzeugte Energie. Wild ist das Land immer noch. 90% seiner Fläche blieben bisher unbewohnbar. Nur wenige Verbindungen führen nach Norden durch die Berge, ¾ des Landes liegt in klimatisch weniger günstigen 1.000 m Höhe und mehr, und die nur etwa 3% ebenen Flächen der Provinz sind auch nicht gerade üppig für den landwirtschaftlichen Anbau. Was sagen diese Zahlen? Ganz deutlich: Das ist ein Land, in dem sich unverfälschte Natur findet, in dem Platz ist fürs Herumziehen, wo man sich nicht gegenseitig auf die Füße tritt bzw. einander vor den Bug läuft. Ein Land also fürs Wandern, auch auf dem Wasser. Und damit wurde der Tourismus zu einer weiteren ertragreichen Einkommensquelle.

Klima: Wo der Wind vorzugsweise aus West weht, sind sich ihm entgegenstellende Berge Regenfänger. Das trifft für die Küste von British Columbia zu. Da sind Stellen, an denen um die 600 cm Niederschlag pro Jahr gemessen werden - das reicht zum Aufstieg in die nasse Weltbestenliste. Aber: Im Süden übernimmt Vancouver Island weitgehend die Funktion der Regenbremse - mit 31.000 qkm ist die Insel etwa so groß wie Belgien. Wolken regnen an ihren Bergen ab. Dadurch kann es im dahinter gelegenen Paddelgebiet längere Zeit trocken bleiben kann. Im Sommer jedenfalls. Die Temperaturen während der Saison:

	Juni	Juli	August
	15°	16°	16°
niedrig	8°	10°	10°

Kalt? Es sind Durchschnittswerte für den mittleren Teil der Küste. In ihnen sind kältere Tage, aber auch wärmere versteckt. Wärmere, wenn die Sonne scheint. Das tut sie im Sommer reichlich. „Sunshinecoast“ nennen die Kanadier darum den Abschnitt zwischen Vancouver und Campbell River. Während unserer Fahrt war's nicht übertrieben.

Wie kommen Sie hin?

Flug: Direktverbindungen von europäischen Flughäfen nach Vancouver stehen auf den Plänen sehr vieler Airlines. Unterschiedlich ist jedoch der jeweils geforderte Preis. Und auch die Bereitschaft Überlängen eines Faltbootes oder Kajaks zu tolerieren. So lohnt es, sich vorher genau zu informieren und eventuell mit der Fluggesellschaft über die Konditionen zu verhandeln.

Bahn: Die Fahrt im Zug quer durch den Kontinent und durch die Rockies ist ein Erlebnis besonderer Art. Wenn Sie Zeit haben: Lösen Sie ein Ticket an der Ostküste und genießen Sie die Landschaft der durchfahrenen Provinzen vom gemütlichen Schlaf- und Wohnabteil aus. Bis dann das Wasser des Pazifiks in Sicht kommt wo Sie Ihr Boot einsetzen. Als Faltboot hat es im Abteil bequem Platz. Ihren festen Kajak allerdings müßten Sie per Fracht abfertigen lassen.

Bus, Auto: Auf dem etwa gleichen Weg durchs Land verkehren Busse, in erster Linie die Greyhounds. Die, wie die meisten anderen auch, nehmen das Bootsgepäck anstandslos mit. Und wenn Sie mit dem eigenen Auto fahren - es ist ein langer, sehr langer Weg. 5.000 km - etwas weniger oder mehr, je nachdem, wo Sie starten.

Wer hilft Ihnen bei den Vorbereitungen?

Außer Ihrem örtlichen Reisebüro geben Auskünfte

Kanadisches Konsulat
Tourismus Abteilung
Prinz-Georg-Str. 126
40479 Düsseldorf
Tel. 0211-172170
Fax 0211-359165

Canada Reise Dienst
Rathausplatz 2
22926 Ahrensburg
Tel. 04102-51167
Fax 04102-31713

Informationen und Reservierungen für die Bahn in Kanada:

VIA Rail Canada Inc.
Passenger Service
Union Station
65 Front St. W.
Toronto, Ontario, M5J 1E7

Karten: Gesamtkarten der Provinz BC können Sie sich bereits hier besorgen. Gut sind die Rand McNally Karten. Im Buchhandel erhältlich oder vom Geo-Center ILH, Anschrift im Adressen-Anhang. Das Outdoor Recreation Council of British Columbia gibt topografische Karten für Teilgebiete 1:100.000 heraus die viele zusätzliche Informationen über das Land und seine Sehenswürdigkeiten enthalten. Seekarten: Eine Serie der kanadischen „Small-Craft Charts", Nr. 3311 mit Blättern 1-5 deckt im Maßstab 1:40.000 den Bereich zwischen Vancouver und

Desolation Sound ab. Anschluß durch die Nr. 3538 bis Subtil Channel, 3539 Discovery Passage, 3541 Approach Toba Inlet sowie die Nr. 3514 für Jervis- und Princess Louisa Inlet. Erhältlich sind die Karten im Buchhandel, über die im Adressen-Anhang unter 3 und 4 genannten Firmen, in kanadischen bookshops, beim sport-equipment und meist in den Marinas, Sporthäfen. In diesen Geschäften bekommen Sie auch die „Canadian Tide & Current Tables", herausgegeben vom Canadian Hydrographic Service. Die brauchen Sie für Ihre Fahrt an der Küste unbedingt.

Literatur: Mehrere Bücher unter dem Titel „Kanadas Westen", geben allgemeine Informationen zum Reisen in u.a. B.C. Gut und genau ist das kanadische Buch „Sea Kayaking Canada's West Coast" von John Ince & Hedi Köttner, Verlag Raxas Books, Vancouver. Und zur Vorbereitung der Fahrt eignen sich:

- „John Dowd, Sea Kayaking", Verlag Douglas & McIntyre, Vancouver
- „Paddel-Handbuch für Salz- und Süßwasser", BLV-Verlag, München
- „Kanuratgeber Kanada", M. Diekmann, F.Thieme, Selbstverlag
- „Kanu-Atlas 1", F. Wenger

Und wenn Sie wissen wollen, was andere Kanuten über ihre Erfahrungen in diesem Gebiet geschrieben haben, so wenden Sie sich an die Info-Bank für Kanuwanderer, Adresse unter 1 im Anhang.

Leihboote: In Vancouver vermieten eine ganze Reihe von Outfitter - Firmen, Ausrüstern, Boote, auch Seekajaks. Erkundigen Sie sich nach aktuellen Adressen und Angeboten in Sportgeschäften.

Ihre Wanderfahrt

Route: Unsere führte von Vancouver aus nach Nordwesten. Abstecher in einen der großen Fjorde und in das Gebiet der Octopus Islands. Vancouver kann auch Ihr Ausgangshafen sein. Oder die weiter nördlich gelegenen Orte Sechelt bzw. Powell River, beide per Bus zu erreichen, sofern Sie sich nicht irgendwohin einfliegen lassen wollen. Das ist möglich. Egal von welchem dieser Plätze aus - immer erreichen Sie die in die Berge führenden Inlets, Jervis, Toba, Bute, um nur einige der großen zu nennen. Ihre Fahrt wird sich wahrscheinlich an der Küste des Festlandes orientieren und bei dem ersten Törn entweder in Campbell River oder spätestens in Port Hardy an der

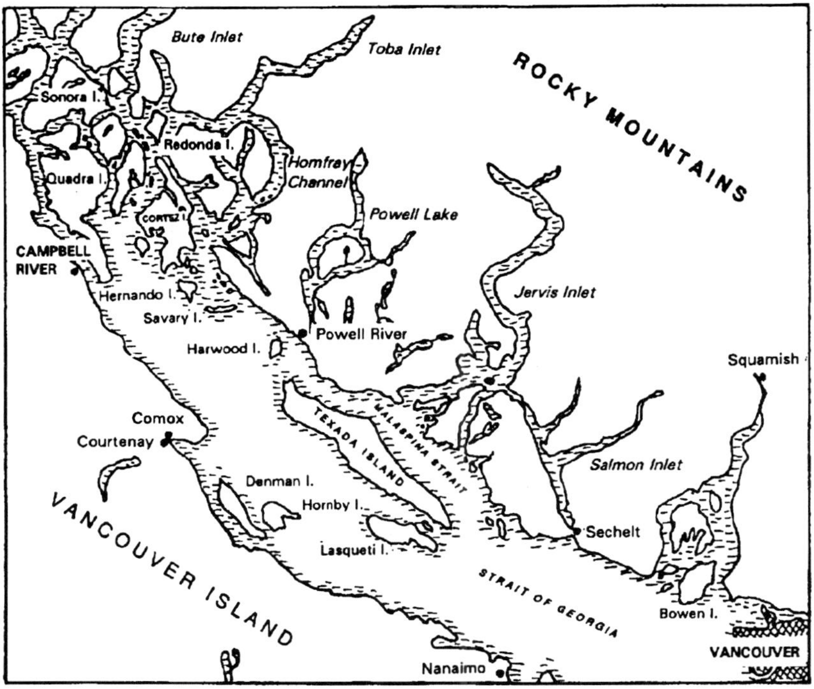

Queen Charlotte Strait enden. Wobei Sie unterwegs Ihren eigenen Weg zwischen Halb- und ganzen Inseln suchen.

Das Besondere: Die Unabhängigkeit in der Wahl des eigenen Weges. Hier führt er mitten hinein in die Berge, dort an Indianersiedlungen vorbei oder durch die Reviere der Orcas, der Killer-Wale, wie sie oft genannt werden. Auch andere Tiere werden Sie nahe am Boot und beim Zelt haben. Unser Bericht nennt einige.

Was erwartet Sie?

Ein direktes Nebeneinander von Wasser und Bergen. Zwar ist die Küste erschlossen, trotzdem aber noch in Teilbereichen echt wild. Kontakte mit Menschen, dann wieder weite Strecken Einsamkeit. Und immer neue, andere Wasserwege. In ihnen fließt das Wasser des Pazifischen Ozeans. Verhältnismäßig warmes, das mit der Kuroshio-Strömung von Japan her zu den B.C.- Küsten gelangt und dort im Sommer bis zu 25° C aufheizt. Aber: Ausgedehnte Eis- und Schneefelder der Rockies liegen in Höhen zwischen 2.000 und 3.000 m, meist am Ende langer, schmaler fjordartiger Einschnitte. Von dort, von den Gletschern abfließendes Schmelzwasser sorgt für erfrischendere Temperaturen.

Der Gezeitenstrom, eine Größe, mit der Sie, im Boot ohne Motor, rechnen müssen. Er läuft entlang der Küste, in den Fjorden und zwischen den Inseln. Und wo es für ihn eng wird, erhöht er die Geschwindigkeit. Das führt zu manchmal turbulenten Veränderungen auf dem Meer, von Strömungswellen bis zu rauschendem Wildwasser. Und zu manch einer Überraschung. Darum müssen Sie die Zeitrhythmen von Ebbe und Flut kennen, darum den Tidenkalender dabei haben. Und die "Current-tables". Sie zeigen für bestimmte Engen im Inselgebiet an, wann es dort bei "slack tide", beim Stillstand des Wassers durch Umkehr der Tidenrichtung, möglich ist zu passieren.

Wetter und Wind: Wettervorhersagen der Canadian Coast Guard sind entlang der Küste von örtlichen Radiostationen zu empfangen. Die Küstenwache gibt auch telefonisch Auskünfte, z. B. über zu erwartende Windstärken - die typischen Sturmzeiten beginnen allerdings erst Ende August, Anfang September. Windhäufigkeiten werden vom Canadian Hydrographic Service aufgezeichnet und veröffentlicht. Die sind nachzulesen doch viel haben Sie nicht davon. Denn Ihnen bieten die Inseln oft Schutz. Andererseits folgt der Wind der Topographie. Das heißt: In Fjorden, in den inlets, bläst er in der Richtung, die ihm Berghänge und enge Wasserwindungen vorschreiben. Und dort "tunnelt" er, bündelt seine Kräfte. Meist pustet es dann von See her, sofern nicht der Squamish, ein Fallwind, kalt von den Bergen kommt. Auch bei dem ist Vorsicht geboten. Aber wie so oft: Wenn Sie früh losfahren, da schläft der Wind häufig noch. Erst am späteren Vormittag begehrt er auf und geht abends wieder schlafen - längst bevor es dunkel wird.

Zelten: Einen Platz fürs Zelt finden Sie immer. Mal an einem Sandstrand, mal auf einem Felsplateau über dem Wasser. "Fahrstuhl" dorthin ist die Tide, ihr Hub von bis zu 4 m. Das kann Vor- aber auch Nachteil sein. Denn morgens ist das Wasser "ganz weit unten". Vielleicht auch weit weg, wenn bei Ebbe Watt trockenfällt.

Risiken: Ein ernst zu nehmendes: Sie kentern. Die Wahrscheinlichkeit dafür ist zwar nicht groß, aber wo das Wasser von den Gletschern der Berge kommt, ist's eiskalt. Und lange halten Sie es in ihm nicht aus. Neopren- oder andere Schutzkleidung mindert das Risiko der Unterkühlung. Doch damit immer zu fahren ist nicht für jeden angenehm. Ihr Boot sollte über so viel Auftrieb verfügen, daß es schwimmen bleibt. Und kennen Sie die Praktiken des Wiedereinsteigens? Können Sie Ihr Boot lenzen, d.h. leer pumpen? Haben Sie einen Notsignalgeber an Bord? Wenn nicht, werden Sie möglichen Risiken noch bewußter aus dem Weg gehen als sonst.

Was brauchen Sie?

Sie sind auf dem Meer, auch wenn die offene Sicht zu ihm durch Vancouver Island versperrt bleibt. Dementsprechend brauchen Sie ein "seegängiges" Boot, eines mit dem Sie sowohl im Seegang, als auch auf schnellem Wasser zurecht kommen. Auch jeden Fall ein gedecktes Boot, ob Kajak oder Canadier. Eines in dem Sie Ihr Hab und Gut sicher und wasserdicht verstauen können - entweder hinter den Luken des Seekajaks oder in Beuteln, Tonnen etc. Und wenn Sie ein Segel mitnehmen - Sie werden es brauchen können. Zeitweise jedenfalls. Auch ein Drachensegel ist einsetzbar: Weite Wasserflächen und oft ausreichend starker Wind. Einheimischen reicht manchmal ein am Ufer aufgesammelter Ast und ein daran gebundener Fetzen Stoff, sofern der genug Wind fängt ...

Ausrüstung: Die Zivilisation ist zwar nicht weit entfernt, von ihr unabhängig zu sein erhöht jedoch den Reiz der Fahrt. Schauen Sie darum vorher Ihre Checkliste, z.B. im Paddel-Handbuch, durch, Schwimmweste, Mückenabwehr, Sonnenschutz, Medizinkasten usw. Wichtig ist auf dieser Fahrt das Buschmesser oder die Axt - Zeltplätze präsentieren sich nicht immer gleich "aufgeräumt". Denken Sie an einen Plastikbeutel für den nicht verbrennbaren Müll. Die nächste Marina nimmt ihn zur Entsorgung.

Versorgung: Entlang der Küste finden Sie in größeren Abständen "Marinas", kleine Häfen für Motor- und Segelboote. Mit einem Laden und mit Frischwasserhahn. Ferner einige Ortschaften in denen Sie einkaufen können. Manchmal sind das Indianer-Reservate. Um diese zu besuchen brauchen Sie die Zustimmung des Häuptlings. Fragen Sie nach ihm, nach dem chief. Bei ihm oder in den Marinas auch, ob Sie in dem jeweiligen Gebiet Angeln dürfen. Fische gibt es genug.

Vorsorge: Ist da niemand, außer Mücken, der Ihnen ans Fell will? Wilde Tiere, Bären zum Beispiel? Vielleicht begegnen Sie einem: Nicht füttern wollen ist eine Regel. Die anderen: Nicht zwischen eine Bärenmutter und ihre Jungen geraten. Und laut reden damit der Petz weiß, daß da Menschen sind - er sieht nicht gut. Und dann langsam ihm den Weg freigeben, nicht weglaufen. Denn er ist schneller als Sie. Wenn's ein Braunbär ist: Rauf auf den nächsten Baum. Klettern kann der nicht.

Wieviel Zeit haben Sie?

Drei Wochen oder vier? Genug, um die Fjorde, einen oder zwei von ihnen, gut kennenzulernen. Wollten Sie Tagesetappen im Voraus abstecken, dann brauchen Sie dazu den Tidenkalender. Denn gegen Ebbe oder Flut mit so um die drei kmh geht's langsam voran, mit deren Strom umso schneller. Aber wozu die genaue Vorausplanung? Wind und Wetter können Sie nicht einkalkulieren. Und "Unvorhergesehenes" auch nicht - Begegnungen mit Einheimischen, mit Tieren, mehr Zeitbedarf für ein Fotomotiv oder, oder, oder. Wir waren 32 Tage unterwegs, davon 22 auf dem Wasser dieses Gebietes. Tagesdurchschnitt 21 km - Spannbreite von 10 bis knapp 40. Warum, das erzählt unser folgender Bericht von dieser Fahrt.

Alternativ-Planungen: Vancouver kann Ihr Startplatz auch für Fahrten nach Süden sein. In das Gebiet der San Juan Islands die bereits zu den USA gehören. Und, nach Verlassen der Queen Charlotte Strait, locken zahllose weitere Fjorde, im Norden British Columbias und in Alaska. Die Anforderungen an Mensch und Boot jedoch werden dort höher und die Perioden mit guten Wetter kürzer.

Als uns das Wetter an der Küste nicht mehr gefiel, da packten wir das Faltboot zusammen, ließen es in Bussen mitfahren und paddelten im sonnigen Inland - Seen und Flüsse gibt es dort genug!

Und nun, was wir während der Fahrt sahen und erlebten . . .

Vancouver

Eine Durchsage des Flugkapitäns: „Wir überfliegen gerade die Rocky Mountains, die wir kurz Rockies nennen. Hier erreichen wir British Columbia, besser unter der Abkürzung B.C. bekannt. Kanadas westlichste Provinz, die schönste - meine subjektive Meiung. In Kürze werden wir in Vancouver landen, der beauty unter unseren Städten. Bitte schnallen Sie sich jetzt an ..."

Landeanflug. Bei strahlender Sonne weiß schäumende Flüsse inmitten dunkler Wälder. Die Küste der blauen, pazifischen See mit hineingetupften Inseln: „Da werden wir paddeln ...!" Fast tropische Temperatur beim Verlassen des Flugzeuges, nichts vom kalten Kanada. Und dann die Zollbeamten - die lassen uns, das Gepäck auf dem Bootswagen, unkontrolliert vorbeirollen. Offensichtlich kennen sie diese Art von Touristen, denn einen hören wir zum anderen sagen: „It's their second home..." - Mit diesem zweiten Haus brauchen wir zunächst mal ein drittes, ein Hotel. Der Taxifahrer rät vom ersten auf unserer Liste ab: „Da verkehren nur Indianer, zu viel Suff am Abend". Das zweite ist voll, das nächste seinen Preis ebenso wert wie seinen Namen: „Blue Horizon". Vom 27. Stock aus jedenfalls haben wir als Horizont die Vancouver-Bucht, Hafen und Stadt vor bzw. unter uns. Wolkenkratzer im Kern, weite Wohnsiedlungen rundherum. Alte Holzhäuser neben modernen Bungalows. In der Vollverglasung eines Büroturms spiegelt sich sein Gegenüber, von einem anderen Gebäude sprudelt Wasser in Kaskaden, auf den Außenetagen grünen Bäume und Büsche. Städte sind sonst nicht unser Fall. Vancouver aber? Es ist anders als „normale" Metropolen, so es die überhaupt gibt - eine Schönheit mit Charm. Der Flugkapitän hatte recht.

Eine Millionenstadt. Mit Menschen der verschiedensten Rassen. Daß Asiens Küsten „gegenüber" sind, daß die Südsee-Inseln am selben Ozean liegen - Gesichter in den Straßen zeigen das. Eine Stadt mit vielen Möglichkeiten sich auf die Natur unterwegs vorzubereiten. Busse bringen zu Nationalparks und über eine Fähre hinüber in den Regenwald auf Vancouver Island. Im Aquarium die Tiere der Region, die weiter im Norden von Eskimos gejagten Weißwale bzw. Belugas, Schwertwale und Seeotter. „Sieht so aus, als ob man denen draußen nicht mehr begegnet. Sonst würde man die hier doch nicht zeigen.“

Die Verkehrsmittel streiken, lange Fußmärsche sind angesagt. Vorbei an gläsernen Büropalästen, erstaunt über das harmonische Nebeneinander von Moderne, Bauten im englischen Colonial Style und altgriechischen Säulen. Straßen voll exclusiver Ladengeschäfte. „Sind ne ganze Menge unserer Landsleute eingewandert, gerade nach B.C.“, erzählt ein deutscher Einzelhändler, „und weil viele Geschäfte, wie meines, in dieser street sind, nennen die Kanadier sie Robson-*Straße*.“ Er verkauft Münchner Bier und Frankfurter Würstchen, Schwäbisches Sauerkraut, Pumpernickel-Schwarzbrot aus Norddeutschland und Berliner Sarotti-Schokolade. Zu stolzen Preisen. Wir decken uns billiger im Kaufhaus der Hudson Bay Company ein. Ihr Name - da sind die Bilder der abenteuerlichen Boote vor Augen, mit denen die Händler dieser Gesellschaft über Ströme und Seen durch Kanadas Wildnis zogen. Vor zweihundert und mehr Jahren treidelten, schoben und trugen sie ihre Yorkboats und andere über meilenlange, unfahrbare Strecken, oft stromauf. Sie transportierten tonnenschwere Ladungen aus Mehl, Zucker, Rosinen, Werkzeug, mit Glasperlen, Tabak, Rum und Schießpulver zu Indianerstämmen und zu Trapperstationen, um das Gut gegen Pelze einzutauschen. Gegen Pelze von Bären, Bibern und Wildkatzen, die dann von der Hudson Bay aus, im

Osten, nach Europa verschifft wurden. Unsere „Ladung“ nach dem Einkauf: „Viel zu viel, um das alles im Boot wegzustauen!“ Zurück im Hotel schrumpft der Eßvorrat für die nächsten zwei Wochen. Aus Blechdosen, Pappschachteln und schweren Glascontainern füllen wir in unsere leichteren, flexiblen Behälter um. „Oh, you had a big meal?“ grinst das Zimmermädchen über unser „großes Mahl“ beim Wegräumen der Verpackungen.

„Am besten, Ihr beginnt Eure Fahrt gleich im Hafen“, meint der „Kollege“ im Gebäude des Sports, Abteilung Canoe. Gen Norden an der B.C.-Küste entlang sei es besser als längs Vancouver Island: „Die Ostküste dieser Insel ist zu stark besiedelt und an deren Westküste sitzt Ihr oft tagelang bei Sturm und viel Regen fest. Wie lange habt Ihr Zeit? Fast sieben Wochen? Beneidenswert - das ist unsere Urlaubsdauer in zwei, manchmal in drei Jahren. Darum machen wir meist nur kürzere Touren, nachdem wir uns irgendwohin einfliegen ließen.“ Und er empfiehlt doch auch noch auf den Seen im Inland zu paddeln „wenn Ihr nun schon mal da seid.“ Seekarten und ein Heft mit den Zeittabellen für „Tides and Currents“, bekommen wir bei John Dowd. Er organisiert Touren, verkauft Boote und hat über seine Erfahrungen im „Sea Kayaking“ ein Buch geschrieben. Daher wissen wir, daß er einmal von Singapur nach Java paddelte, in der Magellan-Straße, zwischen Venezuela und Florida, in Neuseeland und Peru: „Ich denke aber“, meint er, „unsere Küste mit ihren Inseln und Fjorden wird für Euch manchmal ebenso exotisch sein, wie es für uns die Nordsee wäre, die ich noch nicht kenne. Es kommt doch nur darauf an, wer sich was aus welcher Perspektive anschaut. Und vom Boot aus gesehen ist es eigentlich überall und immer wieder anders und interessant.“ Seine Tips: „Vorsicht mit den currents, den Strömungen zwischen Inseln und dort, wo sich Wasserwege verengen. Vor allem, wenn die Tide der Windrichtung entgegen läuft. Da entstehen hohe, harte Wellen. Schaut auf die Karte und merkt Euch die Gefahrenstellen. Passiert sie bei slacktide, bei Stauwasser. Und: Ich bin echten Risiken immer eher aus dem Weg gegangen. Warum auch nicht? Dadurch bleibt man länger unterwegs. Happy paddling!“

Abends sehen wir uns im nahen Hafengebiet nach einem Startplatz für unsere Fahrt um. Nicht gut: Hohe Kaimauern für seegehende Schiffe, abgesperrte Lagerhallenzonen und Werften - dahinter die Kulisse der

skyscraper, der Wolkenkratzer. Daß das hier vor knapp hundert Jahren nur ein kleiner bescheidener Holzhafen war? Erst der Eisenbahnbau brachte mehr und andere Ladung für den Transport über See. Für größere Schiffe: Drüben lädt ein chinesischer Frachter Weizen aus Manitoba, dort löscht ein japanischer Autos für Käufer in Zentral-Kanada - der Ferne Osten ist gar nicht so weit weg, näher als Old Germany. Im Coal-Harbour finden wir schließlich einen Ponton der hoffentlich auch morgen früh noch frei sein wird - niedrig über dem Wasser, breit genug für Bootsaufbau, zum Sortieren des Gepäcks und vom Hotel aus zu Fuß zu erreichen.
„Damit ist dann Schluß mit dem Luxusleben zwischen Nobelherberge und Restaurants ..."

Schon im Hotelzimmer laden wir Stangentasche und beide Rucksäcke auf den Bootswagen, rollen in den ausreichend großen Fahrstuhl, auf die Straße und bergab zu „unserem" Steg. Sonne, Wärme, Badezeug - nur einige Enten schauen vom Wasser aus zu. Ausgerollt liegt die Bootshaut flach auf den Holzbrettern unter denen das Wasser glitzert. Und prompt verschwindet beim Zusammenlegen des Bootswagens zwischen ihnen eine Klemme auf Nimmerwiedersehen: „Haben wir Ersatz?" Wir haben. Und wir haben Zeit, um in Ruhe an unserem Boot zu basteln. Nach einer halben Stunde liegt es fertig auf dem schwimmenden Aufbauplatz. Ab und zu quietschen die Eisenräder unter der Treppe, die zum Kai hinauf führt: Je mehr sich unser Ponton mit dem steigenden Wasser der Flut hebt, um so näher rückt sie. Schnell noch Wasser und Benzin für den Kocher holen, dann packen. Diese wasserdichten Beutel vorn und achtern unters Deck, jene mit Luftmatratze und Schlafsäcken sowie das Zelt als Sitze. Dazwischen bleibt

erstaunlicherweise noch genug Stauraum für den Rest, für Verpflegung und Trinkwasserbehälter. Schnorchel und Tauchmasken blieben dieses Mal zu Hause. Dafür kamen Regenjacken und mehr warmes Zeug mit. Und mehrere Flaschen Antimückenöl: Die Viecher könnten einem den ganzen Urlaub versauen, stand irgendwo zu lesen. Beruhigend jedoch: Mit jeder Woche später im Kalender werden sie weniger aktiv. Und für den Fall, daß sie uns einmal zu gründlich überfallen, gibt's eine Antihistaminsalbe im Medizinkasten. Mit ihr wird sich der Juckreiz reduzieren lassen. Da wir in eine Gegend mit nassen, glatten Felsen fahren, ergänzten wir das Verbandmaterial um einige elastische Binden. Denn Ausrutscher und Verstauchungen sind drin.

Einsteigen, ablegen, losfahren. Vorbei an einem über die Toppen beflaggten Museums-Raddampfer, an Yachten und: „Weg - schnell - der will hier landen!“ Knapp über, vor uns setzt ein Flugzeug zum Wassern an - sein Windzug läßt die Haare flattern. Vom Ufer her winken Zuschauer. Lange und immer wieder. Und sie amüsieren sich: Paddler, die einfach nicht vorankommen? Natürlich hatten wir zuvor die Tidentabelle konsultiert. Ihren Angaben nach begann vor kurzem die Flut. Auflaufendes Wasser müßte uns also an der Küste entlang voranbringen. Wieso hier nicht? Kaum hören wir auf zu paddeln, da treiben wir zurück. Und wo wir weiter in den Strom hinaus gehen haben wir es mit munteren Stromschnellen zu tun. Aus der Gegenrichtung. Verrückt. Und da vor uns, wo das Land unter der hohen Lions Gate Brücke, auf etwa 400 m zusammenrückt, wird's eher schlimmer. Kein Zweifel: Wir fahren gegen die Tide und das da vorn ist eine der Engen, von denen John Dowd sprach. Was tun?

Wo Strom läuft gibt es an strukturierten Ufern normalerweise ein Kehrwasser. Die Strömung wird von den sich ihr entgegenstellenden Hindernissen, von Steinen und Landvorsprüngen aufgehalten, abgelenkt, bildet Wirbel und ihr Wasser fließt auf einem schmalen Streifen dicht unterm Ufer stromauf. Auf unserer Seite, an glatten, gemauerten Wänden, kann sich solch ein Kehrwasser nicht bilden. Aber drüben vielleicht? Da sind Büsche und Felsbrocken. Wir stellen das Boot mit der Nase schräg gegen die Flut und paddeln vorwärts. Dabei drückt uns das entgegenströmende Wasser, ohne daß wir vorwärts kommen, in einer ziemlich geraden Linie, zur anderen Seite:

Der „Seilfähren-Effekt“, in seiner Urform auf schnell fließenden Flüssen zu beobachten. Da hängt die Fähre am Seil. Ihre Längsseite richtet sie per Steuer oder durch Aufhängung schräg zum Strom. Der drängt sie mit seiner Kraft zum anderen Ufer. Eigener Antrieb ist dabei entbehrlich -

Bei uns nicht: Paddeln ersetzt das Seil. Gerade vor einem mächtigen Schlepper, der seine weiß gischtende Bugwelle vor sich her und uns entgegen schiebt, schaffen wir diese Überquerung. Und tatsächlich - knapp unter Land finden wir stehendes, teils sich leicht in unserer Richtung bewegendes Wasser. Einen Moment können wir ausruhen. Hoch über uns auf der Brücke rattern Lastwagen. Selbstfahrende, schwimmende Prähme transportieren Eisenbahnwaggons. Weiter - nahe vorbei an einem Schwergutfrachter der in der Bucht vor Anker liegt. Aus unserer Perspektive riesig hohe Bordwände und Aufbauten. Zwei Meter seines roten Unterwasseranstriches leuchten über der Wasseroberfläche in der Sonne, ein Zeichen dafür, daß das Schiff leer ist und auf Ladung wartet. Hat es sie, dann werden die weißen, auf den schwarzen Rumpf gemalten Beladungsmarken eintauchen und anzeigen ob und wieviel noch gestaut werden darf. Männer der Besatzung, gegen die Reeling gelehnt, schauen von oben zu wie wir durch das von der Tide beunruhigte Wasser aus der Stadt hinaus paddeln. Ziemlich mühsam. Aber je weiter wir strampeln. desto geringer wird die Gegenströmung.

An Steuerbord, rechts, Vororte Vancouvers und kleine Ortschaften. Links von uns, an Backbord, läuft ein schneeweißer Ozeandampfer, auf Kreuzfahrt vielleicht, dem Hafen zu. Das Lotsenboot kommt ihm entgegen, leise klatschen seine Wellen gegen unseren Bug über dem die Flagge des Gastlandes Kanada weht: Senkrecht Rot-Weiß-Rot mit dem Ahornblatt in der Mitte. Gleichmäßg gehen unsere Paddel auf der einen Seite durchs Wasser, auf der anderen durch die Luft. Glitzernde Tropfen fallen aufs Deck und bleiben kleine silberne Kugeln bis die Sonne sie verzehrt. Acht Kilometer voraus ein Leuchtturm. „Dort an Land? Mir reichts für den ersten Tag.“ Beide sind wir groggy von dem aufregend anstrengenden „Einstieg“ in den Paddel-Alltag. Unter der roten Kuppel auf schlankem, weißem Unterbau jedoch ist's nichts zum Zelten. Um die Ecke herum auch nicht, Häuser am Strand und kleine Häfen mit klangvollen Namen wie Eagle Harbour, Adlerhafen, und Fishermans Cove, Cove gleich Bucht. Also weiter?

Querab, in der Mitte des Queen Charlotte Channel, die Passage-Insel. Kurswechsel dorthin. Und gleich darauf „... stoppen, Vorsicht, der hat was hinter sich, da können wir nicht durch!“ Die Stahltrosse nicht zu erkennen und zunächst nicht das „was“ hinter dem Schlepper. Dann: Baumstämme, tief im Wasser, ein endloses log, ein Floß. Möven sitzen drauf und genießen offensichtlich die Gratisbeförderung. Hatten wir bis hierher reichlich Wellen vom frischen Wind, hinter der Fuhre ist das Wasser regelrecht glattgezogen. Auf der Insel Häuser am Ufer, kein freier Strand in Sicht. Aber drüben, auf Bowen-Island, noch einmal drei Kilometer weiter? Da leuchtet ein heller Fleck zwischen Tannengrün in der Sonne die bald hinter dunklen Wolken verschwinden wird. Und dort ist's wirklich schön. Gerade so viel ebene Fläche wie wir sie für's Zelt brauchen. Weiter Blick, die Hochhäuser Vancouvers in der Ferne, Arbutus trees neben uns. Ihre rote Rinde schält sich, deren gelbe Innenseiten rollen nach außen und legen den grünen Stamm darunter frei. Krank? Nein, sagt unser schlaues Buch, das sei normal bei diesen Bäumen, die als lohnende Farbfotomotive von Kalifornien bis herauf in diese nördliche Gegend wachsen. Fährschiffe fahren vorbei, Passagiere winken. Dann blitzt es aus violettblauen Wolkentürmen. Donner - wir binden das Boot, das schräg auf dem steilen Hang liegen muß, vorsichtshalber an zwischen die Felsspalten gesteckte Zeltpflöcke: Gewitterböen könnten es sonst mitnehmen wollen. Während des Abendessens beuteln sie das Zelt - den Regen aber, der später laut aufs Dach prasselt, den registrieren wir kaum noch. Hundemüde!

Ein Tag zum Faulsein, zum Bummeln im Hinterland, Umpacken von Essen und Kleidung, dem genaueren Bedarf entsprechend. Dabei fällt der Batterie-Rasierer in eine Felsspalte. Kaputt. „Wie Du wohl mit Bart aussiehst?“ Gar nicht nach der Behandlung mit Taschenmesser, Zange und Sekundenkleber. Der bringt Gehäusesplitter zusammen, Klebeband deckt Löcher ab, und, obwohl zwei Teile übrig bleiben - das Ding läuft wieder. Alles in Ordnung? Nein: „Warum eigentlich mußten wir gestern in Vancouver gegenan knüppeln?“ Mit einigem Nachdenken hätten wir früher drauf kommen können. Denn logisch: Auflaufendes Wasser drückt in Nebenarme und Flußmündungen. Und unser Hafen, die ganze Bucht, gehört zu denen. Darum erscheint die Gegend unter der Brücke in den current-tables, das sehen wir jetzt, als „First Narrows", als Engstelle. Gestern lief da laut Tabelle Stromzug mit bis zu 3,9 kn = 7,2 km/h als Flut - mehr als unser Paddeltempo. Die richtige Zeitplanung wäre gewesen: Mit ab-, und nicht mit auflaufendem Wasser aus dem Hafen fahren, spätestens beim Wechsel von Ebbe auf Flut die Enge passieren, besser etwas früher, da der Flutstrom, der uns mitnehmen sollte, erst weiter draußen in der Bucht einsetzt. Und das ist die Tabelle im Ausschnitt:

FIRST NARROWS (PST Z+8)

JULY-JUILLET								AUGUST-AOUT							
Turns		Maximum		Renverse		Maximum		Turns		Maximum		Renverse		Maximum	
Day	Time	Time	Rate/kn.	Jour	Heure	Heure	Vit/n.	Day	Time	Time	Rate/kn.	Jour	Heure	Heure	Vit/n.
1	0205	**0405**	+1.1	16	0310	**0500**	+0.9	1		**0010**	−3.4	16		**0005**	−3.0
	0555	**1015**	−5.1		0645	**1055**	−3.8		0325	**0550**	+2.2		0330	**0600**	+1.8
SU	1350	**1725**	+5.3	MO	1415	**1750**	+4.3	WE	0815	**1150**	−4.1	TH	0835	**1150**	−2.6
DI	2130			LU	2140			ME	1500	**1825**	+4.6	JE	1450	**1805**	+3.0
									2150				2120		
2		**0000**	−2.3	17		**0025**	−2.4	2		**0055**	−3.7	17		**0035**	−3.1
	0300	**0500**	+1.2		0350	**0545**	+0.9		0420	**0655**	+2.3		0410	**0645**	+1.9
MO	0650	**1105**	−4.9	TU	0735	**1130**	−3.4	TH	0930	**1245**	−3.2	FR	0935	**1235**	−2.0
LU	1435	**1810**	+5.2	MA	1445	**1820**	+4.0	JE	1545	**1905**	+3.9	VE	1520	**1835**	+2.5
	2205				2205				2225				2135		
3		**0045**	−2.5	18		**0100**	−2.6	3		**0145**	−3.9	18		**0110**	−3.2
	0355	**0555**	+1.2		0435	**0630**	+1.0		0515	**0800**	+2.4		0450	**0735**	+2.0
TU	0755	**1155**	−4.3	WE	0830	**1210**	−2.8	FR	1055	**1350**	−2.3	SA	1045	**1320**	−1.4
MA	1520	**1855**	+4.8	ME	1520	**1855**	+3.6	VE	1635	**1955**	+3.1	SA	1555	**1905**	+2.0
	2240				2230				2255				2200		

Neben den Tagen die Uhrzeiten für den Tidenwechsel, also für Stauwasser/slacktide, sowie Zeiten für das Maximum des Tidenstroms mit der dann gültigen Geschwindigkeit in Knoten (1 Knoten = 1 Seemeile/h = 1,852 km/h). Plus bedeutet Flut, Minus Ebbe.

„Die drucken alles Offizielle zweisprachig. Sind eigentlich Englisch und Französisch in ganz Kanada gleichberechtigte Sprachen?"

„Ja. Obwohl die French Canadians in der Minderheit sind. 30% der Bevölkerung nur. Und sie leben im Wesentlichen auch nur in einer einzigen der kanadischen Provinzen, in Quebec. Aber daraus, daß sie die ursprünglichen Kolonisten waren, als Trapper und Händler, leiten sie besondere Rechte ab. Eigentlich möchten sie los vom heutigen Staat und einen eigenen haben."

„Dabei geht der Trend doch eher zu großen, gemeinsamen Märkten?!"

Trail Islands

Tidenhub 4,5 m. Wir waren bei Hochwasser angelandet und hatten gut 5 m oberhalb gezeltet. Höhenunterschied am Morgen bei Niedrigwasser fast 10 m. Aber da wir nicht 6 Stunden warten und weiter wollen, müssen Boot und Gepäck steil nach unten: „Frühsport ...!“ Sonne, ruhige See. Vor uns, am Kap Cowan, eine Armada kleiner Boote, Motor- und Segelyachten, Kähne mit Außenbordern, mehrere Fischtrawler. Überall und nach allen Seiten ausgelegte Angeln. „Das Radio hat für diese Gegend einen Tunaschwarm angesagt“, erklärt uns einer der Freizeitkapitäne, „bisher allerdings - nun, wir warten ...“ Langsam bewegen wir uns durch den Pulk und bekommen Wünsche für eine gute Reise mit auf den Weg.

„Hab' noch nie so freundliche Angler getroffen ...“

„Das finden die Fische nicht. Ich hoffe, sie hatten einen cleveren Spähtrupp der die Gefahr rechtzeitig ausmachte und für 'ne Umleitung sorgte.“

„Für die ist Angeln Sport.“

„Eben drum. Nur deshalb die Tiere killen? Wenn Sie's noch für den Speiseplan täten. Aber so dick wie die meisten sind ...?“

Schön ist die Küste von Bowen Island. Wer hier sein Häuschen hat, nimmt sicher gern den Weg per Fähre nach Vancouver in Kauf. Noch eindrucksvoller aber wird die Landschaft als wir bei Cape Roger Curtis durch den Collingwood Channel in den Howe Sound hineinschauen. Hinterm grünen Gambier Island ragen schneebedeckte Gipfel: Der Mount Garibaldi, 2.687 m und die kaum niedrigeren Mamquam Mountains. Weiße Fährschiffe kreuzen unseren Weg. Ihre Wellen laufen unterm Boot durch, vorsichtshalber haben wir den Bug gegen sie gestellt. Voraus eine Gruppe von Inseln, zwischen 50 und 80 m hoch. Totenstile zwischen ihnen. Schwarze Kormorane hocken auf Seezeichen, die eine Durchfahrt markieren, und auf groben, von heftigen Stürmen zerschlagenen Felsen. Freundlicher sieht die Küste drüben auf Keats Island aus „... da könnten wir heute abend bleiben. Und wo holen wir vorher Wasser?"

Gibsons, ein kleiner Hafen auf dem Festland. Mehr Boote an den Anlegestegen als Häuser im Ort. Eine steile Treppe führt zu ihnen hinauf. Und da ist was los. Ein dicker, grinsender Indianer sitzt vor dem Café dem ernst dreinschauenden, weißen constable, Polizist mit Colt am Gürtel, gegenüber. 'Ne Menge Menschen drum herum. Worum geht's? Unsere Frage wird mit leisen Zischellauten abgewürgt, sprechen ist untersagt: „Aufnahmen fürs Fernsehen!" Autos, die über eine nahe Brücke wollen, werden gestoppt, ihr Krach könnte stören. "Hat der Rote was ausgefressen oder kriegt er 'n Lob für eine gute Tat?"
„Was würden die Zuschauer lieber sehen?"
Für einen Film im Wild-West Milieu ist der Ort gut gewählt: So wie in jeder legendären Goldgräberstadt reihen sich einfache, niedrige Holzhäuser zur Hauptstraße aneinander. Staub statt Asphalt. Und statt angebundener Pferde parken Straßenkreuzer vor dem Laden. Drinnen Angebote, von denen die digger damals nicht einmal träumten: Käse aus Holland, Norwegen und der Schweiz, Kalifornische Früchte und aus Neuseeland und Italien eingeflogene. Obwohl wir erst drei Verzehrstage hinter uns haben, kaufen wir schon wieder - frisch gepflückte Kirschen, einheimische Tomaten, kanadischen (!) Käse, Joghurt, haltbares Brot, Kekse und Schokolade. Wasser liefert eine Leitung auf dem Anlegesteg. Neben uns dockt ein Motorboot an: „Schon mehrere Male habe ich Euch unterwegs gesehen", erzählt der Eigner, „und immer, immer paddelnd - ist das nicht furchtbar anstrengend?"

Hätte unser Boot Lademarken wie der Dampfer vor Vancouver, die würden jetzt wahrscheinlich „kurz vor dem Sinken" anzeigen. Und all das eingekaufte „zu viel" müssen wir nebst Sack und Pack am späten Nachmittag über eine eklig rutschig glatte Steinstrecke bergauf zu dem zuvor gesichteten Zeltplatz tragen, „wer hat den eigentlich ausgesucht?" Knapp an tiefen Felsspalten vorbei, Balance halten auf dem bei Flut hoch oben angelandeten Baumstamm und wieder zurück, die nächste Ladung holen. „Morgen früh ..."

Im Baum hinter unserem Zelt hockt ein Weißkopfseeadler. Sein wirklich weißer Kopf leuchtet in der Sonne, langsam bewegt er ihn von einer Seite zur anderen. Nach einer Stunde hebt er ab, dreht eine weite Runde überm Meer, setzt er wie zu einer Wasserung an, zieht wieder hoch. Unzufrieden, weil es keine Beute für ihn gab? Mit den Klauen würde er sie greifen, ohne ins Wasser zu tauchen. Denn schwimmen kann dieser Adler nicht, der das Wappen der USA ziert. Er ist auf Fische dicht unter der Wasseroberfläche angewiesen. Nicht ungefährlich: Einmal griff ein Adler den Mordsbrocken von Thunfisch, krallte sich fest und - wurde in die Tiefe gezogen. Aus. Unserer landet nach einer Weile wieder auf dem Platz überm Zelt, dehnt die Flügel mit mehr als 2 m Spannweite, spreizt die weißen Schwanzfedern, die wohl auf sein Alter hinweisen, und bleibt. Vielleicht wird er im Morgengrauen mehr Glück haben - wo er jetzt flog, waren Wasser und Himmel leergefegt von den sich sonst dort tummelnden Bewohnern.

Am nächsten Morgen ist er weg - ein winziger Punkt nur noch in der Ferne. Dafür kommt Besuch von Land her. Zwei Spaziergänger: „Aus Hamburg sind Sie? Kennen Sie da vielleicht einen X Y, bei dessen Familie ich mal wohnte?"
„Mit dem war ich auf der Schule in einer Klasse. Und Sie kommen, Ihrer Aussprache nach, aus dem Baltikum. Vielleicht kennen Sie die Namen meiner Eltern, die aus Riga stammen ...?"
„Aber natüüürlich!"

Ist die Welt also wirklich klein? Viele Baltendeutsche wohnten seit der Zeit nach dem Krieg in B.C., erzählen die beiden, „in Vancouver sollten Sie Herrn A besuchen, der da ein Elektrogeschäft hat. Und in Penticton Herrn B in seinem Delikatessenladen, am Okanagan Lake." Ein schöner, sehr langer See. Auf dem lohne es sich zu paddeln, „lieblicher und ruhiger als hier." Ruhiger? Yvonnes Begleiter, Lehrer aus Schottland, zeigt zu einer Handvoll Segelboote die heute, an einem Samstag, zum Wochenende draußen unterwegs sind: „Viel Betrieb" - auf der Hamburger Alster sieht es anders aus. Beide müssen zu einem Jugendcamp, das sie betreuen - wir machen uns ans Bergab zum vom Niedrigwasser freigelegten Steinstrand. Sieben

Meter Steilwand über ihm. Klettern mit Boot und Zelt? Der Rucksack mit den Schlafdaunen fliegt runter, auf ihm landen andere Packstücke. Und dann schließlich wird das Boot „abgeseilt" - eine ganz neue Erfahrung.

Mit zwei Knoten Flutstrom unterm Kiel sind wir heute schnell. Schneller als mancher Segler, dessen Takelung ohne Wind müde am Mast hängt. „You are doing very good together!" ruft der Käpt'n von der „Black Knight" zu uns herüber, als wir ihn überholen. Und so fühlen wir es auch, nicht nur beim Paddeln. Während sein Schiff langsam achteraus wandert, ziehen wir an der Küste entlang, die an vielen Stellen von Land aus zugänglich ist - Straßen im Hinterland führen parallel. Entsprechend voll sind einzelne Badestrände. Kofferradios dudeln und Autos hupen. Still dagegen Wilson Creek, ein nur bei Hochwasser zu benutzender kleiner Hafen. Ihm gegenüber der Leuchtturm auf seiner winzigen Felseninsel. Vor uns die Trail Islands, eine Gruppe von vier größeren und mehreren Mini-Inseln. 50-70 m hoch, verzeichnet die Karte. Steil und dicht bewaldet die erste, die zweite bewohnt, auf der dritten eine kleine, ebene Fläche fürs Zelt, oberhalb der durch Treibgut markierten Flutlinie. Einige Felsspalten um Zelthäringe zu verkeilen. Wo keine sind, türmen wir Steine so aufeinander, daß ihr Gewicht zum Abspannen reicht. Aber: „Ihr seid hier auf privatem Grund," moniert, als wir gerade beim Kochen der Nudeln sind, eine junge Frau, „und ich bin dazu da, um das Betreten des Eigentums unseres Boß zu verhindern." Was nun, weg? Heute sollten wir ruhig bleiben - „no problem", versichert Susan, die, zusammen mit ihrem dazugekommenen Freund Rodger, „caretaker", so etwas wie Hausmeister, für die Insel ist. Morgen aber ... Zuvor aber sollten wir sie besuchen, jenseits des Berges: „Gäste aus Germany haben wir nicht alle Tage." Sie gehen, eine wild ihre Zähne fletschende Bulldogge fest an der Leine. „Wenn das Vieh uns bei einem Rundgang hier aufgestöbert hätte...?!"

Auf der anderen Inselseite machen wir morgens an einem Landungsfloß fest. „Wellcome" steht auf dem Schild neben der Treppe die, wie üblich hier lose verlegt, sich auf Rollen dem wechselnden Wasserstand ebenso anpassen kann, wie das Floß. So rauh die Insel von draußen ausschaut - drinnen finden wir ein kleines Paradies in dem es überall grünt und blüht. Blumenterrassen, Obstbäume, hohe Zedern und niedere, bunte Büsche. Dazwischen ein gemütliches Holzhaus. Unter ihrem hellen Sonnenhut hockt Susan im Gemüsebeet, rupft Unkraut, unterbricht die Arbeit als wir auftauchen. Klein, eher zart und südländisch dunkel. „Das alles gehört einem Ausländer", erklärt sie nach der Begrüßung, „der nur selten hier wohnt. Seit drei Jahren sind wir bei ihm angestellt. Als wir kamen war das Grundstück reine Wildnis, so wie da drüben." Sie zeigt auf ein undurchdringlich scheinendes Ast- und Blättergewirr. „Das kommt demnächst dran?" Sie schüttelt den Kopf. „Ende des Sommers hören wir hier auf. Schluß mit der Arbeit für andere. Wir werden ein eigenes Haus beziehen." Rodger, der bisher einzelne Pflanzen mit einem Schlauch bewässerte, winkt uns zu folgen, „ich zeige es Euch!" Er geht hinunter zu einem kleinen Steinstrand. „Da, das ist das Fundament." Seine Augen im braunen, von einem dichten Bart umrahmten Gesicht blitzen unter dem bunten Stirnband, das lange Haare zusammenhält. Pirat, Freibeuter, Aussteiger? „Nach und nach haben wir herumtreibende Baumstämme herangeholt und aus ihnen das Floß da zusammengebaut. Zwei Lagen über Kreuz, stabil, etwa 10 mal 10 Meter, Bis zum Herbst wird darauf ein Blockhaus stehen. Und das schleppen wir dann in eine stille Bucht, verankern es und bleiben. Keine Grundsteuer, keine Miete. Das Leben dort wird echter, ursprünglicher sein." Susan ergänzt: „Meinen beiden Kindern habe ich es seinerzeit freigestellt in die Schule zu gehen oder per Fernkurs zu lernen. Das ist in Kanada nicht unüblich und funktioniert. Damit erreichen sie die staatlich kontrollierte Mindestbildung. Mit weniger theoretischen Kenntnissen wahrscheinlich als andere junge Leute. Dafür aber wissen sie später woraus man ein Boot und ein Haus baut, wie man was anpflanzt um Essen zu haben und wie jemand mit den ursächlichen, täglichen Problemen fertig wird. Leben und Überleben, das können sie dann." Ob die Kinder auch heute noch hinter der Entscheidung stehen? „Ich denke schon. Sie genießen ihre Freiheit. Was ihnen fehlt sind Freunde. Darum verleben sie ihre Ferien zur Zeit in Victoria bei den Großeltern.“

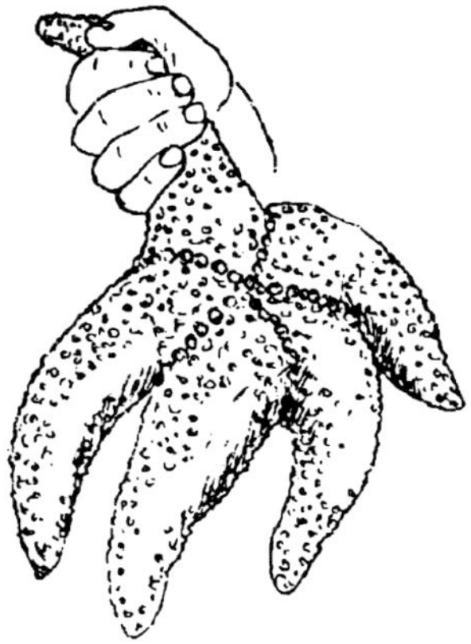

Rodger greift unter einen der Baumstämme und packt den dort angesaugten Seestern. Dick, rotviolett, groß und schwer. Er legt ihn auf den Strand - langsam bewegen sich die fünf Arme des Tieres. „Das da“, Rodger zeigt zu Reihen von Verdickungen, „sind seine Saugfüße. Wenn wir ihn hier liegen ließen, würde der Bursche wieder zum Wasser zurückwandern. So läuft der auch über den Meeresgrund. Und wen er dabei überrennt, der wird gefressen. Sein Maul ist in der Mitte. Durch das verspeist er Schnecken, Pflanzen, Fische, Muscheln und auch mal kleinere Artgenossen. Ein echter Räuber. Einige Arten können ihren Magen aus- und über das Opfer drüberstülpen, das dann mittels eines Sekretes außerhalb des Körpers verdaut wird. Die öffnen übrigens Muscheln besser als wir das mit dem Messer können - mit ihren Saugfüßen - fühlt mal ...“

Mittagessen auf der Terrasse mit weitem Blick übers in der Sonne glitzernde Meer. Wassermelone, Salat, Kirschen, alles aus dem Garten. Selbst zubereitet das Brot, Ziegenkäse, der Apfelsaft. Sehr lecker.
„Damit ist es im Haus auf dem Floß dann vorbei...“
„Nur kurze Zeit. Dann haben wir wieder ein Stück Land am Ufer auf dem das wächst, was wir brauchen. Wo einer der vielen kleinen Flüsse von den Bergen kommt, da ist der Boden gut und fruchtbar.“
„ Und was, wenn der Winter lang, hart und kalt ist?“
„Vielleicht gehen wir dann nach Süden, nach Kalifornien oder nach Mexiko. Das alte Motorboot da unten am Steg wird es bis dorthin noch schaffen. Irgendwie verdienen wir das notwendige Geld. Viel brauchen wir ja nicht.“
Nach herzlichem Abschied paddeln wir weiter.

„Wer von uns hätte noch den Mut, so in eine ungesicherte Zukunft hinein zu leben? Sich zu lösen von den selbstverständlich gewordenen Annehmlichkeiten der Zivilisation? Und welchen Sinn macht das?"
„Ich glaube da spielen mehrere Dinge zusammen: Idealismus, der Wunsch gesünder in der Natur zu sein statt im Auto oder vor dem Fernseher. Und bei Rodger sicher das Abenteuer. Der will sich nicht an Regeln binden, die ja das Leben in der Gemeinschaft unfreier machen. Und nun mit dem Floßhaus in die totale Einsamkeit - wovon leben die dann?"
„Vielleicht haben sie jetzt verdientes Geld gespart. Denn ganz ohne funktioniert Aussteigen nun mal nicht. Ich finde es mutig, was sie vorhaben. Nur -mit Kindern? Denen fehlen doch während dieser Zeit des Heranwachsens nicht nur die Freunde, sondern auch der Anschluß an das Leben, das sie später einmal führen werden und wollen. Ich meine, Kindern sollte man eine breite Basis bieten und viele verschiedene Möglichkeiten der Entwicklung zeigen."
„Andererseits werden die im Busch nicht all den miesen Einflüssen ausgesetzt, die unsere normale Umgebung für sie bereithält. Ist doch gut? Und vielleicht müssen sie bei der Weite dieses Landes wirklich das Überleben in der Natur lernen."
„Heute noch? Nein, das wohl nicht mehr. Aussteigen erscheint mir mehr als eine ganz persönliche Entscheidung fürs eigene Ich. So wie Glaube und Religion. Die muß man respektieren, braucht sie aber nicht mitleben."

Green Bay

Zusammen mit Motor- und Segelbooten gehen wir, weit vom Land, durch die Welcome Passage. Die Karte weist in diesem Gebiet auf magnetische Störungen hin - unser Kompaß jedoch reagiert normal. Normal, das heißt mit einer Abweichung von 23° Ost gegenüber dem Karten-Nord. Solch eine Mißweisung ist die Folge von Verlagerungen des magnetischen Meridians gegenüber dem geografischen Bezugspunkt der Karte - auf ihr mit einem Pfeil in der Kompaßrose angegeben. Zeigt unsere Kompaßnadel zum Beispiel den gegenwärtigen Kurs mit 337°, dann würden das auf der nach Norden ausgerichteten Karte nur 314° sein. Auf ihr steht übrigens auch, um wieviel sich die Abweichung pro Jahr verändert und wann die Karteneintragungen zuletzt revidiert wurden. Daraus sich ergebende Differenzen sind vor allem bei älteren Jahrgängen zu berücksichtigen.

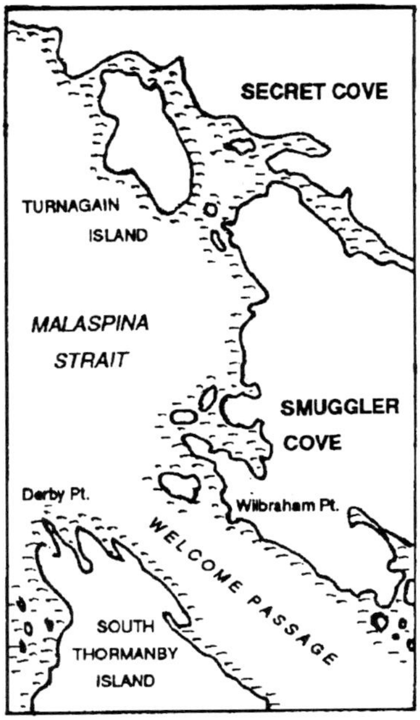

Selten nur noch ein Haus. Mehrere Inseln und laut Seekarte hinter ihnen zwei geschützte Buchten. Dem Namen nach Verstecke, eines für Schmuggler, das andere geheim: Smuggler Cove und Secret Cove. Das Wochenende ist vorbei. Wasserflugzeuge holen Freizeitskipper nach Hause - 20 Minuten bis Vancouver. Ihre Boote bleiben vor Anker liegen. Rote Stämme der Arbutus Bäume und blaue Wacholderbeeren auf Turnagain Island - ein nur vom Wasser aus zugängliches Terrain - unser Zeltplatz. Vor ihm rollt die untergehende Sonne, bevor sie als Feuerball im Dunst versinkt, einen roten Teppich zu uns hin aus. Ganz warm noch sind die von ihr aufgeheizten glatten Felsen von denen aus wir hinausschwimmen. Langsam teilen unsere Bewegungen das schwer wirkende, dunkle Wasser. Der würzige Geruch des Meeres steigt von ihm auf. Mücken tanzen über der Oberfläche. Ab und zu schnellt ein Fisch hoch um sich seine Beute zu schnappen. Eine Weile liegen wir auf dem Rücken, lassen uns treiben und schauen in den hellen Himmel an dem sich kleine Wolken rosarot färben. Dann wird`s kalt - Zeit um raus und um schlafen zu gehen. Etwas später, es ist inzwischen dunkel geworden, meldet tiefes Schnaufen, daß wir Nachbarn haben. Unten auf den Felsen sind sie gelandet und haben dort ihr Nachtquartier bezogen. Nachschauen, wer es ist? „Stör' sie nicht, die sind da vielleicht zu Hause und wollen schlafen. Seehunde? Wenn, dann sehen wir sie morgen.“ Doch da gibt's keine Spur mehr von den gestrigen Besuchern. In aller Frühe wohl sind sie über eine breite Rutschbahn aus Seegras zurück ins Meer geglitscht.

Wir machen's genauso mit dem voll beladenen Boot - so einfach kam es bisher noch nicht ins Wasser. In der hinter unserer Insel gelegenen Secret Cove, also in der geheimen Bucht, sind mehrere Marinas angesiedelt, Versorgungsstationen für Segler und Motorbootfahrer. Wir paddeln zu einer hin und legen an. Neben uns ein weißes Boot der RCMP, der Royal Canadian Mountain Police. Ein sehr schick Uniformierter dieser königlich kanadischen Gebirgspolizei amüsiert sich über die Frage wieso er denn, statt in den Bergen, auf solch einem Schiff sei. „Der Name gilt für alle Einheiten. Er ist zwar nicht genau richtig, hat aber Tradition", der Sergant grinst, „klettern jedoch, in den Bergen, habe ich bisher nicht lernen müssen." Auf der Karte zeigt er uns mehrere Plätze, an denen wir seiner Ansicht nach besonders gut campen könnten „obwohl es in der Gegend da vor Euch eigentlich überall schön ist. Die Green Bay aber ist so etwas wie eine Perle - na, Ihr werdet's ja heute noch sehen ..."

Anlegestege mit Anschlüssen für Wasser und Strom. Tankstelle, Duschkabinen, Waschmaschinen und Trockner. Eine Reihenhaus-Siedlung am Hang. Im Laden Telefonanschluß weltweit, Verbindung nach Übersee innerhalb von wenigen Minuten - bei zehn Stunden Zeitverschiebung und gut einem Drittel des Erdumfangs ist das, bei aller Gewöhnung an moderne Technik, immer noch ein Wunder.

Mit auflaufendem Wasser paddeln wir zur Francis Penninsula. Je weiter ab vom Land, desto voller der Panoramablick. An Backbord Texada Island, 30 km lang. Wie ein ausgestrecktes Dreieck schwebt es anscheinend schwerelos über dem Wassere: Nebelbänke malen das Bild. Eine kleine Scheibe am Himmel, rund, weiß, deutlich zu erkennen. Dann aber, ganz plötzlich, ist die weg. Minuten später sehen wir sie wieder und erneut verschwinden. Das Spiel wiederholt sich. „Ein UFO?" Gebannt beobachten wir das Phänomen der Außerirdischen. Bis sich schließlich doch eine irdische Erklärung ergibt: Eine

Wolke ist's, scharf umrandet, vom fast unsichtbaren, fein über den Himmel verteilten Dunstschleier zeitweise versteckt. Wo die Sonne Löcher in den Tarnvorhang gefressen hat, erscheint sie - als UFO.

Vorbei an Pender Harbour, an Buchten in denen es der Karte nach neun Marinas gibt, und weiter nach Norden in den Agamemnon Channel, einen durch Nelson Island gebildeten langen Meeresarm. Schatten senken sich über die hohen Bäume an beiden Ufern. Loghölzer treiben langsam neben uns her. Es duftet nach Kiefernholz und Blüten. Vögel geben ihr Abendkonzert. Stille, Frieden. So etwas wie eine kleine, runde Boje voraus, schnell verringert sich der Abstand. Und damit hören wir, immer deutlicher, geruhsames Schnaufen, sehen glitzernde Wassertropfen an langen Barthaaren: „Leise - ein Seehund!" Weniger als einen Meter neben dem Boot wird er wach. Er hebt den Kopf aus dem Wasser, öffnet die dunklen, feuchten, großen Augen und schaut hoch. Sein eben noch verträumter Blick wechselt zu tiefem Entsetzen: „Wie konnte ich nur so dumm sein, so leichtsinnig - in dieser Gefahr ..." Sekundenlange Starre des Erschreckens weicht der Reaktion „verschwinden" und geräuschlos versinkt das Seehundsgesicht in der Tiefe. Etwas, was wildlebende Tiere dem Menschen nur selten erlauben, haben wir in ihm gesehen: Empfindungen, Denken, Fühlen - Überraschung, vor allem aber Angst. „Traurig, daß solch ein Tier sich vor uns fürchtet." Ein ganzes Rudel Seehunde ist hier unterwegs, nahe heran trauen sie sich nicht. Aus der Ferne lugen sie über die Wasseroberfläche und spätestens wenn die Linse des Fotoappates blinkt, gehen sie auf Unterwasserdistanz: „Sieht ganz so aus, als würden die hier noch gejagt ..."

Kurz nach Unterfahren einer Hochleitung finden wir die schmale Einfahrt zur Green Bay. Enge Passage, steile Felsen - nichts zum Zelten. Aber dann, von Bergen umgeben, ein Waldsee - verträumt und malerisch. Eine Idylle in der Wildnis. Der leise plätschernde Wasserfall auf einer Seite, auf der anderen, gut zu erreichen, die Wiese fürs Zelt. Über den Baumstamm uns gegenüber stakst ein Blue Heron, ein großer Reiher mit blauem Federbusch. Geduckt verharrt er einen Augenblick mit gesenktem Kopf, starrt ins Wasser und plötzlich sticht er mit seinem langen Schnabel zu. Die Abendmahlzeit rutscht sichtbar im nach oben gestreckten Hals hinunter. Daß er uns als Nachbarn bekommt, stört ihn nicht. Auch das Squirrel nicht, das Eichhörnchen. Aufmerksam verfolgt es jede unserer Bewegungen beim Essenkochen - nachdem es eine Brotrinde abgestaubt hat, verzieht es sich auf den Baum über uns.

Hier ein Feuer zu machen wäre gefährlich. So summt statt dessen der Benzinkocher, kocht Wasser für ein holländisches Stamppotgericht: Kartoffelbrei vermischt mit Petersilie, Kresse, und Bohnen aus Susans Garten, mit cornedbeef aus der Dose, zuvor auf der Pfanne leicht angebraten. Als Nachtisch Kekskrümel - eine Packung war im Boot unter die Füße von Nr. 1 geraten - mit zerbröckelter Schokolade und mit aus Pulver dick angerührter Milch: „Kann es das nicht öfter geben?!" Die Sonne ist unterdes längst hinter den hohen Tannen verschwunden. Leichter Nebel liegt über dem Wasser. Das hat seinen höchsten Stand erreicht und fällt nun. Morgen früh wird es wieder vor unserer Tür sein und uns mitnehmen falls wir zeitig genug aufstehen und einpacken. „Gleich wieder weiter? Müßte schön sein, hier noch einen Tag zu bleiben ..."

Wir bleiben. Wandern über schmale Pfade und glitschige Steine, sammeln hübsche Muscheln vier Meter unterhalb der Wasserlinie an der wir gestern landeten, schnitzen einen Holzlöffel, faulenzen in der Sonne und sind bis zum späten Nachmittag allein. Bis gleich drei Segelyachten versuchen auf „unserem" Waldsee ihren Platz für die Nacht zu belegen. An Bord der ersten gibt es darum Krach: „Ihr" ist es entweder zu einsam oder zu primitiv, „no marina here" hören wir mit Echo von den Felsen und dann das leiser werdende Motorengeräusch. Der zweite Segelkreuzer, mit zwei hohen Masten und ebenso vielen Dutzend Passagieren an Bord, schiebt sich durch die Enge und versucht Taue an Land zu bringen. Irgendwie funktioniert das nicht so, daß das Heckfallreep für den Landgang benutzbar wird. Grund wohl, um nun auf „volle Kraft zurück" zu schalten. Es kracht, Flüche, Geschrei, Kommandos - auch die laufen wieder aus.

Das dritte Boot wirft den Buganker und bringt mit dem Beiboot eine Heckleine an Land: „Wir sind häufiger hier“, erzählen Bob und Jane aus Vancouver, „unsere Kinder haben ihre Verstecke im Wald.“ Die beiden Jungen schleichen durchs Gebüsch, während wir zu viert vor dem Zelt sitzen, Kekse knabbern und Kirschkerne spucken. „So draußen zu sein“, meint Jane nachdenklich, „das ist die einzige Möglichkeit der Hektik des Alltags zu entgehen. Wenn wir daheim vom Steg ablegen, dann bleibt das Geschäft, wir beide arbeiten im selben Betrieb, zurück. Tagesprobleme, das ganze Paket der üblichen Sorgen lassen wir an Land. Bei uns zählen dann nur noch unsere Route, das Boot und das Wetter. So wie bei Euch wohl auch. Was uns fehlt sind mehr Urlaubstage. Wieviele habt Ihr?“
„Sechs Wochen sind nicht außergewöhnlich...“
„Yeeea“, Bob zieht an seiner Pfeife deren Rauch die Mücken vertreibt, „das sind ja 42 Tage - die kriegen wir im Sommer nur zusammen, wenn wir alle Wochenenden mitnehmen. So viel mehr arbeitet Ihr aber doch wohl auch nicht - oder?“
„Im Gegenteil, eher weniger. Bei uns wird die Arbeitszeit ständig verkürzt. Das soll zur Beschäftigung von mehr Menschen führen - tut es wohl auch teilweise. Man geht davon aus, daß, wenn die alle Geld verdienen, sie es auch wieder ausgeben. Und das steigert dann den Konsum, den Absatz der Firmen die dafür mehr Leute einstellen. Mehr Arbeit, mehr Geld, mehr Steuern für den Staat - so jedenfalls rechnen die Experten bei uns. Und von der erweiterten Freizeit lebt inzwischen eine ganze Industrie die immer mehr Menschen braucht.“
„In unserer Firma denkt man anders. Da heißt es dauernd Kosten sparen, mit weniger Personal auskommen und von denen die arbeiten immer mehr verlangen. Die Japaner machen uns das vor. Die werkeln jeden Tag länger als wir, nehmen fast keinen Urlaub und setzen obendrein viel mehr Roboter in der Fabrikation ein. Dadurch haben sie weniger Kosten, können besser rechnen und sind harte Konkurrenten. Ich glaube vorerst nicht daran, daß sich bei uns längerer Urlaub kalkulieren läßt. Leider nicht.“
„Wäre schön, wenn wir gemeinsam mehr freie Zeit hätten“, träumt Jane laut vor sich hin, „vielleicht lassen wir uns früher pensionieren.“
„Gar nicht mehr arbeiten“, Bob schaut fragend, „ich weiß nicht, ob das gut ginge. Wir sind so daran gewöhnt. Und man kann doch nicht immer nur segeln.“

„Uns würde schon noch was anderes einfallen", seine Frau lächelt, „und unseren Kindern erst recht. Wo stecken die eigentlich?" Zerkratzt und verdreckt krabbeln sie aus Erdlöchern und über Baumstämme und wollen lieber bei uns im Zelt als an Bord schlafen. Erst die Aussicht auf einen Pudding dort stimmt sie um.

Jervis Inlet

Nichts rührt sich auf dem Boot, als wir morgens an ihm vorbei und aus der Bucht paddeln. Draußen, im Agamemnon Channel, huschen die ersten Sonnenstrahlen übers Wasser das uns noch ein Stück weit mitnehmen soll bevor die Ebbe einsetzt. Gemächlich strömt es in unserer Richtung. Es duftet frisch nach der kühlen Nacht, Wasserpflanzen wedeln knapp unter der Oberfläche, ein Fisch springt in langen Sätzen vor uns her. Und da ist auch wieder ein Seehund in der Nähe: Ganz wach dieses Mal, schaut er uns aus großen Augen an, wartet eine Weile und läßt sich dann langsam sinken. Keine Bewegung, keine Welle, nichts verrät wo er war und wo er bleibt. Am rechten Ufer ein Indianer-Piktogramm: rostrote Kreise und Striche auf grauem Fels. Was sie bedeuten, warum die Ureinwohner der Region sie auf die Felswände malten, eine Erklärung dafür fehlt. Und dann, wenig weiter bei Erreichen des Jervis Inlet, ein wirklich überwältigendes Bild vor uns: In breiter Front um die zweitausend Meter hohe, meist schneebedeckte Gipfel, hoch über dem tiefblauen Wasser. Das ist anders als in den Alpen. Denn wo sahen wir dort je den Berg in seiner vollen Höhe? Hintereinander abgestuft fallen steile Hänge direkt zum Wasser hinab, nackter Fels und dicht und dunkelgrün bewachsener. Wie gewaltig diese Dimensionen sind, zeigen winzige, weiße Punkte unter ihnen: Segel- und Motorboote, die da herumkreuzen, nur durch das Fernglas als solche zu erkennen. Lange bleiben die Paddel auf dem Süllrand liegen, schauen wir uns diese von der Natur geschaffene Kulisse an. Werden wir wirklich in sie hineinfahren, mitten in die Bergwelt der Rockies?

Zuvor brauchen wir Nachschub an Verpflegung. „Um die Ecke herum" zeigt die Karte den Ort Egmont. Hinter dem kleinen Hafen ein paar Häuser - weniger, als Schließfächer draußen vor dem Postamt: deren Eigner wohnen irgendwo in den umliegenden Wäldern. Ihre geländegängigen Fahrzeuge, die meisten mit Ladefläche, stehen vor dem rosa-orange gestrichenen store. Seine groß aufs Haus gepinselte Empfehlungen: „Eis, Liegeplätze, Duschen“. Gilt die erste Fischern, die ihren Fang aufbewahren und die zweite Seglern die bleiben wollen, so interessiert uns die dritte. Keine Chance jedoch, die Dinger sind außer Betrieb. Drinnen im Laden stapelt sich alles, was Farmer, Angler und Skipper suchen könnten - von Axt bis Zucker. Stacheldraht, Gummistiefel und Tauwerk liegen auf einer Seite, Cola neben Motoröl auf der anderen. Jede Menge an Essbarem in Dosen und Flaschen. Postkarten mit Bildern von den Sechelt Rapids - wildschäumendes Wildwasser: „Das Richtige für zarte Gemüter daheim! Das ist die Enge zwischen den Inseln, die wir passieren müßten, wenn wir am Ort vorbei weiterpaddeln...“ Wir wollen nicht.

Das „Post-Office“ aus der Gründerzeit würde bei uns im Freiluftmuseum stehen. Richtig gemütlich: Sechs Quadratmeter für den freundlichen Postillon mit seiner Dienstmütze auf dem Kopf; ein alter Kachelofen mit der Kaffeekanne; Familienbilder auf dem Regal über den Postsortierfächern; Minisofa mit Kissen; Bücher für den Zeitvertreib; ein Stapel nicht abgeholter Zeitschriften und vor dem Schalterloch ein ausgedienter Autostuhl: Besucher mit viel Zeit sind willkommen: „Früher war's hier nur 'ne Trapperstation ...“

Der, der vor uns die Briefmarken mit Elchen drauf kaufte, steht am Hafen und schaut unser Boot versonnen an: „Mit so einem bin ich in meiner Jugend von Regensburg bis nach Rumänien gepaddelt“, sein Englisch klingt hart, „ich stamme aus Ungarn, aus Keczkemet. Als die Russen kamen, war da kein Platz mehr für mich.“ Er warnt vor manchmal überraschenden, starken Winden in den Inlets: „Wenn die gegen den Gezeitenstrom wehen, dann muß ich sogar mit meinem Motorboot aufpassen.“

Eine Stunde später haben wir ihn, den Wind. Jetzt am Nachmittag allerdings mit der Flut und schräg von achtern. Zuerst leichte, dann höher auflaufende Wellen schieben uns ins Jervis Inlet, in den nach

Norden, in die Berge führenden Fjord. Motorboote die uns entgegen brummen, gehen mit ihrer Fahrt herunter, sobald sie in die Nähe kommen: Rücksichtsvoll ersparen sie uns ihre schäumenden Bugwellen, die das Boot dann doch, von den steilen Ufern reflektiert, eine Weile später tanzen lassen. Etwas besorgt gucken die nachfolgenden Passagiere einer Motoryacht auf diese Art von sea-kayaking. Und wenn die Reflexe sich mit den Windwellen gerade unter unserem Kiel treffen, dann ... na ja, hinter der nächsten Landspitze wird's ruhiger. Eineinhalb Stunden paddeln wir bis zu ihr, weitere zwei den Prince of Wales Reach hinauf, wobei Reach die Strecke zwischen zwei Krümmungen bedeutet. Einsame Fahrt. Das Bild vor uns wird immer aufregender. 2.500 m hoch der Mount Churchill, mit seiner dem Matterhorn ähnlichen Spitze. Dicke Wolken da oben, wie aus der Zigarre seines Namensvetters. Graue und rotbraune Schroffen, tiefgrüne Hänge, weiße Schneefelder. Azurblau der Himmel darüber. Nach der Biegung des Fjords haben wir eine geschlossene Bergformation vor uns, deren Ende nah zu sein scheint. Aber - das an europäische Größenordnungen gewohnte Auge verschätzt sich wieder einmal gründlich. Die Berge, vom Wasser her gesehen, und die Bäume, sind höher, Abstände größer. Die bis zu den von weitem leuchtenden Sand- und Steinstränden der Vancouver Bay zu fahrenden Kilometer werden lang, sehr lang. 1792 ankerte Captain Vancouver eine Nacht in dieser Bucht. Das reichte, um sie nach ihm zu benennen. Durch einen Kanal erreichen wir schließlich einige schwimmende, auf Pontons gebaute Häuser. „Private property, aircraft only" steht da auf einem Schild, eine Anlagestelle für private Flugzeuge? „Übermorgen kommt eines um mich abzuholen", erklärt der junge Mann, Jeans, buntes Hemd, der unser Kommen beobachtete, „das Holzfällercamp hier wurde abgebaut. Ich bin Mike und sozusagen die Nachhut. Zelten? Wo immer Ihr wollt." Er hat zu tun und braust auf dicken Reifen einer Dreirad-Honda davon.

Wie miserabel der Platz ist, den wir uns fürs Zelt aussuchten, merken wir erst später - zum Verrücktwerden: In den Haaren und Ohren, an Händen, Füßen - überall beißt und sticht und juckt es. Zunächst sehen wir sie gar nicht, diese miesen winzigen Viecher - Mini-Mücken mit Maxi-Wirkung. Das Schlimmste: Die Maschen unseres Moskitonetzes finden sie einladend und im Zelt gefällt es ihnen. Was nützt da die herrliche Aussicht auf den die Bucht überragenden Mount Churchill, auf die Marlborough Heights und zum im Abendlicht leuchtenden Schnee? Reichlich genervt, mit in den Augen beißendem Anti-Moskitoöl, das die Winzlinge zu lieben scheinen, kriechen wir zwischen die Daunen und kratzen uns in den Schlaf.

„Wir nennen sie no-see-ums“, Mike grinst am nächsten Morgen über die verkaterten Zeltbewohner, „die hausen überall im niederen Gras. Wer da kampiert kriegt Ärger. Geht für die nächste Nacht auf den alten Verladesteg, da habt Ihr Ruhe.“ Nächste Nacht? „Ja, schaut Euch heute hier in der Gegend um, abends hocken wir uns dann zusammen. See you later - vielleicht zuvor noch oben bei der Fischstation.“ Deutlich gehetzt saust er davon. Wir lassen uns Zeit - die Plagegeister schlafen ihren Rausch aus. Über dem Benzinkocher brutzeln Haferflocken im Öl auf der Pfanne, Zucker karamelisiert und dann zischt's auf den Tellern als wir kalte Milch darüber gießen. Eiskalte - das aus dem nahen creek, einem Wildbach, geholte Wasser fürs Milchpulver kommt von den Gletschern. Gut gestärkt machen wir uns an den Umzug: „Fühle mich wie jemand von den früheren voyageurs - mit Sack und Pack, mit Weib und Boot über Land.“
„Die ließen ihre Weiber zu Hause. Und deren Portagen von einem Fluß zum anderen waren 5 Meilen statt 5 Minuten.“
„Dafür entdeckten die Neuland und machten Geschichte. Und wir?“
„Wir *hören* dadurch Geschichten, vielleicht - heute abend!“
Eine bereits früher - flußauf, neben zwei vom Wasserlauf abgeteilten Becken. „Wir fangen Lachse ab die den Fluß hinauf wollen, sortieren sie, nehmen ihnen Eier und Samen und züchten genetisch gute, neue Generationen.“ Mike sieht unsere fragenden Gesichter: „In der Natur gehen 40% der Nachkommen beim Laichen verloren. Weitere 20% als Jungfische. Unsere Verlustrate liegt bei nur 2% oder darunter. Warum wir züchten? Damit werden Schäden ausgeglichen, die beim Holzeinschlag großer Flächen entstehen. Die Arbeit vertrieb Fische. Jetzt ist sie beendet und wir setzen neue Populationen ein.“ Im Zuchtbecken wimmelt und quirlt es: „Demnächst können die raus. Und unsere angelnden Freunde haben keinen Grund mehr sich zu beschweren.“

Pünktlich, wie verabredet, kurvt Mike abends mit seinem Dreirad vor unseren Zeltplatz auf Holzbohlen - einhändig. In der freien Hand eine große Tüte. „Ich weiß ja nicht ob und was es bei Euch Leuten zu essen gibt", grinst er und packt aus: Drei Gläser, eine Flasche Wein vom Okanagan Lake, Cracker und ein großes Stück „smoked salmon" Lachs „... selbst geräuchert!" Das als Hauptspeise gedachte Omelette wird damit zum Nachtisch während eines lang ausgedehnten dinner. Mike war Holzfäller. „Damit habe ich viel Geld verdient und konnte dadurch studieren. Bin jetzt 'environmental specialist' und arbeite als solcher für eine große logging-company. Als Umwelt-Spezialist wollte ich die Dinge in der Gesellschaft von drinnen heraus beeinflußen, statt mich, wie unsere Grünen, zum Protest auf die Schienen zu setzen." Zusammen mit anderen Fachleuten hat er vor Beginn eines Holzeinschlages „und oft sind das etliche tausend Hektar ..." zu untersuchen, welche Auswirkungen die Operation auf Tier- und Pflanzenwelt haben wird. „Rechts und links des Einschlags muß genügend Lebensraum für die vertriebenen Tiere sein. Vom Nahrungsangebot her ist deren Bestand in den Wäldern begrenzt. Er erhöht sich regelmäßig nach dem Einschlag, da das nachwachsende Unterholz mehr Futter bringt. Sobald die Flächen erneut aufgeforstet sind, vermindert sich die Zahl der Tiere wieder." Mike zeigt zu Hängen, an denen ältere und junge Waldflächen gut zu unterscheiden sind. „Nach dem Einschlag müssen wir neu anpflanzen, dazu sind wir verpflichtet. Nur: Ein hoher Prozentsatz der Jungbäume wird vor ihrer Entwicklung abgefressen. Für die Allgemeinheit ist das ein ökologisches Problem, Natur, Sauerstoff und so weiter. Für die company langfristig eines, das den Gewinn betrifft. Denn für ihn braucht sie ja Wälder." Baumstämme treiben, vom Gezeitenstrom getrieben, durch den Fjord. „Zigtausende sind es, die so verloren gehen", bemerkt Mike dazu, „verloren. Denn durch die in ihnen enthaltenen Rückstände vom Salzwasser produzieren sie weder gute Pulpe für's Papier, noch sind sie für Möbel geeignet. Bedingt nur zum Verbrennen. Aber: Frisch eingeschlagenes Holz ist billiger als diese Ausreißer zu sammeln."

Die Sonne schickt ein paar Lichtblitze zum Segelboot, das in der Bucht vor Anker gegangen ist, Schatten des Abends fallen über die Hänge. Der das Wasser kräuselnde Wind bringt eine Prise Rauch vom Farmhaus auf der anderen Seite. Er mischt sie mit dem harzigen Duft der hohen Tannen, mit dem leichten Teergeruch unseres Zelt-Pontons. Dann schläft er ein und auf der glatten Wasserfläche spiegeln sich die jetzt dunklen Berggipfel. Frieden. Lange schauen wir schweigend in die beginnende Nacht hinaus. Mike hebt sein Glas: „Cheers, Leute, war auch für mich der letzte Abend hier. Unsere Operation ist beendet, demnächst geht's woanders weiter. Vielleicht sehe ich Euch morgen von oben ..."

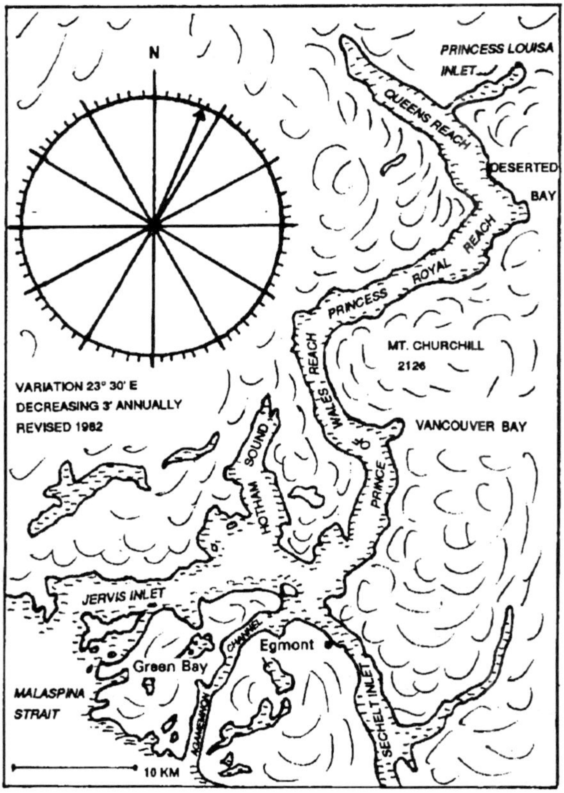

Dicke, dunkle Wolken über dem Inlet - günstig sieht der neue Tag nicht aus. Und doch beruhigend: Würde die Sonne scheinen, so ergäben sich mit zunehmender Wärme rasch Druckunterschiede in den Fjorden, zwischen Luftschichten auf dem Wasser und jenen überm Land. Dadurch hätten wir am späteren Morgen Wind zu den Bergen hin. Von den Hängen getunnelt bringt der es auf ganz beachtliche Tempi - zu mehr, als Wetterfrösche für die Region jeweils voraussagen. Heute? „Keine Sonne, kein Wind!" Also bleiben wir, ohne no-see-ums, noch eine Weile. Dadurch können wir zwar Mike bei seinem Abflug winken, sonst aber war's falsch: Unterwegs läßt der Tidenstrom nach, dann reißen die Wolken auf und die zunächst angenehme Schiebebrise entartet zum Motor für weiß gischtende Roller. Da diese ihre Richtung nicht korrekt einhalten, fabrizieren sie Reflexwellen, die sich wiederum mit denen der Motorboote überwerfen. Das Durcheinander läßt uns kaum Zeit, um verlassene Holzfällercamps an den Ufern zu registrieren, um mit einer Hand zurückzuwinken, wenn ein Segelbootkapitän auf Deutsch „Gut Morge“ wünscht. Hinterm Moorsam Bluff, der tausend Meter hohen Ecke zum Prinzess Royal Reach, wird's noch lustiger. Wir gehen dicht unter Land wo es ruhiger scheint aber nicht ist. Und dann setzt auch noch die Tide um: Notorischer Frühaufsteher sollte man sein. Das Boot liegt fest in den Wellen, folgt den Steuerausschlägen, zieht Meter für Meter seinen Kurs. Ob und wie schnell wir dabei vorwärtskommen, zeigen Pflanzen und Büsche an den Steilwänden neben uns. Mit Aufhören ist's nichts - landen kann man da nicht. Weiter, weiter, weiter. Und wenn das nach 6 Stunden Paddelei nicht etwas ermüdend wäre - Spaß macht es doch. Mehr noch dann in eine windgeschützte Bucht einzulaufen: Wie weit war es bis hierher?“

Nachsehen. Auf unserer Seekarte jedoch findet sich kein Balken mit abgetragenen Kilometern oder Seemeilen, „... haben die glatt vergessen.“ Macht nichts, die Karte hat ja einen senkrechten Rand und der zeigt Zahlen. Es sind Grade und Minuten für die Breitenkreise vom Äquator her in Richtung Nord- bzw. Südpol. Wir befinden uns auf 50° und 5'. Und diese Minuten helfen uns weiter. Denn jede von ihnen, so wie sie auf der Karte gezeichnet sind, entspricht einer Seemeile oder 1.852 Metern. Damit haben wir's: „35 km bis hierher heute - genug, das reicht!“ Die auf dem wagerechten Rand der Karte genannten Gradzahlen übrigens haben eine andere Bedeutung. Sie beziehen sich auf die Abweichungen der Längenkreise vom Nullmeridian, dem bei Greenwich in England. Von dort aus mißt man um die Erdkugel herum - je 180° nach Osten und nach Westen. Alle 15° ändert sich die Uhrzeit um eine Stunde. So lange, bis auf beiden Seiten die 12 Stunden voll sind und damit die Datumsgrenze erreicht wird. Unsere Karte zeigt 123°, 45'. Durch 15 geteilt: Eine Zeitverschiebung gegenüber Greenwich von 8,25 Stunden. Soviel wäre es hier genau. Tatsächlich jedoch fassen die Weltzeitzonen breitere Gebiete zusammen. Darum sind es offiziell 9 Stunden - plus eine weitere zur bei uns geltenden mitteleuropäischen Zeit (MEZ). Die Sommerzeit addiert nochmals eine Stunde zur Zeitdifferenz hinzu.

„Deserted Bay“, dem Namen nach müßte die Bucht verlassen sein - die Karte verzeichnet logging camp und Indianerdorf als aufgegeben. Aber: WELLCOME TO TSOH-NYE steht auf einem weißen Holzschild. Daneben eine Zeichnung künstlerisch vereinfacht, ein Tier mit großem

Auge und zähnebewehrtem Maul. „Killerwhale, big fish“, ein dicker junger Mann zeigt auf das Bild und grinst verlegen. Breites Indianergesicht, volle lange schwarze Haare, Sonnenbrille mit verspiegelten Gläsern, blaues T-shirt über brauner Kordhose. Seine Anwort auf unsere Frage ob wir hier über Nacht bleiben könnten: „You guys can stay wherever you want. Let's first have a coffee.“ So ziehen wir das Boot auf einen schwimmenden Anleger und gehen mit Merrill zu seinem Auto, einem museumsreifen roten Laster. Radiomusik, Sender Vancouver, übertönt das Nageln des Diesels. Steil bergauf über Graspfade, dann landen wir in einem umzäunten Gelände auf dem ein halbes Dutzend einfacher Holzhäuser steht - grün und braun gestrichen, Alu-Wassertanks davor, Stromzuleitungen, eine hohe Antenne.

An den Holzwänden angebracht, gesägte, prächtig bunt bemalte, stilisierte Tierfiguren. „Unsere indianische Kunst“, erklärt Merrill, „eine Schule war das hier. Indianer und Weiße erforschten und übten überlieferte Traditionen, beobachteten das Leben in der Natur und fertigten Handarbeiten nach alten Mustern.“ Mangels Geld wurde das Projekt stillgelegt. Merrills Frau Brenda stellt Kaffeetassen auf den Tisch und schenkt ein. Beide gehören zum Stamm, zur „band“, der Sechelt Indianer. Als caretaker passen sie auf, daß nichts geklaut wird. Das Land gehört zum Reservat, ist Eigentum ihres Stammes. Dessen rund 600 Mitglieder leben vom Fischfang und von der Forstwirtschaft. „Wir verpachten Wälder zum Bau von Häusern oder zum Holzeinschlag. Bringt 'ne Menge Geld.“ Merrill hat 15 Brüder und Schwestern. „Die besuchen uns oft. Machen Touren hinauf zu den Gletschern. Ein trail führt von hier übers Eis hinweg, an Seen vorbei, nach Squamisch. 50 km - drei Tage. Mit einem Boot dann hierher zurück. Wollen Sie?“

Dazu müßten wir besser trainiert sein. Wir begnügen uns mit einem Ausflug in die Umgebung bis zum Abendessen, zu dem wir eingeladen sind. Immer noch Sturm. In der Bucht stehen weiße Wellen. Morgen weiter? „Aber sicher doch“, meint ein Skipper, der mit seinem Boot am Steg festgemacht hat, ob wir denn kein Barometer hätten? Auf seinem signalisiere steigender Luftdruck Wetterberuhigung. Während des Essens dann erzählt er, von Beruf Feuerwehrmann, brandheiße Geschichten - Merrill hält mit Bärenstories dagegen. Eine: „Unserem Stamm gehören mehrere Areale am Ende des Inlet. Da haben wir ein Blockhaus, von dem aus fischen und jagen wir. Mein Onkel ließ sich kürzlich dort für eine Woche absetzen. Nachts klopfte es an seiner Tür - ein Zwei-Meter-Grizzly stand vor ihm. Gerade konnte er sich noch verbarrikadieren, da waren es schon mehrere, an allen Seiten. Sie versuchten einzudringen, das Haus zitterte und wo Holz splitterte mußte mein Onkel von innen absichern. Zu schießen wagte er nicht - verwundete Bären sind noch gefährlicher. Und als er es dann doch tat, zur Abschreckung, da kümmerte es sie kaum. Sie belagerten ihn, vier Tage und vier Nächte lang konnte er nicht raus. Zum Schlafen kam er kaum, denn besonders nachts versuchten die Tiere immer wieder einzubrechen. Schließlich, als er kein Wasser mehr hatte, rief er mit seinem Funkgerät um Hilfe und wurde ausgeflogen."

Beim Duschen im Wohnhaus hatten wir das Gewehr neben dem Ehebett gesehen: „Ja", erklärt Merrill das, „es muß zur Hand sein, vor allem nachts. Denn Bären gibt's hier jede Menge. Viele Schwarzbären. Die versuchen uns zu beklauen. Nicht so groß wie die Grizzlys, aber doch stark - beißen sogar Konservendosen auf. Normalerweise haben sie Angst vor Menschen. Einige jedoch wurden zu aufdringlich, griffen an und wir mußten sie erschießen. Danach fanden wir meist, daß sie ein Geschwür, eine kranke Leber oder eine alte Verletzung hatten, durch die sie ihre Scheu verloren."

Mit dem Experten fürs Löschen von Brand und Bier wandern wir zurück, bergab zu den Booten, zum Zelt auf dem Anlegeponton. „Ich hoffe, Sie hatten inzwischen nicht Besuch von dem racoon, von dem Waschbären, der sich hier herumtreibt. Ein frecher und geschickter Bursche. Bei uns an Bord hat er vor einigen Tagen eine Tür und einen

Schrank sowie Kanister geöffnet und Deckel von Marmeladengläsern abgeschraubt. Und ließ sich kaum verjagen." Ob die racoons mit ihren nur etwa zwei Fuß Länge, rund 6o Zentimeter, zu den Kleinbären oder eher zu den Mardern gehören, darüber wäre man sich nicht einig.

Jedenfalls aber sei ihr deutscher Name zutreffend. Denn mangels gutem Speichelvorrat pflegten die Tiere ihre Nahrung, „die fressen alles ...", vor dem Verzehr zu waschen, anzufeuchten. Daß wir Waschbären auch in Deutschland haben, ist ihm neu, da diese Tiere eigentlich doch nur in Nord- und Mittelamerika vorkommen sollten. „Wahrscheinlich sind sie bei Euch mal aus der Gefangenschaft ausgebrochen und haben sich dann vermehrt", meint er. Das stimmt, wie wir später hörten. Im Krieg flohen Waschbären aus einem Staatsforst am Edersee. Als Nachttiere und ohne Feinde, wie größere Raubtiere, kamen sie in der Freiheit gut zurecht und erweiterten ihre Reviere bis in den Taunus. Und eines Abends saßen dort zwei von ihnen im Licht unserer Taschenlampe. - Ihre kanadischen Vettern hier am Jervis Inlet ließen Zelt und Vorräte auf dem von den Wellen schaukelnden schwimmenden Campingplatz unversehrt. Wir gehen schlafen. Spät in der Nacht hört dann das Knatschen und Quietschen der Balken auf. Das Sturmtief ist vorübergezogen.

Princess Louisa

Früh fährt unser Nachbar weiter, wir sind später auf dem Wasser. Heute jedoch haben wir geplant: Etwa 7 sm, 13 km also, bis zur Einfahrt ins Princess Louisa Inlet - mit auflaufendem Wasser gemütliche zwei Stunden. Dort werden wir die Malibu rapids vorfinden, in denen das Wasser während der vollen Tide mit 9 kn, 16 km/h, strömt. Bei slack tide, bei Stauwasser sollten wir dort passieren, beim Wechsel, in diesem Fall, von Flut auf Ebbe. Aus unserer Strömungstabelle war zu errechnen, wann das sein würde, auf die Minute genau. Vorsichtshalber kalkulieren wir Bummelzeiten ein und sind nach herrlicher Fahrt im Sonnenschein viel zu früh an der Engstelle. Ohne Karte, und ohne den „Wegweiser" eines in die Schlucht zwischen den Bergen hineinkurvenden Flugzeugs, wären wir vielleicht an ihr vorbeigepaddelt. Hohe bewaldete Hänge, schnelles Wasser in unserer Fahrtrichtung. Von einem Hang aus gut zu übersehen: Glatter Stromzug, Schnellen die zu nehmen, zum Teil zu umfahren sind, kreisende Strudel dahinter. Mit trotz positiver Vorausschau gemischten Gefühlen setzen wir uns in Boot, ziehen das Steuer hoch, damit Wasserdruck uns nicht quertreibt und - rutschen mit Caracho in die Enge. Sehr schnell an einigen Staus vor Hindernissen entlang geschrammt, vom sich drehenden Strudel kurz geschüttelt und schon sind wir durch, „länger zu warten hätte nicht gelohnt." Im Kehrwasser auf Gegenkurs und zu einem Anleger unterhalb von ineinander verschachtelten Blockhäusern.

Ein Dutzend Canoes liegt auf dem breiten Ponton. Jugendliche beobachten wie wir aussteigen. Eine Frau, Trachtenlook, weiße Bluse, blauer Rock - etwas konsterniert betrachtet sie unser Boot, das offensichtlich ein wenig aus dem Rahmen fällt. Aber aus Germany? Das macht wieder Boden gut. Sie begrüßt uns ganz offiziell: „Willkommen! Mein Name ist Daisy, ich bin Ihre Hosteß des Malibu-Clubs und freue mich, daß Sie hier angelegt haben. Ich möchte Ihnen unsere Einrichtungen zeigen." Wir sind in einer Anlage von „Young Live", das heißt Junges Leben, gelandet. Einer christlichen Organisation, die von den Presbyterianern in den USA gelenkt wird. Mehr als 200 Jungen und Mädchen machen hier „Camp-Urlaub". 100 Betreuer, ausgebildete Jugendleiter, nehmen sie mit in die Berge und in den Canoes aufs Wasser. Stunde für Stunde strukturierte Programme. Sie bestimmen den Ablauf, von Andacht bis Zapfenstreich, für gutes und für schlechtes Wetter. „Jede Woche reisen neue Gruppen aus Kanada und aus den USA an, wir sind immer ausgebucht", betont Daisy. Sie zeigt uns Totempfähle, vom Chief Joseph geschnitzt, „wir versuchen die Jugendlichen mit der indianischen Kultur bekannt zu machen." In den Häusern hängen ähnlich geschnitzte Figuren wie im Camp an der Deserted Bay, verzierte Indianerkleidung aus Rehleder, Federschmuck und alte Waffen. Gegenüber den uns von Merrill genannten Preisen, die Kursteilnehmer dort zahlen mußten, sind die hier verlangten Gebühren um ein Mehrfaches höher. Mit dem

so erwirtschafteten Budget kann mehr geboten werden und das wiederum rechtfertigt den geforderten Preis - solange der akzeptiert werden kann und wird. Der übliche Kreislauf. Konnten die Sechelt-Indianer ihn nicht in Gang setzen?

Im ältesten Gebäude der Ansiedlung liegen unter alten Indianerzeichen Fotoalben - Hollywood Stars als Gäste. Zum honeymoon, bei Festen, ganz intim. Tom Hamilton, Luftfahrt-Millionär, hatte für sie den Malibu-Club gegründet, bevor der 1954 an die christliche Jugendgesellschaft überging. Ein Lehrer, den unsere Fahrten mit dem Boot interessieren, erzählt über die Geschichte der Region. „Suivoolot nannten die Indianer den Fjord, was sonnig und warm bedeutet. Bald nach der Jahrhundertwende entdeckte ihn ein Segler, gab den Tip seinem Neffen. Der kam, sah und blieb, nachdem er die Welt bereist und genug Geld gemacht hatte. Er kaufte das inlet von den Sechelt Indianern. Aber: 'Allen soll das hier gehören, Indianern, Trappern, Holzfällern, Fischern und Bootsleuten', sagte er damals, 'ich bin nur der Wächter dieses Kleinods der Natur.' Und tatsächlich: Mac, unter diesem Namen kannte man James F. MacDonald, sorgte dafür, daß nichts kommerzialisiert wurde. Vor seinem Tod gründete er eine Gesellschaft, die heute noch diesen Provincial Marine Park mit unterhält. Darum blieb das hier solch ein einzigartiges Paradies."

Über 2.100 m hoch ragen die Bergwände neben uns, wo wir weiterpaddeln. Schneeweiße Gletscher leuchten hell über dunklem Grün und grauem, senkrecht ansteigendem Fels. Acht Kilometer lang ist der mit dem Meer verbundene Bergsee, weniger als einen breit und 300 m tief. Von den bis zu 60 Wasserfällen, die im Frühjahr vom schmelzenden Eis gespeist werden, laufen jetzt „nur" noch halb so viele. Teils im freien Fall rauschen sie über Steilhänge, Regenbogenfarben flimmern aus den Sprühnebeln. Und mehrere von ihnen vereinen sich am Ende dieser faszinierenden Natur zu einem tosenden, 40 m breiten, weiß schäumenden Fall: Zur „Chatterbox", zur so genannten Klatschtante.

Ein großes Boot tuckert langsam in den Fjord und ankert dort, wo bereits mehrere andere liegen, von denen einige uns unterwegs überholt hatten. Wir gehen an Land - Natur, wild, ungebändigt, nicht von Menschenhand verändert. Nach wenigen Metern beginnt der Urwald, undurchdringlich.

„So schön es hier ist, länger bleiben? Ich denke wir fahren morgen wieder zurück."
„Die Luxusyacht da könnte uns mitnehmen. Mal fragen?"
„Verrückt - Anhalter auf dem Wasser - und dann noch bei *dem* vornehmen Schiff?
„Kassiopeia" steht auf dem Heck. Tief zum Wasser herunter gezogen ist es, so breit, daß unser Boot quer darauf Platz hätte. Also doch? Warum nicht mal versuchen - rund 80 km weit mit Gegenwind und zeitweise gegen die Tide knüppeln, auf einem Weg den wir bereits kennen, das ist nicht gerade das, was uns lockt. Wir setzen uns ins Boot und paddeln hin.

An Bord ist Betrieb, eine Party. Schicke Strandmoden, elegante Damen, das Sektglas zwischen rotgetupften Fingerspitzen. Herren im Gespräch unter sich. High society auf Kreuzfahrt? Ob wir den Käpt'n sprechen könnten, fragen wir mit Angst vor dem eigenen Mut, aus der Froschperspektive zum hohen Deck hinauf. „Ich bin's", antwortet jemand, der weder Uniform noch Mütze trägt und „was kann ich für Sie tun?" Wir erzählen kurz woher wir kommen und ob es vielleicht möglich wäre, daß ... Er denkt einen Augenblick lang nach, schaut uns prüfend an und sagt dann: „It would be a pleasure for me" - mit Vergnügen! Wann? „Morgen - Sie werden schon sehen ..."

Wir umrunden den See. Keine Strömung, spiegelglattes Wasser. Warum da die Jugendlichen auf dem Motorboot alle mit dicken Schwimmwesten ausgerüstet sind? Eine Besichtigungsfahrt - Ansagen durch den Lautsprecher: „Dort drüben das Felsplateau, 50 m hoch. Vom Wasser aus hatten früher die jungen Sechelt-Indianer am Seil hinaufzuklimmen - mit einem schweren Stein auf dem Rücken. Nur wer das schaffte, wurde in den Kreis der Männer aufgenommen." Und dann: „An Steuerbord ein Kajak, der extra aus Deutschland her kam. Schaut euch an, wie *die* paddeln!" Der Lehrer vom Malibu Club ist's, grinsend winkt er herüber. Ein Wasserflugzeug startet neben uns. Kurzer Anlauf, aufheulender Motor, Wasserschwall vor den Schwimmern und schon hebt die Maschine ab. „Das Boot würde da rein passen. So mal in der Wildnis sich absetzen lassen und von dort aus losziehen?"

Aus einem der in den Fjord mündenden Bäche holen wir frisches, eiskaltes Wasser und füllen unsere Vorräte. Seehunde spielen miteinander neben dem Boot, Am Himmel kreisen Adler. Wirklich großartig dieses kleine Stückchen Welt. Zelten? Viel Auswahl ist nicht - die Klatschtante lädt uns in ihre Nähe ein. Und sie hört nicht auf zu klatschen. Das hat auch sein Gutes: Wir sitzen länger als sonst vorm Zelt. Und da huschen die Strahlen eines Polarlichts über den Himmel, erzeugen unheimliche, schaurig-schöne, auch farbige Reflektionen zwischen hohen Wolken.
„Wie entsteht das?"
„Wir haben gelernt, daß Eruptionen auf der Sonnenoberfläche die Ursache sind. Energiegeladene Teilchen werden dabei in den Weltraum gejagt. Die dringen nahe den magnetischen Polen in unsere Atmosphäre ein, erzeugen hohe Spannungen und die lassen Atome leuchten - Sauerstoff grün, Stickstoff rot. Durch Verzerrungen des Magnetfeldes der Erde sind diese Nordlichter manchmal in niedrigeren Breiten als um den Polarkreis herum zu sehen. So wie heute. Und manchmal stören diese geomagnetischen Stürme, wie man sie auch nennt, die Stromversorgung, Telefonnetze, Radiosender und sogar den Orientierungssinn von Brieftauben."

Alles grau in grau als wir morgens aus dem Zelt schauen. Nichts mehr von der strahlenden beauty Princess Louisa. Ankerauf bei mehreren Segelyachten die zum Tidenwechsel die rapids passieren wollen. Auf unserem Anhalter ist mit dem Fernglas noch keine Bewegung zu erkennen. Also haben wir Zeit, Zeit zum Knipsen des Wasserfalls -

Bilder die ohne Sonne doch nichts werden können. Sprühschauer von der Tante? Nein, richtiger Regen, „... schnell, einpacken!“ Gerade noch einigermaßen trocken verschwindet Sack und Pack unter Deck. Dann trudeln wir im Nieselregen durch die Bucht und warten. Nach einer Stunde, endlich, setzt sich die „Kassiopeia“ in Bewegung, fährt näher heran. Der Captain winkt uns ans niedrig liegende Heck. Er packt zu, um unseren schweren Kahn raufzuheben, vertäut ihn an der US-Flagge und stellt sich vor: „Ich heiße George King“ - alle Namen wurden geändert. Ein Mann so um die 40, energisch, reserviert. Auf dem Schiff sind außer ihm nur noch seine Frau Mary, die uns herzlich begrüßt, der vierjährige Sohn und zwei Verwandte. Während die „Kassiopeia“ mit schäumender Bugwelle gegen den Strom durch die rapids braust, merken wir, daß noch zwei junge Leute zur Besatzung gehören. Mit einem speedboat fahren sie nebenher, per Sprechfunk in ständigem Kontakt mit der Brücke. Mr. King selbst steuert. Sein Beruf? „Habe mit Stahl und mit Autos zu tun.“ Und da dämmert's: Wir sind beim King jr., Sohn eines der reichsten Industriekapitäne Amerikas, an Bord. Deshalb die Eskorte, für den Fall, daß wir böse Absichten gegen ihn haben sollten? Darum auch keine genaue Abfahrtszeit?

Nachdem wir „beschnuppert“ worden sind, wird die Atmospäre nett und ungezwungen auf dem 40 BRT Schiff. Zwei kräftige Dieselmotore bringen es auf schnelle 24 kn. Hydraulisch schließt sich das Verdeck über der Brücke, in Kniehöhe strömt erwärmte Luft aus den Seitenwänden. Auf der Fahrt durchs wolkenverhangene Jervis Inlet - „haben wir Glück mit dem Wetter gehabt!“ - gibt's Kaffee, Cocktailhappen, Sandwiches und später Suppe mit Kartoffelchips. So wie gestern, als sich leitende Mitarbeiter, auf eigenen Booten angereist, zu einem meeting hier an Bord trafen. Zwischendurch von der Brücke aus ein Telefongespräch mit Detroit, die Firma bleibt fest im Griff: „Gestern hatte ich unsere Düsseldorfer Niederlassung in der Leitung“. Küche mit Eßecke, erheblich größer als unsere daheim, Elektroherd, Spülmaschine, Kühl- und Tiefkühleinrichtung: „Wir produzieren unseren eigenen Strom.“ Eine Entsalzungsanlage kann pro Tag 800 gallons, mehr als 3.000 Liter, Seewasser trinkbar machen. Waschmaschine und Trockner. Weiche Teppiche im Salon, ein seegrünes Luxusbad und Hollywood-Schlafzimmer: „Muß sicher herrlich sein, morgens früh auf einer einsamen Insel im Zelt aufzuwachen“ - wie Frau King das sagt - es klingt echt. Sehnsucht nach einem anderen Leben? Das wohl nicht. Vielleicht aber nach *dem* Stück Freiheit, das wir unterwegs haben ...

Nach nur 3 Stunden erreichen wir Egmont. Das speedboat mit den „Aufpassern" kommt längseit, Schläuche werden zur Tankstelle gelegt, Abschied im strömenden Regen. Der Kleine winkt uns noch lange nach, als wir weiterpaddeln. „Was schicken wir als Dank? Ein deutsches Spielschiff für den Junior-Junior?"

Malaspina Sound

Zwischen Nelson- und Captains Island sind wir im südlichsten Abschnitt des Jervis Inlets. An unserer Backbordseite ein Marine-Sperrgebiet. „Anlegen verboten" steht auf der Karte - wo, da es innerhalb des gekennzeichneten Bereichs kein Land gibt? Regen, Regen, Regen. Zwar sollten die Paddeljacken, über den Kopf und über die Spritzdecke gezogen, dicht sein, langsam jedoch, dann immer schneller, läuft kaltes Wasser den zuvor noch warmen Bauch hinunter. Unterm Hintern ein See, an den Armen entlang saugt sich Nässe in die Kleidung, die am Körper klebt und reibt. Nein, kein Vergnügen diese Art von Rundum-Wassersport. Dauerregen wird durch Schauer abgelöst, die unsere Sichtweite auf wenige Meter begrenzen. Sie trommeln auf unseren Kapuzen und Schultern, auf dem Boot und im Stakkato neben uns aufs Wasser. „Vorsicht, nicht paddeln, da ist was vor uns ..." schemenhaft taucht es vor dem Bug auf und verschwindet im Nichts. Dann sehen wir wieder die hohen Berge, ohne ihre strahlenden Farben und lebhaften Schatten jedoch. Wolken hängen um sie herum und ganz da oben schneit es.

Keine Zeltmöglichkeiten. Wo wir in verwinkelten Buchten und auf hohen Felsen schauen - nichts. Wir überqueren die Vanguard-Bucht, und strampeln gegen die Tide durch die Telescope Passage. Nachdem drüben kurz zuvor noch Wolkenfetzen weiß vom Wasser her an steilen Felswänden aufstiegen, hängen sie jetzt schwarz und drohend über unserem schmal gewordenem Weg. Heftige Böen schicken sie und es wird höchste Zeit endlich an Land zu gehen. Versuch auf Hardy Island: „Ihr könnt hier überall zelten", meint ein Mann, dank der Flasche in seiner Hand fröhlich trällernd, „und mit mir einen, hick, Schluck trinken.“ Seinen Blick für Zeltplätze hat der Stoff getrübt - hier gibt es keine. Rüber nach Nelson Island. Dort, hoch überm Wasser vor einem der Häuser, eine ebene Fläche - selten an dieser zerklüfteten Küste, wo die meisten Gebäude auf Pfählen in die Felsen hinein gebaut stehen. Aussteigen am schwimmenden Steg, fragen - die Hausbesitzerin erlaubt uns zu bleiben - Glück Nr. 1. Glück Nr. 2: Eine Regenpause, gerade so lange wie wir das Zelt aufbauen und einräumen. Was naß ist, bleibt draußen unterm Überdach. Drinnen weckt heiße, süße Milch die Lebensgeister, Makkaronis mit Käse und Tomatenpüree machen satt, zufrieden und schläfrig. Längst ist's dunkel. Der Regen trommelt weiter - nicht einmal der Hund aus dem Haus unserer Gastgeberin traut sich raus. Sie schien uns zu bedauern: „Wenn die wüßte wie gemütlich wir's haben. Warm, trocken und zusammen - nach solch einem Tag!“

„I am Alice and you are - okey, Marja and Otto, now let's have breakfast ...“ damit sind wir zum Kaffeetrinken ins Haus eingeladen. Ein Holzhaus, mit kleinen Fenstern „wegen der Kälte im Winter“, mit Feuer im Kamin und Fellen als Teppiche. Gemütlich und warm. So gemütlich, daß wir bleiben. Alice erzählt von den Seehunden die im Frühjahr vor der Insel Hochzeit halten und von Seeottern. Von Rehen, wie sie an den Zweigen im Garten knabbern und zutraulich werden. Winzige Vögel flattern am Fenster vorbei. „Hummingbirds ...“ Kolibris, hier? „Ja. Über größere Entfernung reisen sie manchmal im Gefieder von Wildgänsen mit. Ich liebe diese hübschen, winzigen Vögel und sie die Blumen, die ich für sie pflanze. Nein, einsam sind wir eigentlich nicht. Und so haben wir es ja gewollt, die Stadt wäre nichts mehr für uns. Mit Nachbarn ist der Kontakt hier besser. Falls notwendig hilft immer einer dem anderen.“

Ihr Mann arbeitet irgendwo im Holzfällercamp als Aufseher, ihr Sohn als Spezialist bei der Marine. „Zur Zeit erprobt er in dem Gebiet, das ihr gestern passiert habt, Ein- und Zweimann U-Boote. Die kommen auch in den zivilen Einsatz, zum Kabellegen - im bis zu 700 m tiefen Wasser da, läßt sich das gut üben.“

Ab und zu scheint die Sonne durch Wolkenlöcher. Wir können Wäsche waschen und alle nassen Klamotten auf der zwischen Haus und hohem Baum über Rollen laufenden Leine trocknen. Zwei Schlangen kriechen unterm Haus heraus, ihre langen Zungen leuchten rot in der Sonne: „Garter snakes“, werden wir beruhigt, „die tun nichts, fressen nur Regenwürmer und Frösche.“ Diese Strumpfbandnattern, wie sie bei uns heißen, bekommen lebende Junge und sind trotz ihres gefährlichen Aussehens nicht giftig. - Einige Reparaturen am Zelt und am Boot, dann ist der Tag bald wieder rum. Bei uns brutzelt Abendessen auf dem Kocher - die Möve draußen holt sich ihres vom Felsen - einen großen Seestern. Vor unserem Zelt versucht sie ihn zu verspeisen. Zu dumm nur, das Ding hat's richtige Format nicht. Ist ein Zacken gerade intus, so legen sich die anderen quer. Eintopfsuppe macht's leichter satt schlafen zu gehen.

Früh raus an solch einem grauen, feucht-kalten Morgen, um während der Weiterfahrt die volle Tide auszunutzen, das ist sowieso nicht alles. Und wenn dann noch, bei jetzt niedrigstem Niedrigwasser, der Anlegeponton schräg auf den Steinen hängt, wenn dank dieser Rutschbahn aus der geplanten Katzenwäsche ein Vollbad wird - na ja... Erst schüttelt`s einen, dann scheint die Naturbadewanne sogar warm, ziemlich jedenfalls. Vom Regen? Oder täuscht, wie oft, das Temperaturgefälle zwischen Wasser und Luft? Egal - wir sind voll wach als Alice zum Frühstück ruft: „Breakfast is ready!“ Irgendwie mögen wir einander, funken auf der gleichen Wellenlänge. „Weil Ihr heute einen anstrengenden Paddeltag vor Euch habt ...“, gibt’s gebackenes Ei mit

Käse und Schinken auf in Fett geröstetem Weißbrot. Ein Chipmunk, Streifenhörnchen, leistet Gesellschaft. „Diese Art ist hier noch selten“, erzählt Alice. „unseres hat sein Nest unter der großen Baumwurzel da drüben, in einer kleinen Höhle, in der es auch seinen Winterschlaf hält. Im Frühjahr brachte es drei Babies mit, die inzwischen bei den Nachbarn wohnen. Nüsse und Samen finden sie bei uns genug im Sommer. Und fürs karge Frühjahr haben sie ein Vorratslager - ich sorge schon dafür. daß das gut aufgefüllt wird."

Vor der Weiterfahrt dürfen wir daheim anrufen - dort scheint die Sonne, da ist es wärmer als hier und alles wohlauf. „Wenn's zu sehr stürmt, dann kommt zurück", meint Alice, „und wenn Ihr das nächste Mal in der Gegend seid, dann bringe ich Euch zu zwei schönen, großen Seen, an denen Ihr dieses Mal vorbeigefahren seid." Auf der Karte zeigt sie uns die Einfahrten: Am Beginn des Agamemnon Channels führt ein schmaler Fluß und Weg zum Sakinaw Lake und von der Vanguard Bay aus ist der West Lake mit wenigen hundert Metern über Land bequem zu erreichen. „Ein paar cottages, keine Straßen ..."

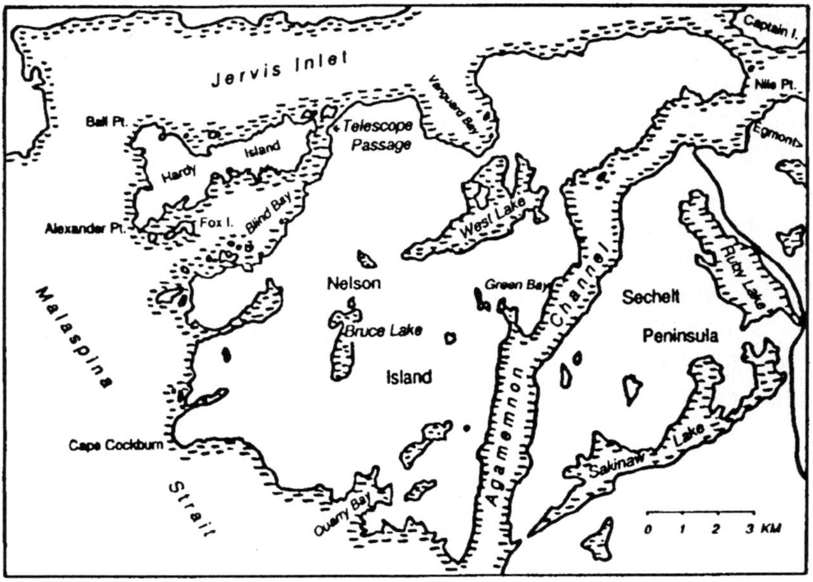

Zum Abschiedswinken hat sie ein rotes Handtuch geholt - erst als wir um die Fox-Insel herumpaddeln, kommt es außer Sicht.

„Ich bewundere Alice, wie sie, die meiste Zeit ohne ihren Mann, ganz allein zurecht kommt. Keine Klage über die Einsamkeit, keine Beschwerden."

„Die Pionier-Mentalität der Einwanderer. Man akzeptiert das Leben so wie es ist, sieht auch die guten Seiten die es hat und packt an."

„Ist's das, was zufrieden macht? Und glücklich?"

„Glücklich sein? Ist wohl für jeden etwas anderes. Aber ich denke doch, daß dieses sich mit seiner Umgebung einig fühlen die Basis dafür sein kann.“

Von einer Seite des Jervis Inlet zur anderen, vier Kilometer mit Wellen und gegen den Strom, dann sind wir wieder voll in der Tide. Wo die Berge ragen, können wir nur vermuten - Dunst, dichter Nebel hüllt sie ein. Fahrt bis zum Scotch Fir Point. Mehrere Zeltplätze dort zur Auswahl. Plätze hoch auf den Felsen mit weiter Sicht übers Meer. Kaum haben wir uns eingerichtet, da zeigt Mutter Seehund ihr Junges. Fast einen Meter lang war es schon bei der Geburt. Ein Wollhaarkleid hatte es bereits im Mutterleib abgeworfen oder verlor es bei den ersten Bewegungen. Damit konnte es schon in der ersten Lebensstunde ins Wasser, sehr wichtig, wenn die Geburt bei Ebbe auf einer Sandbank erfolgte. Und nun tollt es hier herum. Überall hin folgt die Mutter ihrem Nachwuchs.
„Weil sie das im Tidenstrom nur bei einem einzigen Welpen schafft, sorgt die Natur weitgehend für Einzelkinder. Kommen doch Zwillinge auf die Welt, so wird eines von ihnen verstoßen. Das sind dann die Heuler, arme Robbenbabies, die laut klagend sogar bei Menschen Schutz suchen.“
„Eine Geschichte, die in den seltensten Fällen stimmt. Denn der Klagelaut ist normales Rufen der Kleinen. Und meistens ist es besser sich da nicht einzumischen, es sei denn, das Lütte ist wirklich elternlos und sichtbar schlecht dran.“

Aufwachen, vor dem Zelt in der Sonne stehen, den Seewind auf der Haut spüren, das Wasser riechen, in ihm schwimmen - das ist Leben, echtes, beglückendes Leben. Vielleicht fühlen sich die beiden Seeotter ähnlich? Die Sonne hat sie ans Land gelockt. Nicht weit entfernt spielen sie Fangen, toben ausgelassen herum, gehen zärtlich verliebt miteinander um. „Nur um die so zu beobachten, hätte sich die Fahrt hierher schon gelohnt.“ Sie sind größer als die Otter, die wir auf unseren Flüssen daheim manchmal treffen. Wegen ihrer dichten Pelze wurden sie nahezu ausgerottet - jetzt schränken Schutzgesetze die Jagd auf sie ein. Einträchtig schwimmen sie nebeneinander zur nächsten Bucht.

Unterwegs lassen sie sich auf dem Rücken liegend, treiben, paddeln mit den Füßen die wie Flossen wirken, und stecken ihre kurzen Vorderpfoten in die Luft. Ein Jungtier würden sie so, in der Art unseres Rettungsschwimmens, transportieren. Sie leben von Fischen, Muscheln, Krebsen und Seeigeln. Und von denen gibt's hier mehr als genug. Hunderte von großen violettblauen und rosaroten Seesternen klammern sich jetzt, bei Ebbe, an die Felsen.

Dickes, weiches Moos unter den Füßen, wandern wir durch die Umgebung. Nicht weit, dichtes Unterholz versperrt die nicht vorhandenen Wege. Es duftet nach Kiefern und Zedern, die unseren Zeltplatz umgeben. Nichts los? Ein Eichhörnchen knabbert an seinem Tannenzapfen. Draußen kreuzen zwei Segler gegen den Wind. Über uns brummen Wasserflugzeuge und, die Schwingen weit ausgebreitet, den Kopf eingezogen, segelt ein Reiher ruhig am Ufer entlang, sondiert es nach Beute im flachen Wasser. Friedliche Bilder. Für die jedoch, denen wir so zuschauen, sieht das wohl anders aus: Wo ist wer zum fressen und: aufpassen, daß mich niemand erwischt.

Blauer Himmel, kräftiger Wind, lustige Schaumköpfe auf den Wellen. Das Einbooten ist wieder bequem - auf der mit Seetang bewachsenen Klippe rutscht die volle Ladung wie beim Stapellauf ins Wasser. Nur - es wäre gescheiter gewesen, sich vorher ins Boot zu setzen. Denn nun schlittert zunächst einer von uns auf glitschigen, unterm Seegras getarnten Seesternen per Hosenboden bergab, dann gleitet dem anderen der Kahn weg als erst ein Bein drin ist - skuril verzerrte Gleichgewichts-Akrobatik rettet knapp vor dem Umschmiß. Draußen lange, gut gewellte Fahrt an der Küste des breiten Malaspina Sound entlang. Niedrige Berge drüben auf Texada Island, diesseits Sommerhäuser und so viel angetriebenes Holz, daß ihre Bewohner für Jahre im Voraus Kaminfeuer haben. Eine Landspitze nach der anderen. Und hinter jeder werden die Wellen ein bischen höher. Mittagspause unterwegs im Boot: Wenn wir den ganz vorn weggestauten Notvorrat aus Zwieback und Schokolade nicht antasten wollen, sollten wir demnächst für Nachschub an Unterwegsverpflegung sorgen. In einer Marina? Einige Kilometer weiter, das Haus da, langgestreckt, viele Fenster und Türen, ein Türmchen überm Dach, Fahnenstange davor, das könnte eine sein. Jedenfalls Vereins- oder Bootshaus - zwei kleine Kajaks kamen vom dort ins Wasser gebauten Anlegesteg.

Irrtum: „Das ist unser Haus, privat“ und „it's better you go“, was, nur vornehmer ausgedrückt, heißt: Verschwinde! „Sie“, im Liegestuhl, Bikini und Sonnenbrille, dezente Musik im Hintergrund, ignoriert die Szene. Einen knurrenden Hund an der Leine, überwacht „Er“, ganz in Weiß gewandet, den Rückzug zum Boot.
„Was war da los?“
„Ich hab' den nur gefragt ob das hier ein Club sei. Und da wurde er wohl sauer.“
„Wundert Dich das?“
Weitab vom Ufer plötzlich rrrumms, wir sitzen fest - auf eine Untiefe gerammt. Das Boot schief, Wellen von der Seite, eine nicht ungefährliche Situation. Abstoßen mit dem Paddel, ja, aber es findet keinen Halt.. Von vorn möglichst viel Wasser unter den Kiel schaufeln und schaukeln - der Kahn bewegt sich nicht. Dann, als eine etwas höhere Welle anrollt, im dem Augenblick da sie den Kiel leicht anhebt, volle Kraft zurück - wir schwimmen frei. Aussenbords zu jumpen, die sonst notwendige „Rettung“, bleibt uns erspart. Und auch das Wiedereinsteigen: Quer aufs Heck hechten, in Längsrichtung drehen und nach vorn robben.

Möven kreischen über uns. Vielleicht in der Hoffnung, wir könnten Abfälle über Bord werfen, verfolgen sie uns. Wir aber denken ans Gegenteil: Einkaufen. Und an eine Bleibe für die Nacht - in der Flußmündung? Einflüsse ins Meer sind meist für Landeplätze gut. Hier verbarrikadieren Baumstämme den direkten Zugang zur Wiese dahinter. Sie gehört, wie sich bei der „Ortsbesichtigung“ ergibt, zu einem von hohen Büschen versteckten, winzigen Holzhaus. Im Garten arbeitet eine junge Frau. „Wo Ihr zelten könnt? Hier bei uns, no problem. Und ein shop? Drei Meilen weiter. Euer Zelt laßt dann ruhig stehen. Wir sind zwar bis zum Abend weg, aber rundherum gibt's nur ehrliche Leute. Ich bin Becky.“ Ihre kleine Tochter Micky, der schwarze Hund Tough und die graue Katze Mousy finden das Ausladen all der interessanten Dinge aus dem Boot toll: Sitzt es sich auf so 'nem Beutel mit Schlafsäcken nicht besser als auf allen Stühlen im Haus? Und der rote Zeltstab - Tough und Mousy raufen knurrend und fauchend um ihn. „Beide sind unzertrennlich“, erzählt Becky, „er fängt ihr die Ratten im Garten und sie klaut für ihn Essen aus der Küche." Bis zum Zaun begleitet sie uns, beschreibt den Weg: „Über die Pferdekoppel, über'n Zaun, den steilen Hang hinauf, durch die Büsche nach links kriechen, dorthin wo Autos fahren." Drei sind es in der Stunde des Feierabendverkehrs. Und das dritte hält, nimmt uns mit. „Aus Germany? Muß ich meinem Bruder erzählen, der hat da 'ne Freundin ..." Im Supermarkt, von mehreren umliegenden Orten gleich weit entfernt, liegt alles in den Regalen, was wir für die nächsten zwei Wochen brauchen. Und mehr - der Einkaufswagen wird voll, sogar für Tough und Mousy gibt's was. „Are you starving", ob wir am Hungern seien, fragt die Ladeninhaberin an der Kasse gespielt entsetzt und dann, nachdem wir alles im Bootsrucksack verstaut haben: „Ich fahre Euch nach Hause - wohin?" Ja wohin - wir kennen nur die Namen, Becky und Micky. Die aber reichen und so sind wir rasch wieder zurück: „Nette Leute!"

Vollmond. Gerade als er seine helle Bahn über der Malaspina Strait aufs Wasser zeichnet, kommt Becky mit Familie zurück. Ihr Mann Gary ist Holzfäller von Beruf, zur Zeit ohne Arbeit: „Die meisten logging-camps wurden vor kurzem geschlossen. Leider - nicht gut. Manchmal, so wie heute, kann ich etwas zum Arbeitslosengeld hinzuverdienen. Aber ein richtiger Job wäre schon besser." Etwas deprimiert scheint er - seine Frau tröstet: „Bin froh, daß er mal zu Hause bleibt. Die Arbeit im Wald ist gefährlich. Passiert 'ne ganze Menge. Wenn, was nützt dann das Geld?" Kraft und Risiko werden gut bezahlt. Beide nennen Zahlen, die nicht schlecht sind. „Besser dran als im Büro sind wir bei dem Beruf und draußen in der frischen Luft", sinniert Gary, „und sooo anstrengend ist's auch nicht. Fällt der Baum, dann haben wir Pause. Die schwerste Arbeit machen Maschinen. Gut? Ja und nein. Durch die wird ein Einschlag, wie der an dem ich arbeitete, schneller fertig als früher. Und dann muß man sich einen neuen suchen."

Morgens bleibt Zeit denn die Tide setzt erst um 10,45 Uhr um. Micky nimmt ihr zweites Frühstück vom Campingteller. Danach will sie Boot fahren. Eine Runde und noch eine - „wenn ich so groß bin wie Ihr, komme ich zu Euch gepaddelt. Ist das weit von hier?" Nach den Ferien beginnt für sie die Schule, „Grade one", wie die erste Klasse genannt wird. Tough und Mousy wollen mit ihr spielen, da setzt sich Becky zu uns. Sie erzählt von ihrer Mitarbeit in der Friedensbewegung.

„Kapitalismus ist schlecht", meint sie, „Kommunismus auch. Beide wollen immer nur Macht. Und um die zu haben, riskieren sie Kriege." Ein besseres System? „Eines, bei dem die Menschen, egal wo sie wohnen, einander achten, miteinander reden, so wie wir. Wie das funktionieren soll, das müssen Leute finden, die mehr im Kopf haben als ich. Vielleicht braucht man dazu für alle dieselbe Sprache. Aber ob ich daran glaube, daß es das einmal gibt? Ich weiß es selbst nicht." - Über das steinige, trockengefallene Vorland hilft sie uns die Sachen zum Boot zu tragen. „Werdet ihr wirklich schreiben und die Fotos schicken?" Wir versprechen es und Micky vergießt zum Abschied eine Träne. Doch als wir uns dann, weiter draußen bereits, umschauen, da tobt sie schon wieder fröhlich mit ihren Tieren.

Squirrel Cove

Im weiten Bogen um etwaige Unterwasserfelsen herum, ziehen wir an der etwas langweiligen Küste entlang. Ein Zweier-Faltboot, ostdeutsches Fabrikat, auf Gegenkurs. Kanadische Jungen, die von Bord aus angeln wollen. Vorn haben sie als Mast einen knorrigen Ast eingebaut und ihm ein aus Jeansstoff geschnittenes Treibsegel verpaßt. Einfach, gut, zweckmäßig. Doch der Wind schläft ein. Der Tag wird warm und der Weg weit. Nach drei Stunden gehen wir zum Picknick an den Steg einer Marina. Neben uns „Robinson Crusoe", eine Motoryacht aus den USA. Ihre Eigner sitzen im Restaurant, wir auf den warmen, nach Teer riechenden Brettern: Hier schmeckt's mindestens so gut. Weiter? Demnächst ein großer Ort, Powell River und in 320° die Insel Harwood. Dort übernachten? - Wir passieren das letzte Stück von Texada Island. Und dann: Rauchende Schornsteine, eine erschreckende Industrieanlage mitten in der bisher grünen Natur.

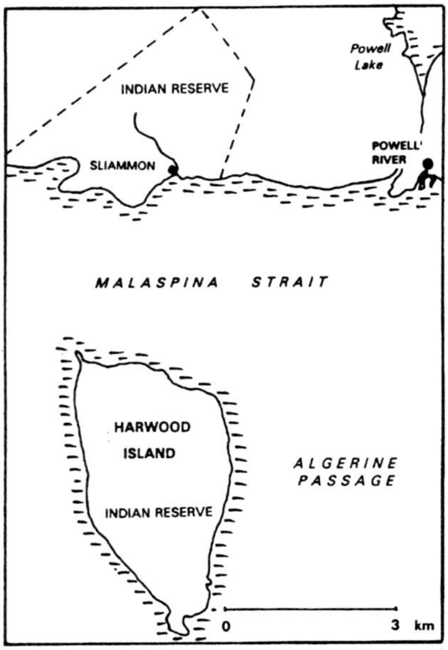

Weit ausgedehnt, unter dickem, bis zu uns stinkendem Qualm. Wie eine Nebelbank liegt der über dem Werk, über an den Hang gebauten Häusern. In breite Felder sortiert, Baumstämme auf dem Wasser. Schleppzüge bringen Nachschub, kastenförmige Präme liegen an langen Kais. „Nordamerikas zweitgrößte pulpmill“, ein Mann, der vom Boot aus angelt, zeigt zu der Fabrik, „zweitausend Familien leben von ihr. Meine auch. Wir machen aus Holz Pulpe, den Grundstoff zur Herstellung von Papier. Dazu braucht man neben viel Wasser eben auch Chemikalien, anders geht das nicht. Ja, ziemlich viel Gestank, obwohl zur Zeit nicht voll gearbeitet wird. Kritische Situation, Entlassungen ...“ Wie mag es aussehen, wenn's da aus allen Löchern qualmt? Schlieren rund ums Boot, Dreck. Erst vor unserer Insel wird's wieder sauber. Unserer Insel? „Sie gehört zu einem Indianer-Reservat“, hatte der Angler erzählt, „von deren Stamm, den Sliammons, im Ort gegenüber, wird sie jedoch nicht mehr betreten“. Und als wir's zelten erwähnten, sagte er: „Ich bin zwar nicht abergläubisch, aber da würde ich nicht ruhig schlafen. Denn weiß man, ob es nicht doch stimmt, daß dort nachts die Geister von erschlagenen Rothäuten unterwegs sind? Die starben mal in einer verlorenen Schlacht. Und seitdem - nein, empfehlen kann ich es Ihnen nicht auf Harwood zu kampieren.“

Unschlüssig paddeln wir am Ufer entlang. Wild ist es, teilweise durch Baumstämme und verfilzten Wald gesperrt. An einer Stelle, an der wir nach einem Zeltplatz schauen liegt Kot. „Vom Bär? Sieht so aus.“ Weiter. An der Nordwestecke ragt eine Landspitze ins Meer, höher gelegen und mit herrlichem Blick über die ruhige, weite Wasserfläche. Durch grau marmorierte Wolken hindurch, spiegelt sich auf ihr das

Licht der Abendsonne. Ein Fischerboot zieht seine Spur hindurch, schneebedeckte Berge glänzen in der Ferne. „Hier bleiben wir.“ Sand ist genug da, um die schiefe Uferfläche für's Zelt zu begradigen. Eine dabei aufgeschreckte graubraune Schlange verschwindet im Busch. Der Angler, der uns warnte, tuckert winkend vorbei und dann sind wir rasch wieder „zu Hause“. Sonnenuntergang, Abendstimmung - schon das Klappern des Kochtopfes stört die Stille. Und die Geister der erschlagenen Indianer? Einer von denen versucht zu verhindern, daß der Benzinkocher anspringt. Ein anderer läßt die Flasche mit Speiseöl umfallen. Nachts aber dürfen wir ruhig schlafen - nicht einmal in unsere Träume mischen sie sich ein. Vielleicht haben sie nichts gegen Leute die, wie sie zu Lebzeiten, in kleinen Booten paddeln?

Anscheinend sollen wir noch einen Tag bei ihnen bleiben. Denn der ungewöhnlicherweise nachts begonnene Sturm hält an. Draußen rollen hohe Wellen, das Meer schäumt weiß und niemand ist mehr auf ihm unterwegs. Dunkelgrau der Himmel - da wir im Windschutz stehen stört die Abwechslung nach den sonnigen Tagen nicht. Im Gegenteil - die Beine kommen in Schwung - fürs Sitzen im Boot der notwendige Ausgleich. Bewachsener Sandboden, die Fährte eines Bären und Fußspuren: „Die Kriegspfade der Sliammon-Indianer?“
„Quatsch, da bin ich gerade gelaufen.“
Geschichten von Rothäuten und Bleichgesichtern, von Winnetou, Ntscho-Tschi und Old Shatterhand abends am Lagerfeuer. Züngelnde Flammen in der finsteren Nacht - Indianer-Romantik, die es so wohl nie gegeben hat.

Blaue Inseln im grauen Himmel, kein Wind: Nach Morgenbad und Haferflocken-Frühstück weiter. Gegen die Tide, die nun jeden Tag später von Ebbe auf Flut wechselt, heute erst zu Beginn der zweiten Tageshälfte. Langsamer als sonst kommen wir darum voran. Dann wird's leichter - der Ebbstrom hat seine Anfangskraft verbraucht. Wir passieren die kleine Felseninsel Dinner Rock, haben an Backbord Savary Island, langgestreckt, mit weißen Stränden und einer Landepiste in der Mitte und sind schneller als erwartet in Lund. Durch die versteckte Einfahrt in den Hafen. Anlegestege, dicht an dicht von Freizeitschiffern besetzt, vor- hinter- und nebeneinander. Nur noch dort wo „unbedingt freihalten“ steht können wir aussteigen. Schmutzig die Pier, verwahrlost die Anlagen wie viele der Häuser. Und seltsamer-

weise passen die Menschen denen wir begegnen zu diesem Bild. Sie sind unfreundlich, schauen verbiestert und selbst im Laden scheint es, als wollten sie die Weintrauben und Joghurtpackungen uns lieber nicht verkaufen.
„Warum ist das so?"
„Vielleicht sind wir selber daran schuld, wir, die Touristen. Wir führen unsere Freizeit ungehemmt denen vor, die arbeiten müssen. Da wird Reichtum demonstriert, jedenfalls verfügbares, leicht ausgegebenes Geld. Macht das nicht neidisch oder gar feindselig? Bei uns scheint es ja, in den Behörden zum Beispiel, schon schwierig genug zu sein, immer freundlich mit Publikum umzugehen. Und dann hier mit den viel anspruchsvolleren Urlaubern?!"

Für's zweite Frühstück paddeln wir in eine Bucht - draußen würde der Kaffee aus dem Becher schaukeln. „Keep out" steht auf dem Schild an einem Baum, bleib draußen bzw. weg von hier - sehr bestimmt und nicht gerade freundlich ausgedrückt. Die Lady auf ihrem Steg scheint, dem dort angebrachten Parkverbotszeichen nach, ebenfalls eher abweisend. Dann aber lädt sie uns ein an Land zu essen. Ob es denn so viele ungebetene Eindringlinge gäbe, fragen wir mit Blick auf die Schilder. „Ja", sagt sie, „das auch. Dazu aber kommt, daß wir Leute von B.C. ziemlich selfish, selbstsüchtig, sind: Unsere Küste behalten wir lieber für uns."

Mit Einsetzen der Flut ziehen wir weiter zu den Copeland Islands. Etwa ein Dutzend Inseln, der Küste vorgelagert, ein Teil von ihnen als „Marinepark" vor Bebauung geschützt. Das Gegenteil von dem was wir unter Park verstehen: Ursprüngliche Wildnis. Massive Felsblöcke, zerzauste Kiefern und rotstämmige Arbutus Bäume. Büsche krallen sich an die Ufer, Moos, weiß, grau und grün, bedeckt den Boden zwischen Heidekraut und Farnen. Überm Wasser kreist ein Seeadler, ganz kurz schaut ein Seeotter zu uns, bevor er sich am Ufer versteckt. Dicht neben dem Boot neugierige Seehundsaugen und dann, in der Thulin Passage „... die Kassiopeia, der King, los, winken ...!" Keine Antwort - zu spät, zu weit weg. Das, was seine Queen als Wunschbild vor Augen hatte - wir werden es morgen früh wieder erleben: Aufwachen, draußen sein, den Duft des neuen Tages in der Nase.

Und so ist es dann auch. Mit einer Ergänzung. Über die Felsen, Steinblöcke und Baumstämme turnt in der Früh eine Gestalt, abenteuerlich, hager, unrasiert. Zerfranste Militärjacke über einer ausgeblichenen Badehose, Wollmütze, kleine Metallringe in den Ohrläppchen. Sich unbeobachtet wähnend, sucht der Mann flache Holzstücke, erschrickt als er uns sieht und kommt barfuß zögernd näher. Ein Vagabund? „Ich lebe hier“, sagt er mit weicher, fast kindlicher Stimme, „illegal zwar, da ich aber auf diesem Planeten geboren bin, darf ich ihn doch wohl auch bewohnen.“ Irgendwo da hinten baue er weiter an einem Haus, fange Fische und fahre ab und zu mit einem alten Motorboot zum Festland, wo das von seiner Mutter geliehene Auto stehe. „Von Beruf bin ich Maler, Anstreicher. Das ursprüngliche Leben aber erlebt man nicht in der Stadt, sondern hier draußen.“ Essen von uns will er nicht annehmen, wenn ein Boot in die Nähe kommt, schaut er besorgt: „Die police kontrolliert manchmal - Euch würde sie tolerieren aber mein Haus? Bisher haben sie es nicht gefunden ...“ Mit angetriebenen Brettern unterm Arm verschwindet er im Dickicht.
„Ein echter Aussteiger? Von den Fischen und Beeren auf der Insel allein kann er aber doch nicht leben. Und im Winter schon gar nicht. Seltsam.“
„Vielleicht hat er was ausgefressen und geht hier in Deckung. Wenn, dann trotzdem ein eher komischer Typ. Ich denke, der spinnt einfach.“

Er erzählte, daß Wale, die nachts springen, besseres Wetter ankündeten. Und prompt klatschen mehrere von ihnen in der Dunkelheit so laut, daß die Besatzung der abends in der Nähe vor Anker gegangenen Yacht wahrscheinlich vor Schreck aus den Kojen fiel.

Morgens schläft auf dem Boot noch alles - wir sind zeitig aus dem Zelt gekrabbelt um das Hochwasser gegen 7 Uhr zum bequemeren Einsteigen zu nutzen. Später, gestern hatten wir es gesehen, wäre eine ziemlich üble Kletterei über glatte Steine und Muschelbänke bergab notwendig geworden. So sind wir mal wieder früh auf dem Wasser: Herrlich! Ein Kormoran, schwarz, den Hals weit nach vorn gestreckt, fliegt auf gleichem Kurs. Unser „Nachbar" angelt, sein Häuschen ist nicht zu erkennen - gut getarnt. Unter Berücksichtigung der Mißweisung, 22° Ost, steuern wir fast genau Nord. Sechs Kilometer gegen ablaufendes Wasser, gegen schwachen Ebbstrom nur, denn zwischen 7 und 12,30 Uhr fällt das Wasser heute nur um zwei Meter. Keine anderen Boote. Je weiter wir in den Desolation Sound hineinfahren, desto phantastischer und immer eindrucksvoller wird das Panorama vor uns. Abgestuft hintereinander Inseln und niedrigere Küsten vor schneebedeckten Dreitausendern. Wolkenfetzen treiben am aufklarendem, blauem Himmel. Scharf geformt der markante Berg Mount Denman. Sonnenflimmer wo leichte Böen über die Wasseroberfläche huschen.
„Desolation Sound, Sund der Einöde, des Elends, der Trostlosigkeit - ein total unpassender Name."
„Stammt vom Captain Vancouver, weil kein Fisch anbiß, weil seine Leute in dieser Meerenge keine Verpflegung herbeischaffen konnten."
„Was steht noch über ihn im Buch?"
„Daß er schon mit Cook auf einigen Forschungsreisen gewesen ist, bevor er 1790 das Kommando über Seiner Britischen Majestät Schiff „Discovery" bekam. Mit dem segelte er von San Francisco aus nach Norden. 1792 erforschte er diesen Teil der Küste, zeichnete Karten und benannte Meeresarme zum Teil nach Kollegen, nach Jervis zum Beispiel. Hier, im Desolation Sound, traf er auf zwei spanische Schiffe, die von Mexiko aus heraufgesegelt waren, ebenfalls um die Küste zu kartographieren. Statt nun einander Konkurrenz zu machen, arbeiteten Vancouver und seine spanischen Kollegen, Valdez und Galiano, zusammen. Vielleicht das erste internationale Forschungsteam?"

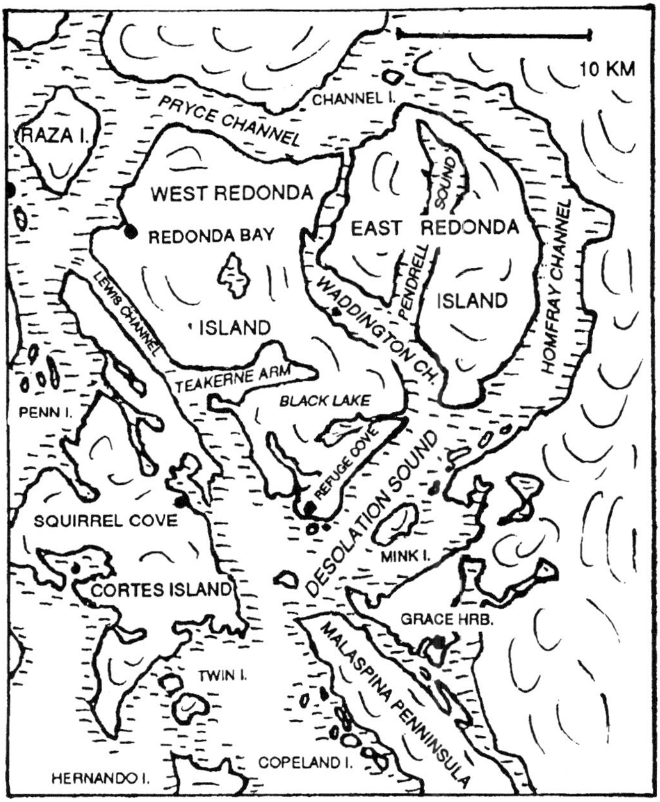

Zwischen den Inseln legen wir uns in eine strömungsfreie Bucht. Frühstück im Boot, das Gemälde dieser Landschaft vor Augen. Drüben, aus der Refuge Cove, weit weg, tuckern zwei Boote heraus. Das ist alles, was sich auf den hier abzweigenden channels tut. Wie an einer Kreuzung liegen wir - in fünf verschiedene Richtungen führen kilometerbreite Wasserwege: „So viel Platz zum Wandern, - haben wir das in Europa noch irgendwo?“ Wir nehmen Kurs zur Squirrel Cove, zur Eichhörnchen Bucht, auf Cortez Island. Die Karte weist das Gebiet als Indianer-Reservat aus. Dort wird die gleiche „Notice“ der B.C. Fischereibehörde hängen wie am Jervis Inlet - sinngemäß: „Niemand außer Indianern darf in den Nicht-Tiden-Gewässern der Provinz Lachse fischen. Wer einen fängt, hat ihn ins Wasser zurückzugeben.“

Eine Schutzmaßnahme für Reservate. Eine andere: Wer ein Indianergebiet besuchen will, braucht die Erlaubnis des Häuptlings. Wir passieren das Dorf. Etliche bunte Häuser, eine weiße Kirche im Zentrum. Steine und Schilf davor - der Anlegeponton ist darum weiter entfernt vom Ort verankert. Zwischen zwei Pfählen vertäuen wir unser Boot an ihm so, daß es nicht beschädigt werden und der Tidenhöhe folgen kann. Ob wir das Reservat besuchen dürften, fragen wir einen agilen jungen Indianer. „Kein Problem", meint er lächelnd, „und zufällig bin ich der Häuptling." Fragen über den Stamm jedoch könnte besser der alte chief beantworten, „einen Kilometer bergauf, einen weiteren bergab, dann im ersten grünen Haus rechts, in der Torkstreet." Die anderen, links und rechts der einzigen Hauptstraße, sind braun, orange, rosa oder beige gestrichene Häuser. Im Garten des einen sitzen Kinder in einer Hollywoodschaukel, vor dem nächsten hocken mehrere Erwachsene um eine Feuerstelle. Dunkle Gesichter unter dichten, schwarzen Haaren schauen uns skeptisch an und nach. Am Straßenrand steht ein Verstärker und plärrt Poppmusik - Gerümpel auf einer Wiese, ein Autowrack auf der anderen, verbeult und verrostet.

Weiß und mit schönem Turm die Kirche. Davor das grüne Haus, wie die anderen aus Holz, einstöckig, mit Giebeldach. Ein weißhaariger Mann, um die Siebzig, öffnet. Kurzärmeliges Hemd, muskulöse, braune Arme. Sein Gesicht ist ernst, die Lippen zusammengepreßt. Durch Räume in denen alles durcheinander geraten ist, führt er uns auf die Terrasse. Er setzt sich auf einen Stuhl, bietet uns Plätze an und schaut auf die flache Bucht die direkt unterhalb seines Hauses beginnt. Während wir erzählen woher wir kommen, hört er schweigend zu. Dann, auf unser „in Deutschland wissen wir nicht wie Indianer heute leben, seine Antwort, „schlecht, sehr schlecht. Die Weißen haben uns unser Land gestohlen." Aus ihm bricht es fast leidenschaftlich heraus: „Sie werden weiter stehlen, unser Land, die Fische, unsere Rechte und Traditionen." Weder die Hauseinrichtung noch seine Kleidung erinnert an letztere. Statt eines Häuptlings-Federschmucks hat er sich eine rot-schwarz-weiße Seglermütze aufgesetzt, gestickter Lorbeer auf dem Schirm, Adler im Wappen. Eine Weile noch halten Anklage und Bitterkeit an, dann lockert sich die Atmosphäre und wird nahezu fröhlich. Aus der Unterhaltung ergibt sich, daß Bill, wie üblich gelten auch hier die Vornamen, einst Leiter der „Native Brotherhood" war, der Indianischen Bruderschaft. „Eine gute, starke Organisation, die sich mit der Regierung um die Rechte der Alteinwohner stritt: Mehr Land, erweiterte Fisch- und Jagdgründe und das Wahlrecht wollten wir. Die uneingeschränkte Staatsbürgerschaft, die wurde bei uns bis 1960 durchgesetzt. Mehr Land pro indianischem Einwohner jedoch gab es nicht. Das hatten die Vorfahren 1858 hergegeben, als sie Verträge mit der Regierung der neu etablierten englischen Kolonie B.C. unterzeichneten." Diese sicherten den Indianern, zum Teil noch bevor sich später weiße Farmer in ihrer Nachbarschaft ansiedelten, Reservate zu. Gebiete nach ihrer Wahl. Sie erhielten Geld für den Verzicht auf das übrige Land. „Daß damals die an der Küste lebenden Fischer am Wald kein Interesse hatten, benachteiligte zum Beispiel unseren Stamm bei späteren Verhandlungen." Auch darum der Zorn und die Verbitterung des alten Häuptlings.

Seine Frau Rose kommt dazu, etwas jünger als er, dick und hellwach. Sie sprechen kurz untereinander in der Sprache ihres Sliammon-Stammes. Dann holt sie Büchsen mit Getränken. Wie fast überall in der Welt, so auch hier, hält die ältere Generation vieles von dem was die Jungen tun und denken für falsch: Daß sie nur noch wenig interessiert sind am Kämpfen und Streiten, daß sie als gut verdienende Holzfäller und Mechaniker außerhalb des Reservates arbeiten - Bill und Rose lehnen das ab, „es löst die Gemeinschaft auf."

Und was tut die Regierung heute für die Indianer? „Nicht sehr viel. Allerdings: Nach einer Katastrophe wurde unser Dorf neu und besser wieder aufgegebaut. Da hat sie geholfen, war ja aber auch verpflichtet dazu.“ Und dann zeigt er uns ein Buch, zu dessen Gestaltung Rose maßgeblich beigetragen hat: „Sliammon Life, Sliammon Lands“. Bill erklärt die darin festgehaltenen Gebräuche des Stammes und erzählt Geschichten von früher. Während des Krieges, zum Beispiel, wollte er zusammen mit den benachbarten Häuptlingen etwas für sein Land tun. Sie spendeten jeder fünf Dollar für den Bau eines neuen Flugzeuges und brachten das Geld zum Büro nach Vancouver. Dort hörten sie, daß, wenn jeder Indianer British Columbias nur einen Dollar geben würde, davon eine neue Spitfire, das damals meist geflogene Jagdflugzeug, voll bezahlt werden könnte. „Dafür haben wir dann gesorgt“, bestätigt er stolz. Und lachend: „Wenn Ihr mich weiter so klatschen laßt, dann sitzen wir hier noch wenn die Sonne schon untergegangen ist.“ Nun lacht auch Rose - daß zwei Fremde ihnen zuhören und sich dafür interessieren was alte Leute wissen und denken, freut sie. Wahrscheinlich sind sie für die jetzt herangewachsene Generation nicht mehr die Weisen und Ratgeber, so wie das früher einmal der Fall war.

Bill fertigt Modelle der bailer, der Handkellen, mit denen Indianer ihre Kanus ausschöpften: „Für die Originalgröße schneide ich ein etwa 60 cm langes Stück Rinde vom Baum, so breit, daß die Rundung eine flache Mulde bildet. Auf beiden Seiten entferne ich dann je 10 - 15 cm der harten Außenrinde, ganz vorsichtig, damit die dünne Innenhaut bleibt. Nach längerem Einweichen im Wasser läßt die sich hochfalten. Damit erhält die Mulde aus dicker Rinde dichte Seitenwände. Und zugleich entsteht eine Halterung für den Griff: Durch einen Schnitt in der zunächst noch weichen, später hart werdenden, hochgefalteten Haut schiebe ich ein flaches Stück Holz - fertig.“

Einen dieser Minibailer gibt Bill uns zum Abschied und langsam wandern wir zurück zum Landesteg. Neben ihm, im store, verkauft eine alte Indianerin mit ernstem Gesicht Andenken für Touristen. Wir nehmen das Sliammon-Buch. Nicht nur die Geschichte der Stämme schildert es. Wir begegnen in ihm u.a. Rose die vorführt, wie Körbe geflochten werden und sehen Lachse als Filet in Räucherkammern wandern. Und da finden wir auch den alten Namen der Squirrel Cove: Hùymin - mit etwa „fertig gemacht, ausgewischt“ zu übersetzen. Den Grund für diese Bezeichnung hätte Karl May vielleicht so beschrieben: „In einer finsteren Nacht landeten Männer des Haida-Stammes in der einsamen Bucht. Sie hatten das Kriegsbeil ausgegraben, schwangen ihre Tomahawks und viele der tapferen roten Krieger vom Stamme der Klahoose wurden ... ausgelöscht.“ Danach wohl kamen die Sliammon hierher, Bills Stamm, dem auch die Geisterinsel gehört. Daß wir auf der übernachteten, verschwiegen wir ihm gegenüber wohlweislich.

Octopus Islands

Ein schmales Tor zwischen hohen, steilen Bergen - wir fahren in den Lewis-Channel. Nur einen Kilometer breit, unter hiesigen Proportionen ein schmaler Wasserweg. Ein langer Weg. Wir suchen und suchen und nirgendwo lassen die Felsen Platz für ein Zelt. Auf Redonda Island endlich, auf einem Landvorsprung, finden wir ihn, zwischen Felsbrocken vor einem Waldrand. Mit vom schmalen Ufer geholten Steinen gleichen wir Unebenheiten aus, spannen die Zeltleinen zu Bäumen und Büschen und sehen nun in Ruhe dicken Regenwolken entgegen. Zwei Zweier-Canoes und ein Einer paddeln vorbei. Rüde ausschauende Burschen in den Booten. Ihre von Gelächter begleiteten Kommentare - vielleicht ganz gut, daß wir sie nicht verstehen. Dann kommt aus der entgegengesetzten Richtung ein Canoe, ein Mann am Heck, der es mit dem Stechpaddel geschickt dirigiert. „Ist bei Euch noch Platz?“ fragt er, landet und stellt sein Zelt ganz in die Nähe, weiter unten, nahe ans Wasser.

Mit ihm sitzen wir am Feuer. Harry, groß, distinguiert, nach Haltung und Auftreten eher der Typ eines Offiziers, ist arbeitslos. „Für technische Zeichner gibt's derzeit keine Jobs“, sagt er, fröhliche Augen im rotverbrannten Gesicht mit blondem Schnurrbart, „zuerst bin ich noch von einem Büro zum anderen gelaufen, nur um durch noch mehr Absagen frustriert zu werden. Dann habe ich die Sinnlosigkeit eingesehen und nun nutze ich die freie Zeit besser. Seit zwei Jahren schon. Im Canoe und mit Skiern." Auf der Karte zeigt er uns verschiedene, offensichtlich gut durchgeplante Touren, gibt Tips und erzählt von Begegnungen: „Die Leute in den drei Booten die Ihr saht, und die mir begegneten, das sind Strafgefangene. Deren Gefängnis ist gar nicht weit von hier - ein offener Strafvollzug. Paddeln gehört bei denen zur Resozialisierung. Also muß an unserem gemeinsamen Sport doch was dran sein?!" Wie hoch das Arbeitslosengeld sei, fragen wir. „Null. Im zweiten Jahr jedenfalls nichts mehr. Aber ich brauche unterwegs ja auch kaum was, weniger als in Edmonton, von wo ich komme. Allerdings - bevor ich das Arbeiten bei dieser Art von Leben ganz verlerne, werde ich mich, jetzt, da die Wirtschaft besser läuft, doch mal wieder ernsthaft um einen Job bemühen. Demnächst ..."

Ein Fisch, den Harry mitbrachte, grillt in der Glut. „Genug für uns alle", meint er und verteilt die Portionen. Danach verkriecht er sich zeitig in sein Einmannzelt - Regen trommelt leise auf sein und auf unser Dach. „Der totale Kontrast zu dem Typ gestern auf den Copeland Islands. Plant, denkt nach, handelt. Was ich eigentlich nicht erwartet hatte: Daß wir so viele und so unterschiedliche Menschen auf dieser Fahrt treffen würden. Wird dadurch ebenso abwechslungsreich, wie durch die Landschaft, durch Berge und Wasser."
„Von dem ich langsam genug habe. Vom Regen, meine ich ..."

Morgens regnet es immer noch. Harry, wasserdicht verpackt, zieht trotzdem weiter. „Schade, daß er so allein unterwegs sein muß." Teilen, einander mitteilen können, dadurch, so empfinden wir es, wird alles Erleben intensiver und schöner. Unser nächstes: Eine Schlange, dunkelgrün mit zwei gelben Streifen auf dem Rücken. Trocken und behaglich liegt sie unterm Boot. Wie wird die reagieren, wenn wir sie verscheuchen? Nach höflicher Aufforderung mit langem Stock verzieht sie sich etwas unwillig unter die tropfenden Büsche. Wir bleiben. Planen nach Harrys Empfehlungen die weitere Route und winken. Denn wie im Schaufenster an einer Hauptverkehrsstraße sitzen wir hier. Der Lewis Channel ist eine. Segler ohne Segel, alte Kähne und moderne Schnellboote, Schleppzüge mit Baumstämmen und solche mit Frachtgut, kleine Fischdampfer und große, hohe Motoryachten. Per Lautsprecher wünscht uns ein Käpt'n „Happy Camping", ein anderer dippt seine Flagge zum Grüßen. Niedrig brummende Wasserflugzeuge benutzen den Kanal als Pass zwischen hohen Bergen. Wenn gerade mal kein Betrieb ist, unterhält uns ein Seehund. Er zeigt Bauch- und Rückenschwimmen und verzieht sich dann wieder auf den Sand unterhalb des Zeltes. Keine Sonne, den ganzen Tag nicht, ein Schauer nach dem anderen. So zwischen den Bergen drückt die graue Stimmung, die Enge, aufs Gemüt: „Weg von hier! Auch wenn's regnet fahren wir morgen weiter." Beim Kochen der Spaghettis löscht ein plötzlicher Guß das Feuer, während des Schlafens verrutschen die Steine unterm Zelt und wir kriegen Schlagseite. Das reicht ...!

Und dann, morgens, ein ganz anderes Lebensgefühl: Die Sonne ist wieder da, wärmt auf der Haut. Abends noch hatten wir trockene Zweige unters Dach gelegt, mit ihnen brennt bald ein Feuer vor dem Zelt. Eier und Speck aus der Indianerbucht brutzeln auf der Pfanne. Mehr Holz aus dem Wald wird gebraucht, wenige Meter zu ihm. Und dort - schwere, krachende Schritte im dichten Buschwerk, sie entfernen sich dorthin, wo's für Menschen undurchdringlich ist. Einige kleinere Bäume biegen und bewegen - ein gewichtiges, großes Tier.

„Du, da war gerade ein Bär!"
„Erschrocken?"
„Ja, er - ich auch. Der hat uns sicher schon eine ganze Weile zugeschaut und geschnuppert, den Geruch von Gebackenem mag der. So was zieht Bären von weit her an, sagt man."
„Aber dann haben sie doch Angst vor Menschen und bleiben auf Distanz wo sie Stimmen hören. Meistens - sagen die Bücher."
„Trotzdem sollten wir nachts besser unser Essen hoch zwischen die Bäume hängen, so wie es auch in den Büchern steht. Meister Petz riecht nämlich durch Schichten hindurch. Und wenn der dann im Zelt oder Boot sucht?"

Auch heute kein Problem gegen die Ebbe zu paddeln. Rasch sind wir an einer Kreuzung, deren Abzweigungen auf der Seekarte besser zu erkennen sind als vom Wasser aus. Bei einer Wegbreite von 4 km sichern wir das „immer geradeaus“ mit dem Kompaß ab. Denn welche Insel schiebt sich da vor welche? An Steuerbord niedrige Gebäude in der Redonda Bay. Dort sitzen die „minimum security prisoners“ die Gefangenen mit geringem Sicherheitsbedarf. Zu deren Therapie, so erzählte Harry, gehört neben dem Canoefahren auch der Holzeinschlag - ein Floß mit langen logs wird gerade aus der Bucht gezogen. Weiter. Auf Höhe der Rendezvous Islands, zwischen Kaffee schlabbern und Kekse knabbern, blättern wir durch das Buch mit den current-tables: Wann können wir durch die Enge von „Hole in the Wall“? Keine Strömungstabelle für diese Passage. Aber eine für die Seymour Narrows, nicht weit von hier. Und dort erscheint das „Loch in der Wand“ innerhalb einer Liste von Zeitabweichungen: „Minus 55 Minuten“. Leicht zu rechnen - Punkt 14 Uhr beginnt demnach in „unserer“ Enge der Flutstrom. Für ihn meldet die Tabelle eine Geschwindigkeit von bis 12 kn, das sind 22 km/h, „... ganz schön schnell. Wir sollten eine halbe Stunde vorher an der Schmalstelle sein. Wie spät ist es jetzt?“ Die Uhr, die wir sonst gleich zu Beginn einer Wanderfahrt als lästigen Störenfried tief im Nichtbenötigten versenken - wo Tiden laufen, kämen wir ohne sie und ihre Termine kaum zurecht.

Die Hole ist einfach zu finden: 300 m breit öffnet sie die Einfahrt an der Ostseite zu einem sechs Kilometer langen Durchlaß zwischen Maurelle- und Sonora Island. Eine gute Stunde Fahrt unter streckenweise senkrecht abfallenden Wänden - auf der einen Seite 500 m hoch, auf der anderen fast 100 m höher. Strömung gegenan. Am Westende rauscht und gischtet es. Ein reißender Wildbach sprudelt uns entgegen. Und dort sollen wir durch? Wie kann der später fahrbar sein? Zwei Segelboote neben uns in Warteposition. Und dann läuft der count down:

13,30: immer noch hartes Wildwasser mit weißen Wellen.
13,40: das von den Bergwänden widerhallende Getöse wird leiser.
13,45: Die Stromschnellen flachen ab, werden zu Plätscherwellen
13,50: ebenes, glattes Wasser: Los!

Wir greifen in die Paddel, legen einen Zahn zu und rauschen mit Bugwelle durch die Enge. Durch weite, sich drehende Kreise, durch schnelle Strudel auf dem Wasser und vorbei an Stellen wo es so blubbert, als habe da jemand weiter unten in der Tiefe gerade jetzt erst den

Kocher abgestellt. Dann sind wir durch. Und kurz darauf beginnt es hinter uns wieder zu brausen, das Wasser sprudelt, Stromschnellen entstehen, aus verhaltenem Rauschen wird lautes Tosen. Mächtig dringt der Flutstrom durch die Enge, diesmal in unserer Richtung. Rasch treibt er unser Boot weiter - jetzt käme niemand mehr da durch. Nur 10 - 15 Minuten dauert diese Zeit des Wechsels zwischen zwei Tiden, die slack tide, das Stauwasser. Führt der Strom danach in die eigene Fahrtrichtung so wie jetzt, besteht kaum ein Risiko. Umgekehrt jedoch kann es für den der zu spät kommt aufregend, sehr anstrengend oder hoffnungslos werden.

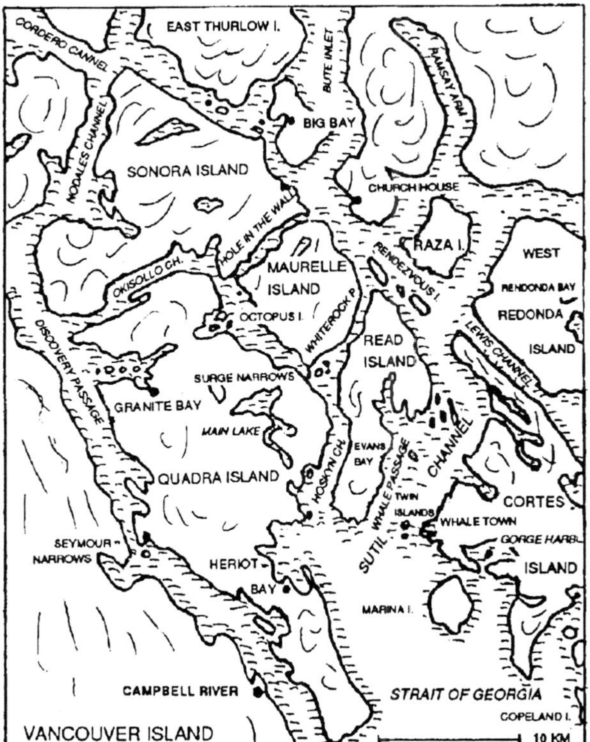

Da sind wir also im berühmten Marine-Park der Octopus Islands. In einem Gebiet, zu dem die Natur den Zu- und Abgang kontrolliert: Alle drei Ein- bzw. Ausgänge werden, wie wir es gerade „erfahren“ haben,

vierrmal täglich kurz geöffnet. Das Land rundherum: Inseln, Quadra-, Sonora- und Maurelle Island. Statt der Kraken, nach denen eine Gruppe kleinerer Felseninseln heißt, sehen wir Seehunde. Faul und verschlafen liegen sie auf den Felsen. Sie lassen die beiden mit uns eingelaufenen Segelboote vorbei motoren. Ein Kajak aber, „so einer hat unsere Vorfahren gejagt!" und mit „jiabb, jiabb" platsch - klatsch rutschen sie ins Wasser. - Eine schöne Insel, Francisco Island, voraus. Hoch ragt sie aus dem Wasser, oben flach - ideal für uns. Bis aufs Klettern mit Boot und Zelt, mit Sack und Pack: „Nur einmal - für den Abstieg nehmen wir's Hochwasser!" - Abends, am Feuer vor dem Zelt: „Kannst Du Dir noch vorstellen anders als so ungebunden und frei zu leben?"
„Kann ja - will aber nicht. Heute schon gar nicht - unser schönster Platz bisher."
„Das sagen wir fast immer."
„Und fast immer stimmt es auch ..."

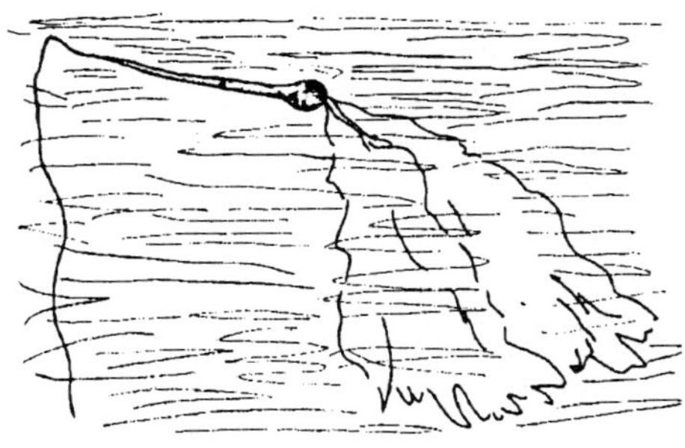

Pflanzen treiben auf dem Wasser, Blätter die sich wie Segel im Strom unter der Oberfläche bewegen. Jede mit einem Tennisball-großen Kopf als Boje, mit einer langen Wurzel im Boden verankert. Dick ist dieses „Ankertau", unzerreißbar und zäh. Wo wir zwischen dem Kelp, so von den Kanadiern genannt, herumschwimmen, liegen ihre Verankerungen sicher 10 m tief. Flexibel passen sie sich dem Tidenhub an. Wo an Engstellen vorhanden, sind sie verläßliche Halteleinen beim Warten auf den Tidenwechsel.

Schwimmen, aber nur kurz - das einströmende Wasser, grünlich wie in Alpenseen, ist eisig kalt. Zum Teil kommt es vom Bute Inlet, von den über diesem Fjord gelegenen Gletschern. Die Seehunde, unsere „Robbies", genießen es. Drei von ihnen raufen sich gerade in der Nähe um einen Fisch. Der eine hat ihn quer im Maul, die anderen beiden versuchen von den Seiten abzubeißen - Fortsetzung unter Wasser in diesem Park mit Vorführungen ohne Eintrittsgelder.

Die nächste, informative, in der Wayatt Bay. Ein Floß, ein Haus aus Baumstämmen auf der Plattform. Junge Leute, nett, frisch, energisch. „Vor zwei Jahren sind wir hierher gezogen“, erzählen sie, „und jetzt betreiben wir eine Farm für Austern. Ja, wir züchten die.“ Wie? „Das ist eigentlich ganz einfach: Wir säubern große Austernschalen die in dieser Gegend überall zu finden sind, bringen sie in Netzen zum Pendrell Sound, East Redonda Island, und setzen sie dort in einem kleinen, untiefen Inlet aus. Da leben so viele Austern, daß das warme Wasser voller befruchteter Eier und Larven ist. 20 - 25 von ihnen lassen sich pro Muschelschale nieder. Die nehmen wir dann hierher zurück und legen sie in einem dazu geleasten Stück dieser Bucht aus. Dort wachsen sie. Nach zwei Jahren, demnächst, können wir ernten - hoffentlich!“ Verkaufen müssen sie zu Preisen die ihrer Ansicht nach viel zu niedrig sind: „Den eigentlichen Gewinn machen die Händler. Aber vielleicht finden wir da auch noch einen besseren Weg.“ Die beiden versuchen ernsthaft ihr Geschäft in Gang zu bringen. „Und wenn's nicht klappt?“, fragen wir. „Dann ergibt sich etwas anderes“, antworten sie, „obwohl es schade wäre. Denn hier zu leben ist gut. Selbst im Winter erträglich. Und man lernt 'ne Menge verschiedener Leute kennen - sogar aus Germany...“

Wir tanken frisches Gebirgsbachwasser und paddeln weiter. In den Buchten ankern Segelyachten, ihre Besatzungen liegen auf Deck in der Sonne oder angeln. Wirklich schön hier - von den dunklen Nadelbäumen her duftet es würzig, schrille Rufe von Vögeln durchbrechen manchmal die Stille zu der nicht einmal das Geräusch der Paddel im Wasser paßt. Langsam trudeln wir durch die engen Buchten. Wieder draußen, im offeneren Teil des Okisollo Channel, packt uns der Wind. Kräftige Wellen mit Schaumköpfen, bis wir in die Yeatman Bay einlaufen. Ein Segelboot dümpelt da vor Anker, niemand an Bord. Gerade steht unser Zelt, da kommen die „Niemands“ aus dem Wald - zwei Amerikaner: „Ziemlich viele solcher Boote wie Eures sind hier unterwegs“, erwähnen sie beim Besichtigen unserer Ausrüstung, „dies ist schon das vierte das wir innerhalb der letzten Tage sehen.“ Wobei wir dann alle herzlich lachen als sich herausstellt, daß wir es jedesmal waren, die sie sichteten. Dann: „In einer halben Stunde erwarten wir euch zum drink an Bord...“ - Die Zeit reicht knapp für's Einräumen vom Zelt, für Fingernägel schneiden und saubere Hemden suchen. Aber pünktlich gehen wir längseit. Bei Rotwein, Chips und Käsehäppchen wird es ein gemütlicher Abend. Die beiden nutzen lange Ferien, die ein Lehrer in den Staaten hat, schauen sich die Welt vom Segelboot aus an. „In diesem Sommer gehts noch weiter nach Alaska, im nächsten wollen wir rüber nach Hawaii. Mit so einem Boot geht das. Nach Europa aber bringen wir unseres nicht so einfach wie Ihr Eures hierher. Und Ihr habt noch einen Vorteil, könnt abends bleiben wo Ihr wollt. Wir müssen immer nach windgeschützten und genügend tiefen Ankerplätzen suchen." Auf dem Herweg sind ihnen eine ganze Menge Wale begegnet, Killerwhales, bei den Penn Islands, „ist nicht weit. Ihr seid rasch dort. Könnt's gar nicht verfehlen. Heißt auf der Karte sogar Whale Passage!"

Morgenspaziergang zum Main-Lake. Die Sonne scheint durch hohe Bäume, die nach totalem Kahlschlag in 40 Jahren gewachsen sind. Mannshohe Farne und Fingerhutkraut, ein Hase hoppelt davon. Dann der glitzernde See, verträumt, mitten im Wald. Süßwasser, warm, hinein, purer Genuß! Drüben im Schilf liegt das Wasserflugzeug das gestern über uns zur Landung ansetzte. Nach der Übernachtung hier holen die Eltern gerade ihre Kinder für den Weiterflug an Bord.

„So kann man auch wandern, in Kanada jedenfalls, von See zu See."

Zurück. An Deck des Segelbootes ist Betrieb, Vorbereitungen zum „Anker auf". Weiß und rot spiegelt es im glatten Wasser der Bucht vor der Silhouette des Elefant Mountain, der wirklich wie ein Dickhäuter mit Rüssel ausschaut. Winken, bald darauf sind auch wir unterwegs. Um 11 Uhr 20 ist slack tide bei den Surge Narrows, dem „Ausgang Ost". Die Zeitplanung klappt genau und im Kielwasser der Segler passieren wir die Enge. Hinüber zum gleichnamigen Ort. Ort? Zunächst mal ist da das „Government Float" mit Postamt darauf. Kleine Boote bringen oder holen Briefe und Pakete und tuckern weiter zu ihren Islands. Zwei Segelschiffe haben festgemacht, die Besatzungen klönen von Bord zu Bord. Sonst tut sich hier nichts, auch bei den wenigen Häusern dahinter nicht, von denen das eine „for sale", also zu haben ist.

„Geschlossen“ steht am Laden. Zum Telefonieren schickt uns das Fräulein von der Post in die Schule. Drei Gebäude für je 10 Kinder, „eine vierte Gruppe lernt per Fernunterricht. Die Kinder wohnen zu weit weg, teilweise auf anderen Inseln“, erklärt der Schulmeister, der die Klassenräume neu streicht. Er bemüht sich um eine Verbindung nach Deutschland und muß mehrere Male unterbrechen: Auf der nur *einen* Ringleitung kommen alle Gespräche für andere daran hängende Teilnehmer an - nur einer von ihnen kann jeweils telefonieren, die anderen müssen warten. Zeit zum Klönen. „Ihr seid spät dran mit dem Paddeln, in einigen Wochen haben wir viel Schnee hier. Wird dann schwierig die Schule zu erreichen. Manche Eltern bringen ihre Kinder per Traktor, andere bleiben auch mal über Nacht, wenn der Heimweg gesperrt ist.“ Und Bären? „Haben wir, sicher, gerade im Winter. Bisher jedoch gab's noch keine Unfälle mit ihnen.“ Der Lehrer erzählt von der Einsamkeit: „Monatelang sind wir so gut wie abgeschnitten. Nicht mal die Post kommt immer durch. Und keine Besucher so wie Ihr heute. Was wir dann tun? Lesen und Telefonieren...“

Auf der Weiterfahrt zur Whiterock Passage erhalten wir Nachhilfe-unterricht in Sachen Fischfang. „Er“ und „Sie“ nebst Kindern angeln vom Boot aus. „Gerade gefangen - ein Coddfisch“, 60 cm lang, ziemlich böse aussehendes Gebiß. Noch kräftiger das vom nächsten an

der Angel: „Dogfish nennen wir den kleinen Hai, Menschen tut er nichts - stop, stop ...“ aber weg ist er, der Haken hatte nicht fest gesessen. „Die Haut von diesem Fisch muß man abmachen, weil sie etwas Gift enthält, dann aber schmeckt er sehr gut“, meint „Er“, während „Sie“ hinter seinem Rücken Grimassen zieht und den Kopf schüttelt. „Worauf wir warten sind Lachse. Ein Schwarm von denen und wir ziehen Exemplare von einem Meter und 25 Pfund über die Bordwand.“ Das skeptische Gesicht seiner Frau kann er nicht sehen.

In der Passage voraus heftige Strömung mit Stromschnellen: Die Tide hat gewechselt, jeden Meter müssen wir uns von nun an mühsam erkämpfen. Müde erreichen wir die Rendezvous Islands, die wir auf ihrer anderen Seite bereits einmal passierten. Steil, Zeltplätze rar. Nur eine Stelle zum an Land krabbeln - oberhalb der Hochwasserlinie fast eben. Fast, wir brauchen eine Stunde bis genug Gras geschnitten ist um Felsgrade unterm Zeltboden abzupolstern, bis kleine Äste und Moosplatten die Löcher im Boden ausfüllen und Zweige eines Baumes so weggebunden sind, daß sie das Zeltdach nicht beschädigen. „Hat sich gelohnt" - unsere Villa steht mit Blick auf den zwei Kilometer breiten Sutil Channel. Wale? Keine, heute nicht und morgen nicht. Dafür ein Bilderbuch-Panorama: Die Gipfel der Rockies mit Gletschereis und Schnee, die Inseln - eine Landschaft die in nichts ans Meer erinnert. An Urstromtäler vielleicht, an ein fremdes Bergland inmitten gewaltiger Seen, an - nein, für das hier fehlen Vergleiche. Eine großartige Welt. Und wie anders als mit Boot und Zelt könnten wir sie so erleben?

Neben unserem Platz liegt ein früher von Sturmwellen einmal heraufgeschleuderter Baumstamm - die ideale Bank vorm Haus. Von ihr aus schauen wir durchs Fernglas zu dem Hang an dem Holz eingeschlagen wird, bereits kahl gerodete Flächen daneben. Nicht weit davon eine Rodungsstelle auf der nach Wiederaufforstung kleine Bäume wachsen. Rauch steigt auf - kochen die Forstarbeiter dort ihr Mittagessen?

Dicker Qualm auch bei uns - wir haben einen Ofen gebaut: Über ein Erdloch für's Feuer legten wir als Boden einen dünnen, flachen Stein. Auf diesen kam, aus kleinen Felsbrocken gefügt, der Backraum und oben drauf als Abdeckplatte wieder ein Stein. Teig aus Mehl, Backpulver und Wasser, flach ausgedrückt, liegt nun drin und wartet auf Hitze. Von allen Seiten versuchen wir sie zu entwickeln, das Backhaus mit brennenden Ästen und Zweigen zu umgeben. Der Rauch läßt uns um die Feuerstelle herum tanzen. Dann: „Riecht wie beim Bäcker ...", wirklich - auf den Steinen liegen runde, aufgegangene Brötchen, braun und knusprig. Nur an einer Seite, durch Ritzen in der „Wand", ein wenig verkohlt. Sie riechen gut, sie schmecken noch besser. Experiment gelungen. „Einen transportablen sollten wir haben ...", so hocken wir am Nachmittag über einem Stück Papier und zeichnen den Mitnehm-Ofen. Nur, sehr fraglich, ob daraus je etwas wird. Ist auch gar nicht so wichtig. Gemeinsam etwas zu planen, ob nun diesen Backofen oder unsere Route für den nächsten Tag, das ist's. Morgen sind wir einen Monat unterwegs ...

Campbell River

In der Whale Passage gibt's Wind und Wellen, nur keine Wale die passieren. Ein Segelboot unter US Flagge überholt, stellt seinen Motor ab: „Where are you heading for“ - wohin? Ja, wohin? Genau wissen wir das auch nicht. Wir winken einfach mal geradeaus und der Skipper lacht, tuckert weiter.
„Der wundert sich - Leute ohne Ziel. Hat eigentlich Recht. Denn muß man nicht immer, im Leben überhaupt, ein Ziel haben? Oder Ziele, selbst gesteckte, vorgegebene?“
„Im Alltag vielleicht, hier nicht. Scheint mir wichtiger, daß wir uns der Natur, und dem was sie verlangt, anpassen können. Wären wir sonst so unbeschwert und frei?“

Evans Bay - Wasser aus einem Schlauch neben dem einzigen bewohnten Haus. Die anderen sind verschlossen, eines zu vermieten. „Unsere Leute kommen nur im Sommer her“, der alte Mann am Steg sieht müde aus, „und der ist jetzt schon wieder fast vorbei. Geht schnell, ein paar Wochen noch ...“, wirklich, ein Hauch von Herbst hängt in der Luft.

Vom Ende der Bucht her, aus einem tiefen Einschnitt, dringt dumpf Poltern und Dröhnen. „A logging-operation“, sagt der Alte, wenn wir so einen Holzeinschlag noch nicht gesehen hätten, sollten wir hinfahren. - Bereits freigeräumte Flächen oben am Berg. Die dort gefällten Bäume sind von Traktoren zu Tal gezogen worden und werden zum Ufer gefahren. Ein Lastwagen nach dem anderen rollt heran. Mit seinen Zangen packt der Greifbagger die langen, schweren Stämme, hebt sie hoch auf und stapelt sie zu einem mächtigen Stoß über der Rutsche am Ufer. Ein Hornsignal „Achtung“ - und donnernd rauscht der ganze Haufen ins aufschäumende Wasser. Nun nehmen sich Arbeiter auf kleinen bulligen Wasserscootern ihrer an. Sie schubsen dicke Stämme

zueinander und zurecht, ein Floß entsteht. Ausreißer fangen sie ein und ketten besonders dicke, lange so aneinander, daß sie, um das Floß gelegt, dieses während des Schlepptransportes zusammenhalten. Neben uns landet ein Wasserflugzeug. Einen der Arbeiter holt es ab und startet sofort wieder - Krankentransport. Das Horn tönt, eine neue Ladung poltert über die Rutsche. Gerade noch und knapp weicht ein Boot den Schwergewichten aus.

Ja, es wird Herbst. Dunst liegt über dem Wasser, die Sonne hat weniger Kraft und hoch über uns zieht ein Vogelschwarm gen Süden. Wir zelten am Ausgang der Evans Bay auf vom Eis glatt geschliffenem Fels. Die Zeltleinen reichen gerade noch zu dem einen Busch hier und zu dem Baum dort. Unfreundliche Besucher - dicke, schwarze Brummer, die gemein beißen. Feuer machen, Blätter drauf, Qualm - sie hauen ab. Gegen Abend legen sich mehrere Seehunde leise bellend und schaufend auf die Klippe unterhalb des Zeltes schlafen. Und während Wolken am nördlichen Himmel rot und gold leuchten, ruft ein Loon klagend übers dunkle Wasser: Leise zuerst, dann anschwellend, wieder abklingend, aaaa-uuuuu-aaaa. Nur hier draußen, weitab von der Zivilisation, ist dieser Ruf des Eistauchers noch zu hören. Heute sahen wir ihn im Schilf, unverkennbar sein schwarzer Kopf, rote Augen, braungraue Federn und die helle Brust, fast so groß wie eine Gans. Mit kurzen Flügelschlägen flog er auf, den Hals vorgestreckt, die Beine schleppten nach. Schnell, bis zu 100 km/h kann er erreichen. Die mit Schwimmhäuten versehenen Füße stecken, anders als bei den meisten Wasservögeln, im hinteren Körper und werden beim Schwimmen und Tauchen wie Schiffsschrauben gebraucht. Im Gegensatz zu anderen Vögeln sind seine Knochen nicht mit Luftsäcken durchsetzt. Ihr spezifisches Gewicht entspricht dadurch etwa dem des Wassers. Läßt der Eistaucher Luft aus seinem Inneren und drückt sie aus dem Gefieder, dann sinkt er ohne eine Welle zu hinterlassen. Und das tut er oft. Denn viele Fischer mögen ihn nicht, Konkkurrenz. Da ist er vorsichtig geworden.

Das Wetter? Morgens türmen sich dichte, dunkle Wolken über den Bergen im Norden und Westen. Vancouver Island liegt unter Regenschwaden - bei uns scheint die Sonne. Wieder mal sind wir auf weite Distanz das einzige Boot auf dem Wasser. Sein Bug schneidet die spiegelglatte Oberfläche, hinter uns bleibt eine lange sichtbare Spur.

Plötzlich ist da eine zweite und eine dritte: „Paß auf, Vorsicht - Wale!" Neben uns wölben sich zwei schwarze Rückenflossen aus dem Wasser, unter denen große weiße Flecken. Deutlich zu hören Klicktöne, laut, mit Widerhall von den Felsen der nahen Bucht.

Eine Weile bleiben die beiden Tiere auf gleicher Höhe am Boot, Unsere Blicke begegnen ihren, wir paddeln neben ihnen her - dann beschleunigen sie, drehen ab, tauchen, sind weg.

„... so nah! Wie groß waren die? Sechs Meter, sieben?"

„Jedenfalls länger als unser Boot. Entweder weibliche oder Jungtiere demnach. Denn die ausgewachsenen männlichen Killerwhales werden bis doppelt so lang."

„Killerwhales, Mörderwale?"

„Richtig heißen die ja Schwertwale. Das wegen ihrer relativ schmalen, hohen, eben schwertartigen Rückenflossen. Genannt werden sie meist Orcas nach ihrem lateinischen Namen Orcinus Orca. Merkwürdig ist, daß sie, wie gerade hier bei uns, Menschen gegenüber freundlich sind. Kleinen Booten weichen sie geschickt und sorgsam aus. Das, obwohl sie sonst in Rudeln über nahezu alles herfallen, was ihnen begegnet. Über Robben, andere Wale, Pinguine, Seevögel und große Fische."

„Also doch Mörderwale. Und die Töne, die wir gehört haben?"

„Über die weiß man noch nichts genau. Aber daß die Orcas sich mit deutlichen Lauten auch unter Wasser verständigen - in der Johnstone Strait gibt's eine wissenschaftliche Station die versucht die Sprache der Orcas zu erforschen. Aber ob wir es noch bis dorthin schaffen? Das Wetter wird in den nächsten Wochen auch nicht mehr besser."

In der Carrington Bay, in deren Richtung wir die Wale schwimmen sahen, finden wir Pfahlbauten - hoch über dem Wasser, auf senkrecht gestellten Baumstämmen. Das eine Haus, neben dem von den Bergen sprudelnden Wasserfall, hat seinen ganz eigenen Stil: schräg genagelte Bretter als Wandverkleidung, ein nach vorn vorgeneigter Giebel, ausgebaute Erker mit Butzenscheiben in den Fenstern. „Eigene Erfindung", erzählen uns junge Leute die in ihm wohnen, „zunächst hatten wir uns ein Floßhaus gebaut. Nein, nicht hier, sondern weiter weg. Aus Abfallholz von einer Schreinerei und von dem, was wir sonst so als Baumaterial fanden. Dann schleppten wir das in diese Bucht. Da haben wir während der Niedrigwasserzeiten Stämme eingerammt, die hier herumlagen. Einen nach dem anderen. So, daß sie bei normaler Flut noch knapp aus dem Wasser schauten. Als das fertig war, warteten wir auf ein beim Mondwechsel besonders hohes Hochwasser und fuhren unser Haus über das unter der Oberfläche nicht mehr zu sehende Gestell - richtig? Genau? War das aufregend! Aber als danach die Ebbe einsetzte, da saß es fest und sicher auf seinem Unterbau. Jetzt halten es Stricke fest - wegschwimmen kann es nicht mehr." In der Bucht daneben reparieren sie mit Freunden zusammen alte Boote auf einer Art Werft. Betreiben sie auch die Austernbänke, die wir bald darauf passieren? Schilder am Ufer weisen das flache Wasser als private Erntezone aus. Dicht an dicht liegen da die exotisch geformten Muscheln. Eine, die wir vorsichtig mit dem Paddel angeln, zeigt deutlich zwei Hälften. Nur öffnen läßt sie sich nicht, wie verschraubt halten die beiden Teile zusammen. Unten, auf dem Grund, ist das wohl anders. Denn da nehmen die Austern kleinste Planktonlebewesen als Nahrung auf.

Zum Einkaufen nach Whaletown. Dort gibt's einen Laden und in ihm Alufolie. Mit der starten wir abends ein neues Experiment. Wir wickeln unseren Brotteig hinein, legen die Päckchen in die Glut des Feuers und warten. Länger als vor dem Backofen. Aber dann haben wir, viel einfacher und nicht angebrannt, leckere Brötchen. Auf Marina Island -

bei Hochwasser gelandet, den Wald im Rücken und direkt vor uns das Meer. Leise plätschern Wellen auf den weißen Sandstrand, senkrecht steigt der Rauch unseres Feuers in die Höhe. Breite orange, rote und lilablaue Hochnebelbänke liegen über den dunkelblauen Höhen von Quattra Island. Finster und schwarz die Wolke unter dem immer farbiger aufflammenden Himmel. Kurz nur leuchtet die Sonne durch eine Lücke, zeichnet ihre goldene Bahn aufs Wasser, bevor sie tief violettrot hinter dichten Luftmassen und fernen Bergen versinkt. Schön, schaurig schön, dieses Farbenspektakel. „Nix guttt" kündet es an, Regen, morgen oder übermogen. Spätestens.

Doch früh scheint Sonne auf's Zelt. Es wird warm - Augen auf und blinzeln: Wo ist das Meer? Erschrocken fahren wir hoch: Da wo sich gestern der Sonnenuntergang auf der glitzernden See spiegelte, da dehnt sich weit und grau ein schlammiges Watt. Erst ganz da hinten sehen wir das Wasser als schmalen Streifen - weit, weit weg. Möven segeln und landen, Reiher suchen graziös nach Eßbarem. Ein friedliches Bild. Nur: „wie kriegen wir Boot und Gepäck nachher dorthin?" - Erstmal frühstücken! Und dabei überlegen wir:
„Mit dem Bootswagen..." - geht nicht, zu viele Steine und Schlamm. -
„Warten bis die Flut ..." - gegen 17 Uhr, zu spät, sinnlos. -
„Eine Rutschbahn für's Boot im Schlick freiräumen, ..." - Unsinn!
„Also doch schleppen..."

Von kleinen bis mittleren Seen und vielen mit Algen bewachsenen Steinen mal abgesehen, scheint das Watt ziemlich gut begehbar. Auf etwa 400 m hat es sich inzwischen ausgedehnt. Ein kleines Motorboot liegt draußen, fünf Leute sind im Dingi an Land gerudert. Nach vorn gebeugt gehen sie langsam über die grüngraue Fläche, graben mit Schaufeln im Schlamm und fördern braune Muscheln zu Tage. „Clams", ein älterer Mann hat sich auf einen Stein gesetzt und zeigt sie uns, freundliches Gesicht unter dem gelben Sonnenhut, Wasserstiefel, Kniehosen, buntkariertes Hemd. „Zu Hause kochen wir die in Salzwasser, solange, bis sie aufgehen." Neben ihm ein Eimer und - ein Haufen der großen Austernmuscheln, wie wir sie unterwegs im Wasser gesehen hatten. Eine nach der anderen öffnet er ziemlich mühsam mit einem speziellen Messer und schabt ihren glitschigen Inhalt in den Eimer. „Gute Ernte", sagt er zufrieden. Überall liegen hier die auf Speisekarten teuren Austern herum - für Liebhaber ein Dorado.

Daß wir sie nicht aufheben, nicht interessiert sind, finden die Sammler sehr merkwürdig. Was man denn sonst auf dem Watt mache? Nun, sie sehen es, als wir, über die Austernbank balancierend, zuerst mit dem Boot zwischen uns und dann mit den schweren Rucksäcken auf dem Rücken, an ihnen vorüber ziehen. Ebbe - für die einen Aussicht auf's Festessen, für die anderen nur Kalorienverbrauch!

Strudel und Stromschnellen unter steilen, hohen Felsen - mit einer schnellen Flutwelle paddeln wir eine Stunde später durch die 20 m schmale Passage in den Gorge Harbour. Was auf der Karte so vielversprechend aussah, die ins Cortez Island eingeschnittene, weiträumige Bucht - „nichts besonderes!“ Oder sind wir bereits so verwöhnt, mit Eindrücken übersättigt? In einer Marina posieren Hemmingway-Typen mit meterlangen Lachsen. Sie schreiben deren Gewichte auf eine Tafel und lassen sich vor der fotografieren. Sonst ist da nichts los. Wir fahren zum Baden und Sonnen: „Zwangsaufenthalt“, denn der Tidenstrom in der Passage hat jetzt unsere Paddelgeschwindigkeit überschritten. Erst nach zwei Stunden schaffen wir es gegen ihn wider raus. Graue Wolken ziehen auf, der Wind legt zu. Die etwa 14 km Überfahrt nach Heriot Bay verschieben wir auf morgen. Und überlegen im Zelt, auf einer der Subtle Inseln, was wir mit den verbleibenden knapp zwei Wochen anfangen werden.
„Von Campbell River aus, nächste Stadt, weiter in die Johnstone Strait? Da treffen wir, laut Buch jedenfalls, ziemlich sicher viele Orcas in der Robson Bight. Drei, vier Tagesfahrten, wenn wir uns ranhalten.“
„Oder zu den Seen im Inland. Zum Okanagan, von dem die Balten erzählten? Vielleicht ist der Shuswap Lake was - die Austernsammler schwärmten von ihm. Eigentlich haben wir's hier doch gesehen.“
Stimmt. Die daraus folgende Entscheidung in Campbell River aufzuhören, bringt aber auch gleich so etwas wie wehmütige Abschiedsstimmung. Wir haben's gesehen, ja, aber mit jedem Tag länger sind wir hier auch mehr zu Hause gewesen. Die Größe und Schönheit der

Natur, ihre Weite und Wildheit, die Tiere, die Begegnungen und Gespräche unterwegs - soll das wirklich alles morgen fast abrupt enden? „Wir können wiederkommen ...“
Nachts trommelt Regen leise und gemütlich aufs Zeltdach - in einer Pause zwischen zwei Güssen packen wir morgens ein. Die gewohnte Rutschpartie über nasses Seegras und dicke Seesterne, dann ziehen wir die Paddeljacken über die Spritzdecke und lassen es aus schweren Wolken schütten. Eine Zeitlang haben wir das Fährboot aus Whaletown auf gleichem Kurs. Nach ihm und vor dem Wind laufen wir in Heriot Bay ein. Und seltsam: Als wir dort an einen der niedrigen Stege gehen, da hört der Regen auf. Ein anderer Paddler legt an, ein Österreicher: „Drei Wochen unterwegs, von Norden runter und fast die ganze Zeit hat's geregnet, Kälte und viel Wind.“ Ja, meint der Hafenmeister dazu, diese Gegend sei so etwas wie eine Wetterscheide. Das hinge damit zusammen, daß bei Flut das Wasser von Norden, an Campbell River vorbei, bis zum nahen Cape Mudge nach Süden laufe, während es in der Georgia Strait bis zu dem Kap nach Norden ziehe. Wo die beiden Strömungen aufeinander träfen, da ginge es oft ziemlich turbulent zu. Und wenn dann noch der Wind so wie jetzt blase, dann sollte man mit dem Kajak doch besser ruhigere Zeiten abwarten. „Nein“, meint er, „heute ist der Törn nach Campbell River nicht zu machen. Ihr wollt dort aufhören? Das könnt Ihr besser hier tun.“ Unter dem Vordach des nahen Restaurants bauen wir das Boot ab und packen ein. Es schüttet vom Himmel - nichts mehr von Trauer wegen des Abschieds! Und dann: „Was wünschen Sie bitte: French oder Italian dressing zum Sandwich, mit Lachs oder mit gebackenem Huhn? Ein Eis oder einen Milkshake?“ Gar nicht vermißt unterwegs.

Mit Bus und Fähre fahren wir nach Campbell River - Hotel-Luxus, Waschsalon mit Selbstbedienung und mit danach sauberer Kleidung; Stadtbummel; Indianer-Museum; im Hafen Schiffe von der Imponierklasse bis zum einfachen Fischtrawler. Und über allem immer noch dicke graue Wolken aus denen es ab und zu schauert. Busfahrt längs der Ostküste von Vancouver Island, das Gepäck reist gratis im Unterflur-Kofferraum. Landschaftlich nicht so reizvoll wie die „sunshine coast“, dichter bebaut und zum Zelten wohl weniger geeignet. Victoria, die Hauptstadt British Columbias, am Südende der Insel, sollten wir uns eigentlich anschauen. Viele alte, historische Gebäude und schöne

Anlagen. Vielleicht am Ende der Reise, wenn dann noch ein Tag Zeit dazu bleibt? In Nanaimo steigen wir in einen anderen Bus der in Departure Bay auf das Fährschiff rollt - die Fahrkarte von Campbell River nach Vancouver schließt die Überfahrt mit ein und hat weniger gekostet als laut Aushang eine Person plus Auto für diese Fähre allein. Auto - der Bus ersetzt es, schnell, gut, komfortabel. Und er ist billiger. Dieser fährt vom Ankunftshafen in der Horseshoe Bay dorthin zurück, wo wir starteten: Tief unter uns, von der Lions Gate Brücke aus, die First Narrows. „Lange her, seit wir uns da durch den Flutstrom quälten. Auf den Seen gibt's ihn nicht ..."

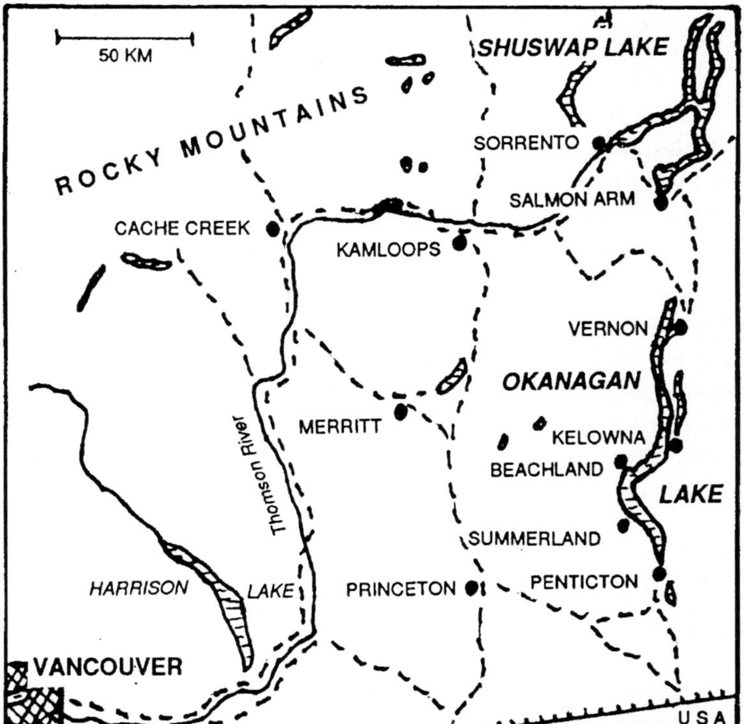

Shuswap & Okanagan Lake

Eine Nacht im Hotel - morgens zum Busbahnhof. „“No problem“, der Mann am Laderaum des Großraumfahrzeuges packt zu, „wir haben schon mehr Gepäck befördert.“ Und nun fahren wir noch einmal den Rockies entgegen, ganz anders als mit dem Boot und eigentlich viel zu schnell. Wiesen und Wälder huschen vorbei, der Fraser River, dessen Wildwasser weiße Wellen zeigt. Hubschrauber stehen am Straßenrand, bereit für Rundflüge über dem Hells Gate, dem Tor zur Hölle. Ein Raft, ein Schlauchboot, voll besetzt mit aufgeregten Kindern, macht gerade startklar für eine Fahrt durch diesen Engpaß des Flusses. Wildwasser auch im Thompson River - Straße und Bahn nutzen das von ihm einst gegrabene Tal. Als fast endlose schwarze Schlangen kriechen Züge der Canadian Pacific Railway an den Berghängen entlang - 120 mächtige Güterwagen, drei, manchmal vier Lokomotiven davor.

Halt in Sorrento, inmitten einer Bergseelandschaft die an Oberitalien erinnert: 400 m überm Meer, liebliche, grüne Hänge, schneebedeckte Zwei- und Dreitausender im Hintergrund. Ferienhäuser an den langgestreckten Ufern des Shuswap Lake. Wie eine Krake sieht er auf der Karte aus, 30 km lange Arme die nach vier verschiedenen Seiten greifen. Rund um den See hat die Regierung Grundstücke aufgekauft und sie als Provincial Parks unter Schutz gestellt. Dort sollen zwar an einigen Stellen noch Bären herumlaufen, wie der Busfahrer erzählte, überwiegend aber werden in ihnen Zelt- und Picknickplätze ausgewiesen. Und Marinas als Versorgungs- und Tankstellen für Boote. Für ungezählte Hausboote.

Viele von denen sind jetzt nicht mehr unterwegs, die Saison scheint vorbei. Aber kaum haben wir abends einen ruhigen Platz gefunden, da kommt eines anmotort, rammt mit seinen Alurohrschwimmern aufs Ufer und macht vor unserem Zelt fest. Nette Leute die meinen, wir wären besser nachts nicht allein. Die uns auf der Karte zeigen, wo man morgens frische Brötchen holt, wo in der Nähe ein Pub mit kühlem Bier zu finden ist. „Vor etwa hundert Jahre paddelten hier noch die Shuswap-Indianer herum", erzählt einer, „der See heißt nach denen. Aber geblieben ist von ihnen nichts - der Alkohol hat sie umgebracht." Wurde der auch hier von den Weißen ganz bewußt eingesetzt um die Ureinwohner „kampfunfähig" zu machen? Im Herald Provincial Park gäbe es noch kekulis, Vertiefungen im Boden, die früher mal halb in die Erde gebaute Unterkünfte der Shuswaps gewesen wären.

Vier Tage lang schauen wir uns die Polypenarme des Sees vom Boot aus an. Keine Tiden, Süßwasser, flache Steinstrände - bequem. Douglasfichten, mächtige Zedern, Hemlocktannen und Birken begleiten an den Ufern; auf dem Wasser Taucherenten und einmal ein Loon. Manchmal erinnern steile Felsen ein wenig an „unsere" Küste am Meer. Auch hier auf Steinen ockerfarbene Indianer-Zeichen. „Was die bedeuten weiß niemand mehr", Jack, der uns von seinem Motorboot aus unbedingt fotografieren wollte, hat nachgeforscht, „die Stämme hatten früher ja keine Schrift mit der so was überliefert wurde." Beim Picknick zeigt er zum Ende des einen Seearmes: „Dort stand im vorigen Jahrhundert eine kleine Stadt mit 6 Saloons, 13 Geschäften und 5 Bäckereien sowie einem Badehaus für die digger. Die suchten nach Gold und manche fanden auch was. Zwei Jahre lang dauerte die Begeisterung, dann zogen alle, die meisten enttäuscht, ab. Ihre paddlewheeler, Schiffe mit 'nem Heckrad als Antrieb, wurden verschrottet. Heute wären die als Museumsstücke viel wert. Vielleicht wie demnächst euer Boot? Mit so was fährt hier schon seit Jahren keiner mehr. Ohne Motor ..."

Langgezogen, fast kläglich, hallt das Heulen moderner Dieselloks durchs Tal - der für Kanadas durch die Bahn erschlossenen Regionen typische Ton. Fünf Lokomotiven ziehen blaue und silberne Wagen eines Trans-Canada Zuges am Ufer entlang. Am Himmel etwas, das uns mahnt die Fahrt zu beenden. Ein Halo - so gut es ausschaut, so schlecht ist die damit gegebene Wetterprognose. Cirrostratus, hohe Schichtwolken, sind aufgezogen, kleine Eisteilchen in ihnen beugen, brechen und reflektieren das Sonnenlicht und erzeugen einen weiten Kreis voller Spektralfarben um die Sonne. Die jetzt noch gebundene

Feuchtigkeit wird absinken - meist langandauernder Regen die Folge sein. Aber: Vielleicht nur hier und nicht dort, wohin weiter wollen?

In Salmon Arm packen wir das Boot zusammen und fahren mit dem Bus nach Vernon am Okanagan Lake. Auch hier ist die Saison vorüber. Im Ort sind die Bürgersteige hochgeklappt, die Boote am fünf Meilen entfernten See eingemottet. 100 Km lang ist der, zwischen zwei und vier Kilometer breit. Von einem S-Schlenker abgesehen, zeigt er die fast genaue Nord-Süd Richtung. Niedrige Berge auf beiden Seiten, Obstplantagen: Kirschen, Pfirsiche, Äpfel, Melonen und andere Früchte stammen aus dem warmen Okanagan valley. Und warm ist es auch jetzt, Anfang September, noch - das schlechte Wetter blieb am Shuswap Lake zurück. Langsam paddeln wir nach Süden. Schieben uns am Vormittag Windwellen vor sich her, ab mittags, oft innerhalb von Minuten, haben wir sie von vorn. Und es braucht eine Weile bis wir verstehen warum der Wind seine Richtung um 180° ändert. „Zuerst erwärmte die Sonne das eine, dann das andere Ufer des langen Tales. Damit änderte sich der Luftdruck und mit ihm die Windrichtung. Eigentlich müßte die zu dem Ufer, über dem warme Luft aufsteigt, hin wehen. Der Okanagan aber kanalisiert den Luftzug in seinem Tal und verstärkt ihn noch.“ Womit es volle fünf Tage auf dem See werden.

Wir halten Ausschau nach Ogopogo, dem Seeungeheuer, von dem der Parkwächter eines Campingplatzes am Morgen erzählt hatte. „Die Indianer, die es längst bevor weiße Siedler ins Tal kamen sichteten, nannten es N’ha-a-tik. An seiner Höhle am Squally Point, nahe Kelowna, fuhren sie nur vorbei, nachdem zuvor ein Tier als Opfer über Bord geworfen worden war. Ihr habt keines? Dann paßt besser gut auf. Und haltet den Foto bereit und auch ein Lasso. Denn wer Ogopogo nicht nur fotografiert sondern auch fängt, bekommt, amtlich, eine Million Dollar.“ Doch wie Nessie im Loch Ness: Das zwischen 9 und 21 m „vermessene“ und pfeilschnelle Monster bleibt auch heute unter Wasser. Oder da - der schwarze Schatten? Und die plötzliche Welle, die über den Bug rollt?

Sonnentage, während es an der Küste stürmt und regnet. Stop in Kewlona für Einkäufe. Ein paar sich rechtwinklig kreuzende Straßen, ein Hafen voller Boote, für viele gibts ein Dach überm Rumpf. 1.400 m lang ist die schwimmende Brücke, Kanadas längste dieser Art, die hier beide Seiten desSees miteinander verbindet. Ihr Mittelteil hebt sich, als die „Fintry Queen", der alte Dampfer mit dem roten Schaufelrad am Heck, laut tutend naht. Nur kurz unterbricht das den permanenten Strom ratternder Autos, deren Lärm noch lange durch das Tal hallt.

Auf der Weiterfahrt kampieren wir in der Nähe eines Indianer Reservats. Einer der Bewohner erzählt, daß seine band, sein Stamm, vor einem Jahr Teile des Landes zurückerhalten habe, das ihnen schließlich ja gehöre. Die Parzellen könnten sie jetzt gegen Bezahlung verpachten. Stolz zeigt er sein Fernglas, Fabrikat Zeiss, Jena: "Hat mein Vater im Weltkrieg erbeutet." Und als er unsere Streichhölzer sieht: "Ist lange her, seitdem ich welche aus echtem Holz zuletzt sah!" - Einen Platz für die Nacht am Ufer zu finden ist weniger leicht als an der Küste. Beim Suchen am späten Nachmittag landen wir in einer Bucht neben dem was wie ein Flugzeug aussieht: Schräg nach oben abgespreizte Flügel, mit Nylon bespannt, zwei Schwimmer auf dünnen Alurohren, Höhen und Seitenleitwerk. „Ja", lacht der junge Mann, der dabei steht, „das Ding kann fliegen. Selbst gebastelt - der Motor stammt von 'nem VW-Auto. Zuerst ein bischen auf dem See damit herumgefahren, dann ein paar Sprünge probiert, ja und dann der erste take-off. Macht so um die 30 Meilen pro Stunde. Heute allerdings ist da zu viel Wind."

Und kalt geworden ist es auch. Vor Penticton, am Südende des Okanagan, brauchen wir unsere dicken Pullover. Es wird Zeit aufzuhören. Ein Schwarm Kanadagänse landet abends schnatternd und trompetend, „Ker-honk, ker-honk ...", auf der Sandbank neben uns. Gesund sehen sie aus, mit ihren weißen Zeichen an den schwarzen Köpfen, mit dunklen Flügeln überm hellen Körper. Große Tiere, bis zu einem Meter Länge und Gewichte von mehreren Kilos. „Die werden bei uns im Land gezähmt und gezüchtet", erzählte jemand in Kewlona, „und wenn sie inzwischen auch in England, wohl auch in Germany, auftauchen, dann sind das Abkömmlinge von exportierten, aus ihren Gehegen entflogenen. Darum bleiben es *unsere* Kanadagänse!"

In geordneter Formation, ziehen sie morgens nach Süden. Uns bringt der Greyhound-Bus zurück nach Vancouver. Warum wir gerade auf diesen Seen paddelten, fragt uns der Fahrer, „da konntet Ihr das echte B.C. nicht erleben. Das findet Ihr eher an den Bowron Lakes oder am Tweedsmuir, weiter im Norden. Vor allem aber an unserer Küste ..."

Über ihr zieht unser Flugzeug eine weite Schleife. „Da unten - ob Susan und Roger noch auf der Insel sind? Und da, da stand unser Zelt, da sind wir mit dem Boot geklettert ..." Bald darauf schälen sich die Krakenarme des Shuswap Lake aus dem Dunst und der lange Okanagan. Endlose Wälder und Seen, glitzernde Flußläufe, steile Schroffen, Schneefelder und die Gletscher der Rockies - B.C., wildes, schönes Land!

Einige Fotos von dieser Wanderfahrt

Berge

Segler

und Arbutus trees

Küstenfahrt

„. . . willst Du da

an Land?"

... runter kommt man immer

Zum Princess Louisa Inlet

Mit MS rein

. . . und PS raus

... alles ganz einfach

Indianer Piktogramme

Indiander Kunst: Killerwhale

und das Original

Zeltplatz

abends

morgens

Regen kommt

der Sommer ist vorbei

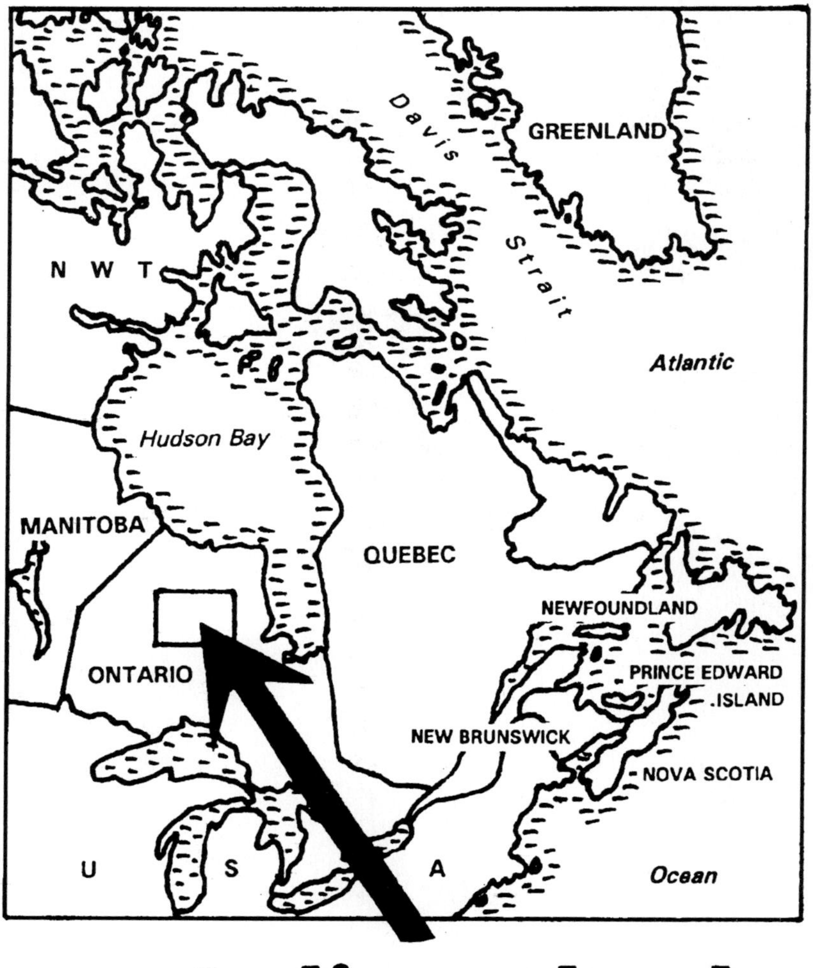

Indianerland

Seite	und dort . . .

... und dorthin mit dem Boot?

Wer Indianergeschichten gelesen hat, der träumt davon, zumindest als Junge. Die Wirklichkeit jedoch stellt Fragen:
Gibt es so etwas wie ein Indianerland heute überhaupt noch?
Und wenn, kann man dorthin paddeln?

Jemand der es wissen sollte zeigte uns auf der Karte Kanadas ein Gewirr aus Land und Wasser, eine Gegend ohne eingezeichnete Ortschaften. „Dort, im Norden der Provinzen Ontario und Manitoba sowie Quebec, da leben eine ganze Anzahl von Indianerstämmen. Zwar gehört dieses Gebiet nicht ausschließlich ihnen. Aber ihre Reservate grenzen zum Teil aneinander. Und wo nicht, gibt es dazwischen meist nichts als Wildnis, Urwald. Dorthin führen keine Straßen. Wer hin will muß entweder fliegen oder sich mit dem Boot aufmachen. So wie die Pelztierhändler früher, die Voyageurs."

Das letztere schien uns zu anstrengend. Aber eine Kombination von Flug und Boot vielleicht? Wir suchten und fanden schließlich eine Tour die den Wunschvorstellungen zu entsprechen schien

- nicht in einem organisierten Nationalpark, in „wildem Land" also
- am Anfang und am Ende der Fahrtstrecke je ein Indianer-Reservat
- nicht allzu viele „rapids", Stromschnellen bzw. Wildwasser
- nur einmal portagieren, das heißt mit Boot und Gepäck über Land.

Voraussichtlich also eine einfache Fahrt. Für eine begrenzte Zeit würden wir auf uns allein gestellt sein, ziemlich weit weg von der Zivilisation - diese Erfahrung lockte uns. Und wir hofften nach der Wanderfahrt aus eigener Anschauung etwas mehr über das Land, seine Natur und über seine Bewohner zu wissen - über Indianer.

Indianer - zur Zeit als Kolumbus Amerika entdeckte, soll es zwischen 8 und 40 Millionen der Ureinwohner gegeben haben. Mit etwa 16 Millionen rechnet man heute, von denen rund 97% in Lateinamerika leben. Von den rund 28 Millionen Kanadiern sind knapp 350.000 Indianer. Gezählt sind dabei die in Reservaten registrierten. Mit 1,25% der Gesamtbevölkerung sind sie eine sehr kleine Minderheit. Aber, so sagen die Statistiker, ihre Zahl sei höher als zur Zeit der ersten Siedler. Wobei sich daraus sehr unterschiedliche Folgerungen ziehen lassen.

Etwa zwei Drittel der kanadischen Indianer leben in Reservaten. Die Hälfte von diesen ist nicht per Straße erreichbar. Außerhalb derselben verdienen die anderen ihr Geld. Und nicht wenige von ihnen geben es für Alkohol aus, der eines ihrer Lebensprobleme war und ist. Fragen ob Integration oder Selbständigkeit, ob es richtiger sei sich an die moderne Zivilisation anzupassen oder überlieferte Traditionen zu bewahren, werden diskutiert - die Ansichten darüber sind so unterschiedlich wie die Lebensbedingungen in den Reservaten. In ihnen werden die jeweiligen Stammessprachen gesprochen, die Kinder lernen in den Schulen auch Englisch und in Quebec Französisch. Und die Religion: Der ursprüngliche Glaube wurde abgelöst, Missionare brachten die Konfessionen der eingewanderten Briten - Anglikaner, der Franzosen - Katholiken.

Klima: Allein die Provinz Ontario erstreckt sich vom 42. Breitengrad am Erie-See bis zum 57. an der Hudson Bay mit dem entsprechenden Temperaturgefälle von Süd nach Nord. Für das Gebiet unserer Tour nannte die Statistik Durchschnittswerte für die Tagestemperatur in Grad Celsius und mit mm für den Niederschlag:

	Mai	**Juni**	**Juli**	**August**	**Sept.**	**Oktober**
Celsius	5,4°	13,3°	17,1°	15,3°	9,6°	3,3°
Regen	40,4	78,0	86,4	74,4	69,6	34,8

Die Bandbreite der wirklichen Tagestemperaturen oder der Niederschlagsmenge ist beträchtlich, Abweichungen von den genannten Werten um +/- 10° bzw. um etliche mm nach oben oder unten sind in dieser Klimazone möglich.

Wie kommen Sie hin?

Flug: Über den großen Teich nach Kanada, nach Toronto, wirtschaftliches Zentrum Kanadas mit Flugverbindungen zu den größeren Plätzen der Provinz Ontario, z. B. nach Sioux Lookout. Von dort oder von Nakina aus Weiterflug in den Norden mit den örtlichen „Buschpiloten" bzw. mit gecharterten Fliegern. Zwei Adressen:

Slate Falls Airways
Box 188
Sioux Lookout, Ont. P3T 1A3
Tel. 001-807-737-3640

Wasaya Air (Charter)
Box 308
Pickle Lake, Ont. POV 3AO
Tel. 001-807-928-2244

Unregelmäßig werden die in unserem folgenden Bericht erwähnten Reservate Wunnummin und Summer Beaver angeflogen. Aber auch von Webequie und Winnisk, im weiteren Verlauf der Flußstrecke, kann man sich zurückfliegen lassen. Ob gratis oder zu welchen Kosten das Bootsgepäck mitkommt, sollte vorher geklärt werden. Belegt es in kleinen Maschinen einen Passagierplatz, so ist meist für diesen zu bezahlen.

Bahn: Ab Toronto erreichen Sie Sioux Lookout und Nakina mit der Canadian National Railway. Etwa 1.300 km Fahrt - im Schlafwagen reine Erholung mit Dusche und WC im Abteil, mit genug Platz, auch fürs Faltboot.

Auto: Mit dem eigenem oder im Leihwagen erreichen Sie die meisten Reservate nicht. Aber die Ausgangspunkte fürs sich Einfliegen lassen.

Wer hilft bei den Vorbereitungen?

Zunächst sicher Ihr Reisebüro. Zusätzlich hier zwei Adressen - die Ihnen allgemeine Auskünfte für Reisen nach Kanada geben:

(1) Kanadisches Konsulat
Tourismus Abteilung
Prinz-Georg-Str.
D 40479 Düsseldorf
Tel. 0211-172170
Fax 0211-359165

(2) Canada Reise Dienst
Rathausplatz 2
D 22926 Ahrensburg
Tel. 04102-51167
Fax 04102-31713

Die Adresse unter (3) erteilt Auskünfte über Bahnverbindungen in Kanada und erledigt Reservierungen. Informationen über den Besuch von Indianer-Reservaten und auch Genehmigungen gibt das unter (4) genannte Amt. Wir erhielten die Besuchserlaubnis von den örtlichen Chiefs an Ort und Stelle.

(3) VIA Rail Canada Inc.
Passenger Service
Union Station
65 Front St. W.
Toronto, Ont. M5J 1E7
Kanada

(4) Indian & Northern Affairs
Canada
25 St. Cair Av. E.
Toronto, Ont. M4T IM2
Tel. 001-416-973-6201
Fax 001-416-973-6472

Karten: Wenn Sie sich in der Wildnis und in den Verzweigungen der Flußläufe zurechtfinden wollen, brauchen Sie gute Orientierungshilfen. Für das beschriebene Wandergebiet gibt es eine kanadische Serie topografischer Karten im Maßstab 1:50.000 - gebraucht werden von diesen die Nr 53 A/14 Wunnummin Lake, 53 A/15 Sennett Lake und 53 A/16 Wapikopa Lake. Eine Gesamtübersicht dieses Gebietes zeigt die Karte 53 A Wunnummin Lake 1:250.000. Teilweise werden in den Karten die Stromschnellen mit R = rapids gekennzeichnet, nicht vollständig jedoch. Für die Länge von Portagen gibt es ein besonderes Maß: chains. Dabei entsprechen 8 chains einer Meile = 1.609 m. Die Karten sind über den Buchhandel zu bestellen, wenn dort nicht erhältlich über das Geo Center ILH, Adresse im Anhang. In Kanada werden Karten u.a. verkauft vom

Public Information Center
Ministry of Natural Resources
Macdonald Block 900 Bay St.
Toronto, Ont. M7A 2C1

Literatur: Allgemeine Reiseführer für den Osten Kanadas zeigt Ihnen Ihre Buchhandlung. Auch Kanubücher. Unter diesen

- Kanuratgeber Kanada (M. Diekmann/F. Thiema)
- Mit dem Kanu durch Kanada (D. Kreuzkamp)
- Kanuatlas Kanada II (F. Wenger)
- Paddel-Handbuch, Wandern auf Salz- und Süßwasser (BLV-Verlag)

Leihboote: Ob und wo Sie Boote, überwiegend Canoes, mieten können - fragen Sie beim Convention & Visitors Bureau des jeweiligen Ortes. Die Adresse eines unter vielen Ausrüstern:

Voyageurs North Canoe Outfitter
Box 507
Sioux Lookout, Ont. POV 2T0
Tel. 001-807-737-1809

Ihre Wanderfahrt

Route: Unsere war nur ein Teilabschnitt des Wanderweges über Pipestone- und Winnisk River. Der weniger anstrengende. Wenn Sie die ganze Tour paddeln wollen, dann beginnt Ihre Fahrt bei der Brücke des Highway 808 über den Pipestone River, etwa 100 km nordwestlich Pickle Lake und endet nach insges. ca. 750 km an der Hudson Bay. Der erste Teilabschnitt: Vom Startplatz bis zum Wunnummin Lake, etwa 150 km. Auf dem Pipestone River sind mehr als 20 Rapids zu fahren bzw. zu umtragen. Wir fuhren den zweiten Abschnitt, etwa 130 km auf dem Winnisk River vom Wunnummin- bis zum Nibinamik Lake. Unterwegs hatten wir auch so um die 20 Stromschnellen, jedoch nur eine zu portagieren. Weitere etwa 100 km sind es bis Webequie, dabei gibt es ca. 20 rapids von denen zwei umtragen werden müssen. Der letzte Abschnitt gilt als besonders reizvoll, eine Strecke mitten durch die südlichste Ausweitung der arktischen Tundra. Durch ein Naturschutzgebiet führt sie zum Polar Bear Park, nach Winnisk nahe Hudson Bay - 370 km. Empfohlen wird Indianer als Führer aus Webequie mitzunehmen, zumal die große Eisbärenpopulation dieser Gegend den Zweibeinern gegenüber nicht immer sehr freundlich ist.

Was erwartet Sie

Ihr Fluß: Ein durchgehendes Fließsystem, unterbrochen durch Seen. Unterbrochen auch durch Stromschnellen, von denen bis Webequie mindestens 24 nicht fahrbar sind. Diese Zahl ist jedoch nicht zu jeder Jahreszeit gültig. Gibt es Ende des Sommers wenig Wasser, dann wird aus der Wanderfahrt streckenweise ein Fahrtenwandern. Nach der Schneeschmelze und nach starkem Regen dagegen verwandeln sich harmlose rapids in schwer zu nehmende, stehende Wellen von beträchtlicher Höhe. Dann bleibt nur der Fußweg, die Portage. Schmale Pfade meist, sichtbar, manchmal markiert. Oder das Boot läßt sich treideln, das heißt vom Land aus per Leine an der Gefahrenstelle vorbei lassen. Bei den dicht bewachsenen Ufern nicht immer einfach.

Landschaft und Tiere: Die Ufer mit ihrem endlosen Grün prägen das Landschaftsbild. Für den einen eintönig, bietet es dem anderen den unvergesslichen Eindruck der Wildnis. In ihr leben Bären und Elche, Wölfe und Koyoten, Biber und Otter, manch andere Tiere und - summende Quälgeister. Viele. Mit denen haben Sie zu rechnen, je früher im Sommer umso mehr.

Wetter: Sonnige Abschnitte wechseln mit Regen und Wind. Der weht aus unterschiedlichen Richtungen. Woher in der Zeit zwischen Juni und August, das zeigt die Statistik für das Fahrtgebiet in %:

N	NO	O	SO	S	SW	W	NW	Ø
9	12	8	12	10	16	14	19	1

Auf längeren Flußabschnitten, vor allem aber auf den freien Flächen der Seen kann er Ihnen zu schaffen machen.

Zelten: Möglichkeiten finden sich immer, wenn auch manchmal mit einiger Mühe. In Indianer-Reservaten ist die Erlaubnis des Chiefs fürs Übernachten einzuholen.

Risiken: Natürlich ist solch eine Fahrt nicht ohne diese. Aber wo gibt es sie nicht? Nur: Wir haben versucht ihnen aus dem Weg zu gehen. Zunächst einmal wollten wir immer genau wissen wo wir sind - Karte und Kompaß waren also wichtig. Dann haben wir uns die rauschenden Stromschnellen nach Möglichkeit stets genau angesehen, bevor wir sie fuhren. Oder eben nicht fuhren, wenn sie uns zu riskant schienen, wenn wir nicht sicher waren, daß unser Können für sie ausreicht. Wir treidelten dann an ihnen vorbei. Unterwegs war uns bewußt, daß Knochenbrüche durch Stürze ziemlich problematisch sein würden. Deshalb waren wir vorsichtiger als gewöhnlich. Und dann, und das vor allem: Wir ließen uns Zeit. Wir hatten sie, wollten und mußten nicht schnell sein. Das allein minimierte bereits die Gefahrensituationen. Sind das alle Risiken? Die wichtigsten. Bis auf das eine: Allein zu zweit in der Wildnis und Einsamkeit nicht miteinander zurecht zu kommen. Oder eher: durch dieses gemeinsame (Er)fahren weder vom Wasserwandern noch vom Partner je wieder lassen zu wollen ...

Was brauchen Sie?

Ausrüstung: Ihr Boot - ein festes schützt gegen Unterwasser-Hindernisse, ein Canoe hat Pluspunke gegenüber dem Kajak - der Bericht erzählt warum. Aber: Wir kamen mit dem Faltboot-Zweier gut zurecht. Und dann brauchen Sie alles das, was Sie auch sonst für eine längere Wanderfahrt einpacken: Zelt, warme Schlafsäcke; Liegematten oder Luftmatratzen, Kocher usw. Regenjacken sowie wasserdichte Verpackungen für alles im Boot verstaute gehören dazu. Und auch ein Beil oder Buschmesser nebst Klappsäge, denn Zeltplätze sind meist nicht „gerodet“.

Versorgung: Lebensmittel können Sie in den Reservaten unterwegs kaufen. Ein Vorrat im Boot, der den Distanzen plus Reservetagen entspricht, ist notwendig. Trinkwasser liefern Fluß und Seen, ein Tuch filtert Oberflächenbestandteile heraus. Und wenn Sie ganz sicher gehen wollen, dann entkeimen Sie das Wasser mit Tabletten oder Tropfen.

Angeln, dafür ist eine Lizenz erforderlich. Sie bekommen die in Anglershops und bei Bootsverleihern. Dort gibt's oft auch eine Broschüre über die Fische der Provinz - ob die sich fangen lassen ist eine andere Frage.

Vorsorge: Es muß nicht, kann aber passieren: Sie verlieren Ihr Boot nebst Inhalt. Was Sie dann gerettet haben sollten und wie, steht u.a. im Paddel-Handbuch. Auf jeden Fall gehören Angelschnur, Haken und Blinker dazu, Streichhölzer, die Aludecke und effektive Mückenabwehr. Diese nicht nur dann. Gegen die Schwärme von aufdringlichen und stechenden Besucher hat sich bei uns unterwegs das Vorzelt aus Moskitonetz bewährt. Wo Rauch vom Feuer wegen der Waldbrandgefahr nicht möglich war, halfen uns Räucherspiralen die Viecher auf Distanz zu halten. - Wegen der zeitweisen Entfernung von der Zivilisation kam eine Auswahl an Medikamenten mit. Zu diesen insbesondere Schmerzmittel, Verbandzeug und elastische Binden, so daß im Fall von Knochenbrüchen erste Hilfe möglich gewesen wäre.

Zur Vorsorge gehört ferner, daß man sich vor der Fahrt in die Wildnis bei der örtlichen Polizeistation, bei der RCMP, ab- und später wieder zurückmeldet.

Wieviel Zeit haben Sie?

Sie kennen Ihr normales Paddeltempo - so um die 5 Kilometer in der Stunde? Mehr bei strömendem Wasser? Hier nicht. Denn die Besichtigung der Stromschnellen, sie zu treideln oder zu umtragen, kostet Zeit. Zeit die Sie sich nehmen sollten oder müssen. Wir fuhren an einzelnen Tagen je über 20 km, an anderen waren es teils wesentlich weniger - der Schnitt lag bei knapp 15 km pro Tag. Also nur drei Stunden auf dem Wasser? Länger. Und vorsichtshalber sollten Sie auch nicht mit wesentlich höheren Tagesleistungen rechnen. Damit Sie eine Zeitreserve behalten, die Sie vor waghalsigem Verhalten bewahrt. Denn das können Sie sich in der Wildnis nicht leisten.

Alternativ-Planungen: Wir waren nach Sioux Lookout gefahren, weil es von dort aus andere Paddelstrecken gegeben hätte: Vom Pelikan Lake aus z.B. über Lac Seul und English River zurück zur Bahnlinie bei Kenora. Auch mit Indianer Reservaten unterwegs. Aber mehr Portagen und auch mehr Zivilisation in Gestalt der Touristenboote. Trotzdem sicher reizvoll.

Und nun, was wir über diese Fahrt im Tagebuch notierten . .

Sioux Lookout

Groß, breitschultrig, Dienstmütze - was will der Bahnpolizist, der da auf uns zu marschiert? Gerade haben wir unsere drei Packstücke auf dem Bootswagen verzurrt, die der Schaffner in einem der beiden Klos des Großraumwagens eingeschlossen hatte, „... eines reicht für die paar Fahrgäste bis Ihr in Sioux Lookout aussteigt", und da stoppt uns der Polizist. Woher wir denn kämen - aus Deutschland? Er fragt es auf Deutsch und auf die Gegenfrage woher *er* denn stamme, antwortet er: „Die Gegend kennt Ihr doch nicht - aus dem Baltikum." Daß dann gleich zwei unserer Eltern dort aufwuchsen, daß deren Namen bekannt sind, hat unerwartete Folgen: Statt mit dem Gepäck einen Platz zum Campen zu suchen, fahren wir im Dienst-Straßenkreuzer, Sheriffstern an der Tür, zu einem gemütlichen Wohnhaus am Ufer des Pelican Lake. Und von dort aus entwickelt sich alles andere wie von selbst. Vorratskäufe im Supermarkt, „nehmt Muskol gegen die Mücken und Eddies Streichhölzer mit, die zünden immer"; Platzbestellung für einen Flug mit dem Buschpiloten nach Norden, „der holt Euch morgen früh bei uns ab"; Einweisung für unsere Fahrt durch einen echten Trapper der zu Besuch kommt. Der Deutsch spricht: „Hatte das Lehrerdasein bei Euch da drüben satt. Wanderte mit der Familie aus, nahm ein Grundstück etwa 50 Meilen von hier, baute ein Haus, stellte Fallen und hatte bald genug Pelze um von deren Verkauf leben zu können. Seit es wegen der blöden Gefühlsduselei damit Probleme gibt, züchte ich Köderfische die an die Angelhaken gehängt werden. Das zu tun ist erstaunlicherweise noch erlaubt - und ein gutes Geschäft." Er läßt sich beschreiben was wir vorhaben, verfolgt auf der Karte unseren geplanten Paddelweg vom Wunnummin- zum Nibinamik Lake, wirft einen Blick aufs Faltbootgepäck: „Ich kenne diese Dinger aus Gummi und Stoff. Nichts für hier. Gar nichts. Mit *dem* Boot kommt Ihr nicht weit. Spitze Äste, scharfe Steine, die rapids, Biberdämme, ein Bär nachts - keine Chance. Die Suche nach Euch wird dann schwierig. Und wie zum Beispiel wollt Ihr aussteigen aus solch 'nem Kahn? Zur Seite? Im Busch, an einem Biberdamm unmöglich - nach vorn muß man raus. Und das geht nur aus dem Canoe. Besorgt Euch eines, ein festes. Denn Ihr wollt doch wohl noch länger leben?"

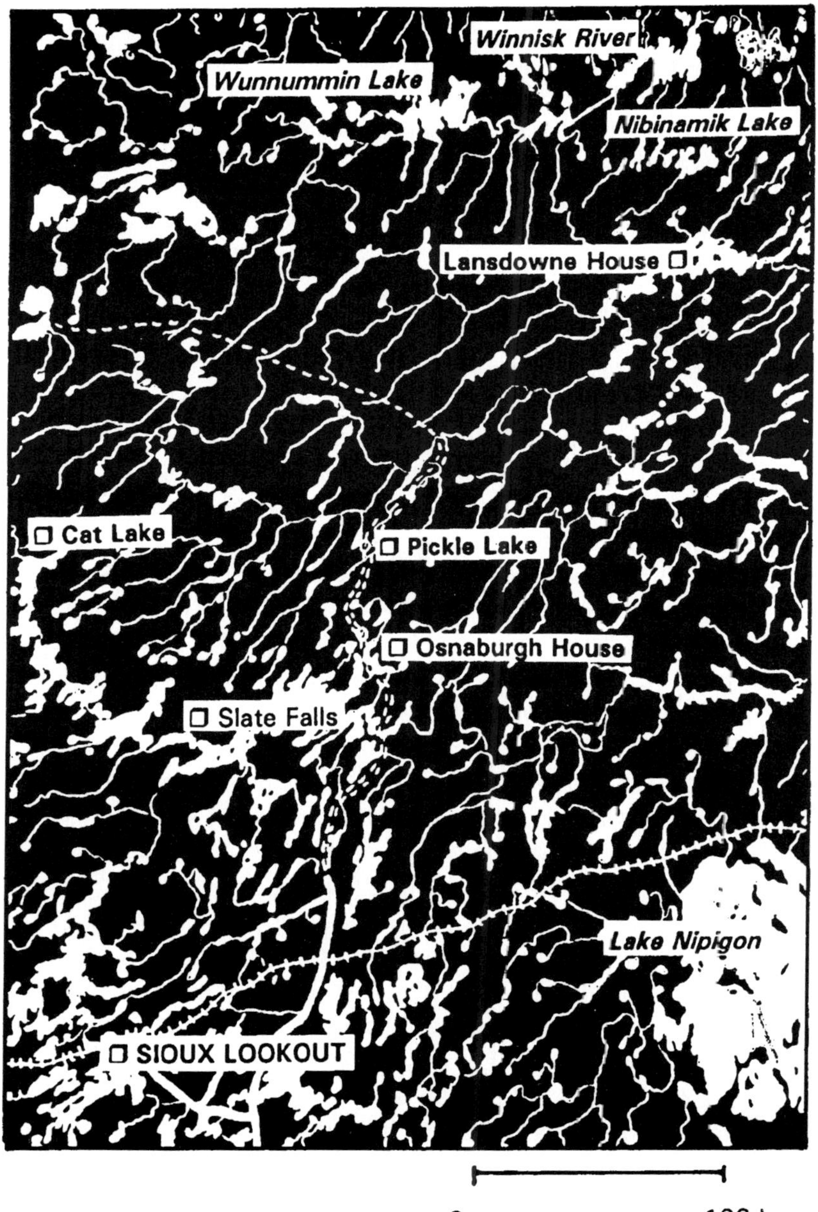
Winnisk River
Wunnummin Lake
Nibinamik Lake
Lansdowne House
Cat Lake
Pickle Lake
Osnaburgh House
Slate Falls
Lake Nipigon
SIOUX LOOKOUT
0
100 km

Nachdem er gegangen ist um seine Plastiktüten mit schwimmenden Fischlein an Tankstellenläden und Touristencamps zu verkaufen, wiegeln unsere Gastgeber etwas ab. Solange wir noch auf dem Wunnummin Lake seien, könnten wir ja zu dem dortigen Indianer-Reservat zurück. Und den Fluß, den Winnisk River, vielleicht besser auslassen, wenn die Indianer keine günstigen Informationen hätten. Wie wir denn eigentlich auf diese komische Idee gekommen wären? Karl May Geschichten und Lederstrumpf waren sicher mit im Spiel gewesen. Und die Berichte über Indianer heute, denen ihr Land genommen wurde, die in Reservaten lebten, versorgt zwar, aber eingesperrt. „Es sind nicht mehr die Helden aus den Büchern die ich auch gelesen habe“, meint Paul der Polizist, „die meisten Scherereien kriege ich mit betrunkenen Indianern. Im Suff haben die schnell ihr Messer in der Hand und im Bauch des anderen. Gestern erst so'n Fall: Funkspruch, mit der Draisine hin, 250 km von hier, keine andere Verbindung als die Schiene, und zu spät. Einer tot, der Täter volltrunken, unzurechnungsfähig. Die vertragen das Zeug schlechter als wir Nordländer.“

Er ist Bahnpolizist. „Eure Route gebe ich den Mounties, den Kollegen von der RCMP, Royal Canadian Mountain Police. Und bei denen meldet Ihr Euch wieder zurück. Seid Ihr drei Tage verspätet, werden die nach Euch suchen. Immer am Fluß entlang, mit Flugzeugen. Wenn Ihr Schiffbruch habt, bleibt wo Ihr seid. Ja, an genau *der* Stelle. Durch den Busch gibt's keine Wege. Ihr würdet im Sumpf landen und niemand könnte Euch finden. Gebt Rauchzeichen, die sind sicher so effektiv wie abgefeuerte Signalmunition. Denn Rauch wird in dieser Gegend registriert, von allen Piloten zum Beispiel, weil Qualm der Beginn eines Waldbrandes sein kann und den fürchten wir hier alle wie der Teufel das Weihwasser. Ihr wißt: Jeweils drei gleiche Zeichen nacheinander bedeuten bei uns Notfall. Werft also Blätter in zeitlichem Abstand auf die Glut. Oder legt drei Feuer an, die nacheinander anbrennen. Dreimal mit dem Spiegel blinken - habt Ihr einen dabei? Und nachts ein Lagerfeuer brennen lassen. Das hält Euch warm und die Tiere weg.“ Nein, keine großen Probleme mit denen. Vorsicht jedoch, meint er, mit Elchen in der Brunftzeit. Bären dagegen: „Jagd auf Menschen machen nur Eisbären - wenn Ihr die seht, dann seid Ihr zu weit gefahren.“

Gegen 11 Uhr morgens wassert eine einmotorige Cessna auf dem See und tuckert an den Steg vorm Haus. Stangentasche und Rucksäcke verschwinden im Inneren, reinklettern, dann gibt Ed, der Pilot, Gas und kurz darauf sehen wir unsere winkenden neuen Freunde schon von oben, überfliegen die Stadt Sioux, gesprochen Szuu, Lookout. „Von dem Berg da unten hielten die Sioux-Indianer Ausschau um die feindlichen Chipawyan, die sich auf dem Kriegspfad befanden, rechtzeitig zu sehen. Zuvor hatten sie ihre Frauen und Kinder auf die Insel gebracht, die Ihr dort seht. Seitdem heißt sie Squaw Island, Frauen-Insel." Dann nur noch Wald, Wald, Wald. Sein Grün wird ab und zu von bräunlichen Sumpfflächen und von in der Sonne glitzerndem Wasser durchbrochen. Keine Spur menschlicher Aktivität. Etwa 250 Meilen (1 Meile = 1609 m) bis zum Wunnummin Lake. In knapp über 100 m Höhe steuert Ed die Maschine mit dem Finger auf der Karte: „Radiopeilung gibts hier nicht mehr." Welcher See ist welcher? Nach etwa zwei Stunden: „Der da?" Ed nickt und geht runter: Wir sollten uns einen Landeplatz aussuchen - die Bucht mit Sandstrand vielleicht? Sieht gut aus - eine scharfe Kehre über die Flügelspitze, Sinkflug gegen den Wind und schon rauscht und spritzt das Wasser um die beiden Schwimmer unseres Vogels. Eine Weile holpern wir über die Waschbrettwellen, dann wird's ruhig: Angekommen. Wo - das übertragen wir von der Karte des Piloten auf unsere. Sie zeigt ein Gewirr von Wasser und Land, eine Menge Ganz- und Halbinseln in diesem See, der sich etwa 20 Meilen lang von West nach Ost erstreckt und in einem Bereich bis fast ebenso breit wie lang ist. Der schmale Strand auf den wir von den kanugroßen Gleitern der Maschine aus springen - „ob hier jemals Menschen waren?" Keine Spuren - doch, von Vögeln und von irgendwelchen kleinen Vierfüßlern. Totale Stille. Wir laden Stangentasche und Rucksäcke aus und legen sie auf den Sand, Ed macht für den Rückflug klar. „Keine Angst?" fragt er. Na ja, merkwürdig ist das Gefühl schon, hier zurück zu bleiben. Aber: Wenn was passiert, sollten wir am Ufer bleiben und dann „don't worry, we will get you out",

keine Sorge, wir holen Euch schon raus. Beruhigend. Dann springt der Motor an, das Flugzeug entfernt sich, steigt, wird kleiner, ist nur noch ein Punkt und verschwindet. Jetzt sind wir wirklich allein.

Wunnummin

Viel Zeit, die Sonne steht noch hoch. Ein erstes Probebad im See: Saukalt, sicher unter 16°. Beim Zusammenbasteln des Bootes werden wir wieder warm - nach einer Stunde liegt es neben dem Zelt. Undurchdringliches Dickicht hinter ihm. Den Versuch das „Landesinnere" zu erforschen geben wir bald auf - Stolperhindernisse, Dornen und Brummer die uns nicht mögen. So bleiben nur etwa 100 m Auslauf am Strand entlang. Wo der endet wachsen Büsche und Bäume bis ans Wasser heran und zum Teil noch in es hinein.
„Wird schwierig sein an solchen Ufern zu zelten."
„Vielleicht unmöglich - haben wir uns zu viel vorgenommen?"
„Oder kommt jetzt nach der Begeisterung die Ernüchterung - die Reihenfolge, die sich bei der Entwicklung neuer Produkte manchmal mit Suche nach Schuldigen und Bestrafung Unschuldiger fortsetzen soll? Nein, alles Quatsch. Auch diese Angstmacherei von dem Trapper. Wenn wir keine unnötigen Risiken eingehen passiert nichts."
„Und wenn doch, dann retten wir uns. Heute abend nochmals die Schwimmwesten kontrollieren. Und nachsehen, ob die Notbeutel noch wasserdicht sind."

Die hängen an den Schwimmhilfen. Falls wir Boot und Gepäck verlieren sollten, hätten wir durch sie noch Taschenmesser mit Werkzeugen und Lupe, diese zum Feuermachen wenn keine Streichhölzer mehr da sind, Spiegel, Schnur, Aludecken zum Wärmen und/oder Kochtopf formen, Fischleine, Angelhaken, Blinker, kleines Netz, Schokolade, Traubenzucker, Salz, Kopien der Ausweispapiere, Verbandpflaster, Mückenöl, Kompaß und Trillerpfeife. Eine „Grundausstattung" zum Überleben. Was man im Notfall alles aus der Natur heraus essen kann, hatten wir zu Hause gelesen. Wichtiger ist das Trinkwasser. Und das liefert der See bzw. Fluß.

Umpacken: Wir teilen unsere Essenvorräte in Reserve, Abend- und Unterwegsverzehr auf. So getrennt werden sie im Boot mehr oder

weniger leicht greifbar verstaut sein. Für gut zwei Wochen haben wir eingekauft: Haferflocken, Zucker und Milchpulver für morgens; Schokolade, Kekse, Nüsse und Rosinen als Mittagessen; aus Mehl, Speiseöl und Backpulver werden abends Pfannkuchen zu brutzeln sein, aus Reis, Nudeln, Kartoffelpürree, Corned beef, Ketchup, Suppen, Hartkäse und Dauerwurst andere Abendmahlzeiten. Nescafé und Zitronentee sind auch dabei - wie immer alles ohne Originalverpackungen, umgefüllt in bordeigene, leichtere, weniger voluminöse Beutel und Plastikflaschen. Die während der Fahrt nicht gebrauchte Kleidung im wasserdichten Beutel verschwindet nebst Reparaturmaterial und Medizinkasten schon jetzt im Heck des Bootes. Vorn der zusammengelegte Bootswagen. Als wir soweit sind, steht die Sonne über der gezackten Linie des Waldes - Zeit um zu kochen. Und bald darauf um schlafen zu gehen: „Unsere erste Nacht in der Wildnis!" Kaum eingeschlafen - rrrumms, erschrocken fahren wir hoch. Mit Wucht und Gewicht ist da jemand auf's Zelt gesprungen. Jemand? Unsinn - irgendein Tier.
„Ein Bär .. ?"
„Mindestens."
„Vielleicht wenigstens ein Waschbär?"
Die Spurensuche mit der Taschenlampe bringt nichts außer kalten Füßen: „Der ist wahrscheinlich ebenso erschrocken wie wir und hockt nun verstört im Busch. Na, morgen hat er sein Terrain wieder für sich."

Danach sieht es zunächst nicht aus. Donner, Blitze, Regen - erst gegen Mittag klart es auf. Während wir losfahren segeln einige Raubvögel über uns. Gegen kräftigen Wind aus NW bleiben sie auf der Stelle. Auch uns macht der zu schaffen. Lustige Wellen lassen das Boot schaukeln. Ziel ist ein auf der Karte markiertes Indianer-Reservat. Inseln, Durchlässe zwischen ihnen, sehr flach, einmal müssen wir aussteigen und das Boot hinter uns her ziehen. Die Ufer sind zugewachsen, Stille, ein Vogel huscht über's Wasser, dunkel wo's eng wird, modriger Geruch: „Wie im Urwald ..." Ohne die Karte wären wir aufgeschmissen. Kompaßpeilungen, Kontrollmessungen mit dem Dreieck, vergleichen - stimmt. Dann eine weite, offene Fläche des Sees. Zu stürmisch da draußen, das Wasser ist weiß und aufgewühlt. Wir verkriechen uns hinter einer Landspitze und finden nach drei Stunden Paddelei wieder einen Sandstrand fürs Zelt: „Genug für den Anfang!"

Nein, nicht genug. Der von unseren Gastgebern mitgegebene Maple-, Ahornsirup lief im Essenbeutel aus. „Hmmm - lecker ..." steht gegen „... Sauerei, alles klebt!" Und statt Feierabend ist Entsirupen angesagt. Mit dem Erfolg, daß vorher klebriges jetzt naß ist und zuvor nicht klebriges nun peppt. Zur Freude von Ameisen, die Kurs aufs Zelt nehmen und den Beutezug erst aufgeben, als wir erschöpft dicht machen: „Wie wär's jetzt mit Ahornsirup auf Pfannkuchen?"

Nachts pausenlos Gewitter. Regen prasselt aufs Zeltdach. Auch noch, als es schon wieder hell ist. Kein Wetter zum Fahren. Ein schmaler Trampelpfad. Er führt zu einer Lichtung. In deren Mitte ein einfaches Holzkreuz, an die Bäume genagelte Tischchen - Ablagen für Noten oder Gebetsbücher? Einige Tische und Bänke und so etwas wie eine Kanzel neben dem Kreuz.
„Sind Indianer eigentlich Christen?"
„Bei Karl May wußten sie den großen Manitou über sich, ihren Gott. Bis dann Missionare wollten, daß sie an einen anderen glauben. An den der Bleichgesichter, die gegen sie gekämpft hatten. Ein Indianer Häuptling formulierte das so: Als der weiße Mann kam, hatten wir das Land und sie die Bibeln. Jetzt haben sie das Land und wir die Bibeln."
„Solche Zusammenhänge scheinen die hier nicht zu sehen oder es stört sie nicht mehr. Ist vielleicht auch gut, sonst würden sie es in einer christlich orientierten Umgebung noch schwerer haben."
„Die mit ihnen trotzdem nichts im Sinn hat. Der Farmer im Zug: 'Indianer sind dumm, dauernd besoffen, faul. Ich muß arbeiten, um mein Land zu bestellen, die kriegen alles gratis von unserer Regierung.' Ob das stimmt?"
„Werden wir vielleicht morgen nach dem Besuch im Reservat wissen."

Gegen abend läßt der Regen nach, der Wind hat auf Ost gedreht, die Sonne schaut kurz durch noch dicke schwarze Wolken. Und da sehen wir sie, zwei Indianer - in einem kleinen Motorboot. Nicht weit von unserem Zelt fahren sie vorbei. Wir winken - die beiden aber, dunkle Gesichter unter langen schwarzen Haaren fast versteckt, tun als hätten sie uns nicht gesehen.
„Komische Leute. Was soll das?"
„Späher auf dem Kriegspfad. Informieren ihre Krieger, heute nacht schleichen die sich an und ...
„Hör' auf zu spinnen - keine Lust davon zu träumen!"

Strahlendes Sonnenwetter als wir aus dem Zelt krabbeln. Zuerst Trinkwasser aus dem See nehmen, dann schwimmen - „schon wärmer!“ Frühstücken, einpacken und losfahren. Auf dem Kurs, den die Indianer gestern nahmen. Und so wie sie haben wir als Wegweiser einen Radiomast vor uns, der über vorgelagerte Inseln ragt. Unter ihm dann, noch weit weg, zwischen schlanken Kiefern und Birken einige Holzhäuser, grün, braun und rosa gestrichen - das Wunnummin Reservat. Ein Flugzeug wassert bei der Siedlung, startet kurz darauf wieder, zieht hoch, fliegt tief übers Boot, wackelt mit den Tragflächen: „Ist als Gruß gemeint - zurückwinken.“ Am Ufer das von weitem bereits gesehene Flugzeugwrack und bunt bemalte Boote mit dicken Außenbordern: „Canoes haben die wohl nicht mehr?!“ Auf dem Schild am Anlegesteg: „Dieses ist ein Indianer-Reservat. Sein Begehen gilt als Verstoß und wird bestraft. Maximal 50 $ Geld oder Haft, nicht mehr als 1 Monat. Oder beides.“

„Trotzdem reingehen?“

„Früher hätten die uns als Eindringlinge entweder an den Marterpfahl gebunden oder gleich skalpiert, das heißt die Kopfhaut mit Haaren als Trophäe genommen. Dagegen sind diese Strafen direkt human. Ich denke wir können's riskieren.“

Wir vertäuen das Boot und fragen einen scheu blickenden alten Mann nach dem Chief. Er weist zum „Counselhouse“, einem Flachbau, mit Brettern grob verschalt. Dicke Luft in diesem Beratungshaus. Zunächst nur vom Zigarettenqualm, dann wohl im Zusammenhang mit unserem Auftauchen. Vier Männer schauen grimmig, alle in dunklen Lederjacken mit Wappen auf der Brust, mit auf die Schultern fallenden schwarzen Haaren unter Schirmmützen aus Beständen einer Ölfirma. Was wir denn wollten, fragt einer. Sein Schnurrbart hängt weit unters Kinn der gedrungenen Gestalt, sein Gesicht scheint gegerbt wie aus Leder. Das Reservat ansehen? Da sei nichts zum Anschauen. Und der

Häuptling Bighead (übersetzt: großer Kopf oder Großkopf, was ja nicht dasselbe ist ...) wäre nicht da, nach Toronto geflogen zu einer wichtigen Versammlung. Vielleicht wenn er wiederkäme? Nun, wir erzählen, daß es in Germany keine Indianer gäbe und daß die Menschen dort gern mehr über dieses Reservat wissen würden. Ja, über dieses. Das zieht. Jedenfalls diskutieren die vier das Thema in der Sprache ihres Cree - Stammes, unverständlich für uns, und nach langem Palaver entscheiden sie: „Der Constable wird Euch führen.“

Der Ortspolizist also. Ein netter junger Mann. Auf dem Rücken seiner Jacke gestickt ein großer Indianer-Federkopfschmuck mit Pfeil und Bogen darunter. Rangabzeichen? Rod Winnepetonga lächelt über die Frage ohne sie zu beantworten. Willkürlich, ohne erkennbare Ordnung, stehen 30 - 40 Häuser über die von Bäumen gerodete Fläche verteilt. „Fertighäuser - die Teile wurden eingeflogen. Von der Regierung, die dafür zuständig ist.“ Das erste Haus haben Siedler vor 20 Jahren hier gebaut, es ist das schönste, aus Baumstämmen sauber zusammengefügt. Sind bei ihm die Ritzen zwischen dem Holz noch mit Moos verstopft, so schmiert der Bewohner eines neueren Holzhauses gerade häßlich färbenden Kunststoffkitt zwischen die Fugen. Ein Bulldozer ist an der Arbeit, „... wir brauchen mehr Häuser für mehr Menschen.“

Zum Waldrand hin eine hübsche kleine Kirche, daneben das Haus des anglikanischen Pfarrers. „Er ist mit seinem Flugzeug unterwegs zum missionieren“, erzählt Rod und mit nicht zu überhörender Bewunderung: „Ralph Rowe, unser Reverend, war Pilot im Krieg. Dann hat er studiert und fliegt jetzt selbst zu den anderen Reservaten. Er organisiert auch Feste die wir feiern, draußen, auf einem Platz im Wald“ - kennen wir - „und Canoetouren für unsere Jugend.“ Also gibt es doch noch Canoes ohne Motor? „Wenige ...“ - Staubwolken wehen über den Platz vor der gelb gestrichenen Schule. „Vier Lehrer haben wir für die 80 Kinder unserer insgesamt 250 Einwohner“, erklärt der Constable, „Unterricht ab Kindergarten, von Alter 5 Jahre bis 12. Wer dann zur highschool will, muß in die Stadt ziehen, wohnt dort bei anderen Familien." Ein Problem für den Ort sei das Eis im Winter. Solange jedenfalls, als es nicht fest genug ist. Er zeigt zu dem Wrack des Flugzeuges am Seeufer: „Beim Start brach es ein und

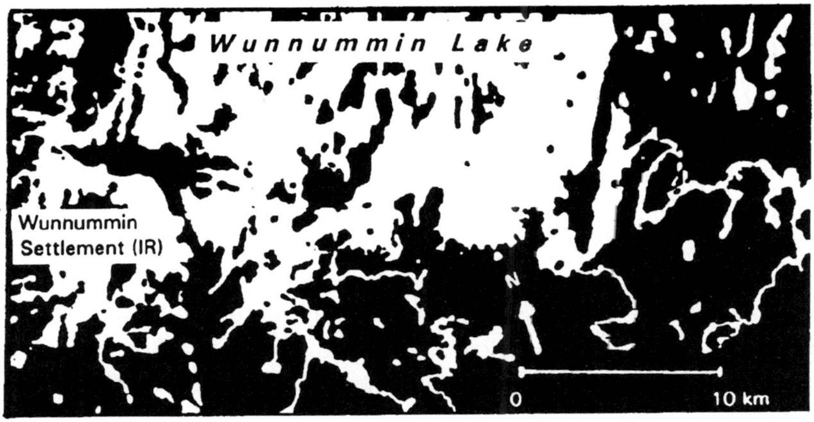

ging zu Bruch. Vor zwei Jahren. Seitdem planen wir einen Coffeeshop im Rumpf einzurichten." Neben den Häusern Außenklos und Holzstapel. Überall Masten und Leitungen: „Für den Strom von unserem Generator. Das Öl für ihn bringen auch die Flugzeuge. Elektrizität ist wichtig für das Settlement. Wir brauchen sie für den Sendemast, für unsere Telefonverbindungen. Ja, jedes Haus hat einen Anschluß - unsere Leute telefonieren viel untereinander und mit den umliegenden communities."

In einem der drei Läden des Ortes, zugleich Postamt, mehr oder weniger malerische Gestalten, die meisten in blue jeans Anzügen. Männer und Frauen dadurch und durch die langen Haare schwer voneinander zu unterscheiden. An der Tür ein Plakat: „Alkohol ist unser Feind Nr. 1". In den Regalen steht keiner. Dafür eine Menge Konserven, auch solche mit Fischen. „Nur in einer bestimmten Zeit des Jahres dürfen wir angeln", erzählt Rod, „damit die Bestände wieder regenerieren können. Aber viele Fische haben wir hier ohnehin nicht mehr." Wir kaufen frisches Obst und einige Kleinigkeiten - die Waren sind teuer. „Wir bekommen Geld von der Regierung, jeder von uns. Das hat sie uns in einem Vertrag garantiert. Es ist nicht sehr viel, aber genug." Offensichtlich so viel, daß es sich nicht lohnt die Schneemobile für den Wintereinsatz sorgfältig zu schützen. Neben mehreren

Häusern rosten sie ebenso vor sich hin wie Motorräder und Werkzeuge: „Unser Häuptling verhandelt gerade in Toronto über eine Erhöhung unserer Zuschüsse."

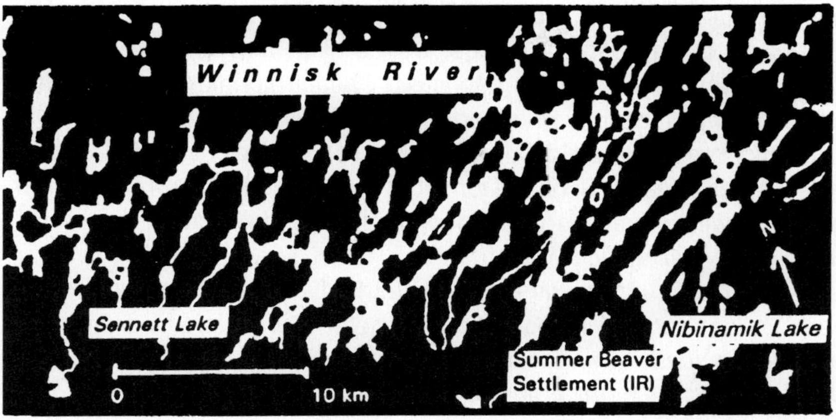

Zurück am Steg beim Boot schaut sich Rod unsere Karte an: „Dort beginnt der Winnisk River. Die ersten drei rapids sind jetzt bei niedrigem Wasser nicht zu passieren. Nehmt die Portage, den skidootrail, nicht weit vom Esker." Vokabeln, die unser Englischlehrer einfach unterschlug, obwohl sie, hier jedenfalls, lebenswichtig sind: Gefährliche Stromschnellen; Pfad zum Umtragen von Boot und Gepäck auf einem Weg der im Winter von Motorschlitten benutzt wird; Sandmoränen. Sie, die Esker, stammen aus der Eiszeit. Mit bis zu 20 m Höhe sind diese Berge Markierungen im Einerlei der Bäume und Büsche. Und - bei ihnen gibt's Sandstrände für die Nacht.

Nachdem wir ein Buch mit Bildern aus Deutschland für die Schule abgegeben und uns verabschiedet haben, geht's auf jetzt spiegelglattem Wasser weiter.
„Was haben wir nun eigentlich gesehen und gehört?"
„Sicher nicht genug um die Situation zu verstehen. Und alles nur von einem Mann serviert, der wie fast jeder Fremdenführer die Negativa unterschlägt."
„Was mir auffiel: Glücklich scheinen diese Leute nicht zu sein. Uns gegenüber offensichtlich voller Minderwertigkeitskomplexe. Wahrscheinlich, weil sie eigentlich nicht frei sind, abhängig von einer staatlichen Versorgung. Die übrigens ursprünglich auf Verträge zurückgeht,

die von der englischen Königin Viktoria im vergangenen Jahrhundert abgeschlossen wurden. Damals, als man den Indianern als Ausgleich für Landverzicht die Reservate gab."
„Als Ausgleich dafür, daß sie nicht mehr nomadisieren sollten. Womit sich ihre Lebensweise grundlegend änderte. Früher jagten und fischten sie in einem Gebiet solange, bis es nicht mehr genug her gab. Dann zogen sie weiter zum nächsten. Danach konnten sich die Tier- und Fischbestände im vorherigen wieder erholen."
„Hier nicht mehr, wie Rod durchblicken ließ. Vielleicht deshalb nicht, weil die verordneten Schonzeiten nicht eingehalten werden? Ist denen möglicherweise egal, die Versorgung funktioniert ja auch so."
„Eine Überversorgung?"
„Das wohl nicht. Aber was nichts kostet ist für viele Leute auch nichts wert. Darum der Müll im Dorf, die verrosteten Geräte, die Unordnung."
„Ich denke, daß eine andere Mentalität dahinter steckt. Ist bei uns doch auch nicht überall ordentlich."

Langsam paddeln wir an steilen Felswänden entlang, durch schmale Durchlässe und vorbei an einer lärmenden Mövenkolonie. Dann brauchen wir wieder den Kompaß um über eine weite Fläche des Sees den Kurs zu bestimmen. Die Karte liegt auf den Knien. Aber stimmt das, was sie zeigt? Die Landschaft rechts und links sieht ganz anders aus, nichts von den Strukturen, Buchten und Vorsprüngen. Im Licht der tiefstehenden Sonne verschwimmen sie zu geraden formlosen Ufern. Und auch mit den Entfernungen täuschen wir uns - alles ist hier größer und das Gesehene mangels markanter Punkte schwieriger zuzuordnen. Schließlich aber sind wir doch an dem idyllischen Strand, den Rod uns für die Nacht empfohlen hatte. Nur: „Das ist ein Bär ...", der Abdruck seiner Tatze jedenfalls. Und so gut es hier gewesen wäre, wir fahren weiter. Dieses Mal mit einer Peilung die uns zum Ausfluß des Winnisk River aus dem See führen soll. Eine lange, ermüdende Paddelei in den Abend hinein. Aber schön: Schilfwände zu denen Entenfamilien nach Hause schwimmen, der Duft des Wassers und die erste sanfte Abendbrise. Tiefer Frieden über dieser Weite.

Und dann rollt unsere Bugwelle ganz leise auf einen Steinstrand. Hinter ihm finden wir die ebene Fläche fürs Zelt, den Platz von dem aus wir dorthin zurückschauen, von wo wir kamen: „Solch einen See, nur unberührte Natur, gibt's bei uns schon lange nicht mehr. Und hier ist er nur einer unter unzählig vielen ..."

Die Sonne geht unter, lange bleibt es hell - der nordische Sommer. Der mit den vielen Mücken. Hungrig schauen sie durchs Moskitonetz zu, wie unter ihm Suppe, mit Kartoffelbrei angedickt, kocht. Zum Nachtisch Kirschen aus dem Reservat: „Sobald kriegen wir keine mehr..."

Winnisk River

„Wohnt da jemand?" Bald nachdem wir in den Fluß eingefahren sind und Strömung unterm Kiel haben, ragt das Dach eines Hauses über's Schilf: „Nachsehen!" Neben zerrissenen Netzen auf Pfählen und einem umgedrehten Kanu legen wir unser Boot auf den Strand und schrecken zunächst zurück: Wie ein Vorhang sperren dichte Mückenschwärme den Durchgang zwischen hohen Büschen und Bäumen. Doch so früh am Morgen scheint ihnen das Tanzen wichtiger als Paddler auszusaugen - sie lassen uns passieren. Eine Wiese voller bunter Blumen. Violette Ranken am grau verwitterten Holz der „cabin", wie man solche Stützpunkte für Fischer, Jäger und Fallensteller nennt. Und das ist einer - was wir drinnen finden zeigt es: Schneereifen, aus Ruten geflochten, vorne breit, hinten spitz zulaufend, Lederriemen zum Festbinden an den Füßen. Gummistiefel mit Löchern; Fischleinen, Haken und rostiges Werkzeug. Mitten im Raum steht ein zum Ofen umfunktioniertes Ölfaß, sein rostiges Rohr führt aus dem Dach hinaus. Mit genügend Abstand zu ihm, damit es keinen Feuerschaden gibt. Nicht nur dort kann's reinregnen, den Himmel sehen wir auch an anderen Stellen. Aber was macht's: Der zeitweilige Bewohner hat im Raum ein Segeltuch über Pfähle gehängt, „sein Hauszelt". Belüftung durch Löcher in der Wand und im Boden. „Schon lange niemand mehr hier gewesen", die Feuerstelle ist kalt und ohne Asche. Wir binden die Tür wieder mit dem an ihr hängenden Stück Tau zu und gehen.

Schon nach wenigen Metern auf dem Wasser ist das Haus hinter dichtem Busch verschwunden. Der Fluß wird schneller, bringt es zu ersten Stromschnellen denen dort, wo die Fahrtrichtung von Nord-Süd nahezu auf Gegenkurs wechselt, unfahrbare rapids folgen. „Vorher aussteigen!“, warnte Rod, „Portage ...“ Die ist vorzüglich, jedenfalls im Winter unter Schnee und Eis für die Minitanks der Indianer. Aber jetzt in der Hitze eines Sommer-Sonnentages? Jeder mit einem großen Rucksack schwer beladen stolpern wir mal über Baumwurzeln, mal verschwindet ein Bein bis zum Knie in Erdhöhlen oder Sumpflöchern. Eine armlange Schlange schreckt hoch - wir können das unter der Last nicht mehr und warten bis sie, schwarz mit hellen Längsstreifen, den Weg frei gibt. Der Trampelpfad führt über „Brücken“ aus viel zu glatten, rutschigen Baumstämmen - neben ihnen waten wir durch den Morast. Bergauf - schon die minimale Steigung macht uns zu schaffen. Und je mehr wir schwitzen, um so mehr Moskitos, Schwarz- und Sandfliegen, Bremsen und große Brummer die durchs Hemd hindurch blutig beißen, wittern ihre Beute. Ohren-, Nasen-, Augen- und andere Löcher, nichts ist ihnen heilig. Beim zweiten Törn allerdings, wir haben das leere Boot an über die Schulter gehängten Gurten unter den Armen, werden sie enttäuscht. In Ottawa hatten wir uns „fürs Kostümfest“ und als Souvenirs Trapperhüte mit Netzvisieren gekauft. Die sind jetzt die Rettung, Kopf, Nacken, Gesicht und Hals sind damit tabu für das Viehzeug. Dazu das Muskolöl - die meisten der Angreifer bleiben von nun an als surrende Wolke auf Distanz. Auch als wir ein drittes Mal mit dem Rest unserer Habe portagieren: „Vor 200 Jahren haben die Voyageurs so bis zu 150 mal ihre Boote auf teilweise viel längeren Strecken über Land von einem Fluß zum anderen geschleppt. Mit Handelsware auf dem Hin- und mit Fellbündeln auf dem Rückweg.“

„Tüchtig - mir reicht dies ..."
Einsetzen müssen wir das Boot über einige im Wasser „verankerte" dicke Baumstämme hinweg. Auf diesen balancierend packen wir ein, wobei ein Ausrutscher das ohnehin fällige Bad vorweg nimmt: „Hast Du Dir die Wildnis so wild vorgestellt?"

Weit wollen wir heute nicht mehr. „Da könnten wir zelten ...", schon vorbei. Bug zum Ufer, der Strom dreht das Heck herum und im Kehrwasser paddeln wir langsam an den Stromschnellen vorbei zu dem zuvor gesehenen „Anlegesteg" aus flachen Steinen. Dahinter ein Platz den ein umgeknickter Baum für sich beansprucht. Solange, bis Buschmesser und Säge ihn zur Seite geräumt haben: Ein weiteres Bad ist fällig. Und dann noch kochen? Zu spät, zu müde. Wölfe und Koyoten heulen in der Ferne. Ganz nahe klagt ein Loon, der selten gewordene Eistaucher - leise, lauter, an- und abschwellend. Schön!

Am nächsten Morgen sind wir wieder ganz ausgeruht. Das ist auch gut, denn die Karte zeigt flußabwärts weitere rapids. Durch die ersten, weiß, spritzig und hoch, rauscht unser Boot ohne Grundberührung hindurch, bei den nächsten müssen wir raus - „schnell, nicht quertreiben." Im Wasser über glitschige Steine laufend schieben wir ein Stück über Untiefen, setzen uns wieder rein und steigen erneut aus - zu flach. Kaum können wir wieder fahren, da gibt's voraus Engstellen zwischen den Ufern und einer Insel. Links ein Gewirr von Baumstämmen und angetriebenen Ästen, rechts schießt das Wasser hindurch und nimmt uns mit. Das Steuer hatten wir, sobald die Strömung schneller wurde als unsere Eigengeschwindigkeit, hochgezogen weil der Wasserdruck es querstellen und uns ungewollt aufs Ufer oder zum Kentern bringen könnte. So korrigieren wir nun mit den Paddeln den Kurs und kommen bald in ruhiges Fahrwasser. Der Fluß wird an die drei Kilometer breit, zum See, an dessen Ufern Kiefern und Birken stehen, wilde Rosen und Buschwände die undurchdringlich scheinen. Gelbe Seerosen, über uns ein Seeadler. Eine herrliche Landschaft, die wir jetzt, nachdem die Anfangs-Spannung weg ist, genießen. Langsam trudeln wir durch diese Idylle der unberührten Natur. Bis uns dumpfes Rauschen in der Ferne wieder daran erinnert, daß diese Natur nicht immer so friedlich ist. Hier zum Beispiel - wo das Wasser durch einen schmalen Ausgang den See verläßt, fällt es zunächst mal über eine Stufe, einen Meter hinunter. Dahinter alles verblockt, fahren läßt sich da nicht. Vorsichtig und an ganz kurzer Leine führen wir das Boot am Uferrand entlang vorbei - dieses Mal mit Turnschuhen an den Füßen, nachdem die Gehwerkzeuge zuvor beim Flußwandern einige Schrammen abbekommen hatten. Dann können wir wieder ins Boot. Seine Spritzdecke bleibt offen, die Sonne scheint warm auf unsere im Wasser kalt gewordenen Beine. Für solch längere Spaziergänge wären Neoprenhosen gar nicht schlecht. Wolken ziehen über den tiefblauen Himmel, Schwalben segeln hoch droben und verschwinden als ein Adler seinen Horst verläßt. Am Ufer Felsplatten. Eine gerade groß genug für unser Nachtquartier. Mit dem Zelten an diesem Platz „umtragen" wir eine Stromschnelle, die uns später mit ihrer gleichmäßigen Nachtmusik einschläfern wird. Doch der Abend vor dem Zelt ist noch lang und friedlich. Hier draußen im Windbereich bleiben die Mücken weg, anders als im Wald, wo sie unüberhörbar summen. Am Himmel wechseln, kommen und vergehen die Farben, Blau, Grün, Rosa und Violett. Bis schließlich das Dunkel der Nacht sie auslöscht. Da beginnen Elche zu rufen, laut und ganz in der Nähe. Ou-ii-jou, drei Töne von denen der mittlere etwas höher tönt. Eine Antwort kommt von jenseits des Flusses, eine andere aus dem Wald hinter dem Zelt. Mehrere Tiere also. Aber weder jetzt, noch am Tage, wenn wir uns auf dem Wasser fast geräuschlos durch den Busch bewegen, die dort lebenden Tiere, Elche und Bären, haben wir noch nicht gesehen. „Der Trapper sagte sie hätten Angst vor Menschen und witterten diese auf weite Distanz."

Bei dem jetzt, Anfang August, niedrigen Wasserstand müssen wir auch heute wieder mehrere Male aussteigen. An einer Stelle rauscht das Wasser tosend durchs Gewirr von Felsblöcken. Unmöglich dicht am Boot zu bleiben. Also Spritzdecke zu, Paddel drunter stecken, Bootsleinen lang vorn und achtern und los. Jeder von uns mit einer Leine in der Hand. „Das Heck etwas weiter raus lassen als den Bug", - die erste Skizze zeigt es. Die zweite wie einer allein treidelt, während der

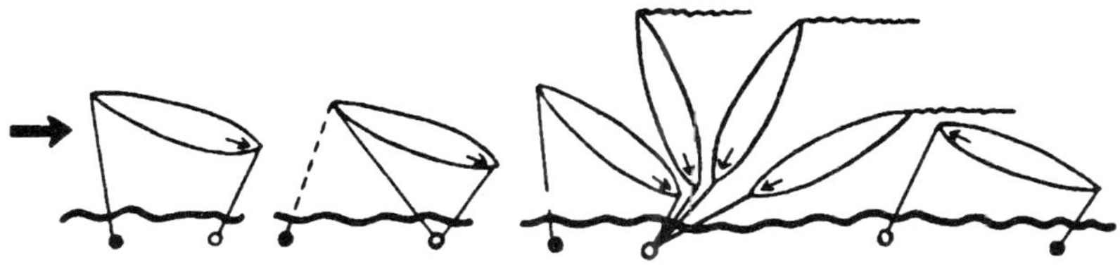

oder die andere achtern sichert. Harter Zug auf den Halteleinen während wir am Ufer langsam flußab gehen. Ab und zu müssen wir den Abstand des Bootes zum Land verändern damit es Hindernisse umschwimmen kann, was heißt gleichzeitig mehr Leine frei zu geben oder anzuziehen: „Finde das eng, das Boot da so weit weg..." Alles geht gut, keine Leine bleibt irgendwo hängen. Wenn das passiert wäre, so hätten wir rasch ins Wasser gemußt um klarzukommen. Abriß der Heckleine: Bei genug Abstand zu Hindernissen schwoit das Boot, hoffentlich ohne zu kentern, an der Bugleine herum und wird, Heck voran, weiter getreidelt - siehe Skizzen 3 und 4. Bricht die vordere Leine, so drückt die Strömung das Boot ans Land.

Einige Kilometer weiter erreichen wir den Sennett Lake. Still und verträumt liegt er vor uns. So ursprünglich, als ob noch nie ein Mensch hierher kam. Weit nach Süden ziehen sich seine Ufer in satten Farbnuancen, so wie diese ein Maler zwischen Grün, Gelb und Braun nicht reicher auf der Palette mischen könnte. Entenflottillen sind da unterwegs die sich durch uns kaum stören lassen. Reichen die Jagdgründe der Indianer nicht bis hierher? Oder wissen die tauchenden Flieger, daß im Juli und August Schonzeit ist? Auch Fische unter der klaren Wasseroberfläche sehen wir erst hier wieder. Einer, ein Hecht vielleicht, rammt aus Versehen mit Wucht unser Boot und geht sofort danach auf Tiefe. Aus dem einen See wird ein zweiter, ein dritter, ein vierter. Der Fluß verbindet sie mit Schwenks nach Nord und nach Süd, vorbei an kleinen und größeren Inseln. Zwischendurch gut fahrbare Stromschnellen, so einfach zu nehmen, daß wir leichtsinnig werden und die Spritzdecke auf lassen: Schwupps haben wir drei kräftige Schwälle im Boot. Während der Mittagspause in einer idyllischen Bucht werden sie mittels Schwamm wieder gelenzt. Und da rettet sich ein merkwürdiges Tier auf unser Paddel, mit Raupenkörper, Flügeln und Heckflossen - die nächste Boe nimmt es wieder mit. Der Wind aus NO wird kräftiger. Während der Passagen über offene Seeabschnitte schickt er uns kurze, steile Wellen entgegen und bald darauf auch Regenwolken. Zeitweise kommen wir nur mühsam voran, doch ein Zeltplatz? Nichts. Plötzlich, wir haben gerade Penn Island passiert, riecht's nach Holzfeuer: „Da sind irgendwo Menschen!" Erst drei Tage von denen weg und schon finden wir das aufregend. Oder brennt der Wald da irgendwo? Vom Flugzeug aus hatten wir die Folgen solch

einer Katastrophe gesehen - verkohlte Baumstümpfe, geschwärzte, kahlgebrannte Areale inmitten grüner Wildnis. Rauchwolken? Keine. „Geruchs-Fata Morgana - in dieser Gegend sind wir allein." Jetzt wohl. Hinter dem Felsblock jedoch, an dem wir später anlegen, waren „Vorfahrer". Eine kleine Lichtung haben sie in den Wald geschlagen, einen Platz für ihr Zelt und diesen mit Stämmen der gefällten Bäume abgegrenzt. Gespaltenes Holz liegt neben der Feuerstelle. Keine Spur von Müll.
„Meinst Du, das waren Indianer?"
„Sieht eher nach kanadischen Bleichgesichtern aus. Die sind gewohnt Holz für die nächsten Camper zurückzulassen und Abfall zu verbrennen, zu vergraben oder wieder mitzunehmen."
„Spätestens seit hohe Dollarstrafen fürs Verschmutzen drohen."
Rücksichtsvoll stoppt der Regen während wir das Zelt aufbauen. Erst als alles eingeräumt ist, trommelt er wieder aufs Dach. Dazu fällt die Temperatur: Nachdem das Thermometer mittags noch 30° zeigte sind es jetzt nur zwölf. Und nachts wird's noch deutlich kälter. Aus dem Wind ist Sturm geworden, er schüttelt die Baumwipfel und knickt Äste: „Miese Aussichten für morgen ..."

Wie man's nimmt: Ein Ruhetag ist auch nicht schlecht. Und durch die inzwischen „eingepaddelte" Zeitreserve können wir ihn uns leisten. Denn von den insgesamt, ohne Abstecher, 130 km Wegstrecke, haben wir heute zur Halbzeit 80 bereits hinter uns:
„Schon. Eigentlich schade. Aber dann bleiben uns einige Tage mehr im anderen Reservat."
„Falls die uns haben wollen ..."
Sobald der Regen eine Pause macht, hängen wir naß gewordene Kleidung ans Feuer und schichten rund um es herum den Nachschub an Brennholz zum Trocknen. Denn zum Abschälen der Rinde, unter der das Holz ja nicht naß werden konnte, sind wir zu faul. Nur zum Anheizen schnitzten wir Splinte und Späne aus dem Kernholz - sie brannten gleich an. Ein Flugzeug über uns - sein Brummen wirkt so wie daheim die Nachricht, daß Besuch kommt. Doch dies ist keiner, glücklicherweise brauchen wir ihn auch noch nicht. - Im Boot ist eine Stange gebrochen, sie wird geschient und mit Klebeband wieder fit. Die kleine Schramme an der Faltboothaut bekommt vorsichtshalber ein Pflaster, der Kocher eine saubere Düse. Und zwischendurch

schauen wir den Libellen zu: Daß sich zwei im Flug über dem Wasser paaren, mißfällt einer dritten. Sie überfällt die beiden und bringt eine zum Absturz. „Ziemlich menschliche Verhaltensweisen ..."

Abends schmort der Inhalt einer Fleischdose auf der Pfanne. Schon der Geruch allein macht hungrig. Nur uns? Wir sind gerade schlafen gegangen, da krachen Äste im Wald, schwere Tritte die näher kommen, dann wieder totale Stille. Und nochmals: „Ein Bär??!!!" Draußen ist es stockdunkel und niemand zu sehen - auch die Taschenlampe findet nichts. Ist er weg? Kaum liegen wir, da galoppiert's am Zelt vorbei und der Krach wiederholt sich auf der anderen Seite, nahe vom Boot. Das geht zu weit: Her mit dem Kochtopf und mit den Löffeln und kräftig getrommelt. Laut, das mögen Bären nicht, so jedenfalls stand es im Überlebensbuch. Und wirklich, als wir mit dem Lärm aufhören, knacken Zweige ziemlich weit weg. Danach ist Ruhe.
„Bären riechen Essen meilenweit ..."
„Hätten weiter weg vom Zelt kochen sollen. Und unsere Vorräte?"
„Ziemlich mühsam, die aufzuhängen, drei Meter hoch."
„Ob der Bär sie in den wasserdichten Säcke riechen kann?"
„Vielleicht doch. Aber wir sind ja nicht in einem Nationalpark. In dem tut ihm niemand etwas, da wäre er wahrscheinlich gefährlich neugierig gewesen. Aber hier wird Meister Petz gejagt und dieser lief wohl aus Angst davon."
„Kein Wunder - bei *dem* Krach ...

Seit aus unserem Fluß, von wenigen Abschnitten abgesehen, eine Folge von Seen geworden ist, hat er kaum noch Strömung. Auch dadurch schwierigere Orientierung, die Stromspuren auf der Oberfläche fehlen. Überall Abzweigungen die alternative Wege anbieten. Und nirgendwo der Kirchturm, das Dorf oder eine Straße, die zu Hause ganz sicher hinter der nächsten Flußbiegung auftauchen. Über viele Kilometer verändert sich nichts, überall die gleichen grünen Bäume. Eine Urlandschaft. Über ihr heute eine finstere, blauschwarze Wolkenwand. Und urplötzlich bricht aus ihr ein Unwetter heraus, das die gerade noch glatte Wasserfläche aufreißt. Kurze, harte Wellen jagen uns entgegen. Der Gischt weißer Schaumkronen peitscht in die Gesichter. Trotz vollem Krafteinsatz bleiben wir bestenfalls auf der Stelle, werden zeitweise zurückgedrückt. Bis wir schließlich, während der Sturm fürs weitere Wüten Luft holt, die knapp hundert Meter in den

Windschutz einer Insel schaffen. Ruhe - kaum zu glauben, daß gerade um die Ecke herum die Wellen toben. Zeit zum Verschnaufen und zum Essen. Große Wasserspinnen, leicht genug um die Spannung der Wasseroberfläche nicht zu durchbrechen. Fische springen und in der Nähe leuchten breite karminrote Streifen - kleine Pflanzen, deren farbige Blütenkerzen dicht nebeneinander auf dem Wasser stehen.

Abends zelten wir auf einem Sandstrand, dem Ausläufer des Eskers der über die Bäume hinaus ragt. Am Tage dann wieder erfrischende Sturmpaddelei bis unser Weg von NO nach S abknickt. Mehr Schutz vorm Wind, mehr Zeit. Und da beginnt das Rätseln darüber, wie wir zu dem auf der Karte vom Piloten eingezeichneten Indianer-Reservat kommen. Der Strom zeigt es nicht und Wege zum Nibinamik Lake, an dem die Indianer wohnen sollen, gibt's mehrere. Der nächste und am wenigsten windige ist ein schmales Flüßchen zwischen hohen

Schilfwänden. Vor uns ein Biber. Kaum sieht er uns, da taucht er mit lautem Klatschen seines Schwanzes aufs Wasser weg. Vorsichtig lugt ein anderer unter schräg abgenagten und dadurch gefällten Baumstämmen hervor. Und wenig weiter die Sperre, die er und seine Familie anlegten, der Biberdamm. Einen Meter hoch, aus Ästen und Zweigen gebaut, sorgt er dafür, daß hinter ihm das Wasser immer auf gleicher Höhe bleibt. So hoch, daß es die Eingänge zum Bau bedeckt und diesen damit für Feinde die nicht tauchen können unzugänglich macht. Aufpassen beim Aussteigen, hier könnten Fallen liegen. Etwas mühsamer als vom Kanu aus krabbeln wir an Land, ziehen das Boot über den Damm und paddeln im „Oberwasser" weiter. Doch da ist bald dichtes Schilf, ein weiterer Damm, totale Wildnis. Ende, umkehren, zurück. Wieder in den Sturm? „ ... dort könnten wir bleiben!" Kein schöner Platz. Im Busch stehen Stangen in Form eines Zeltes zusammengebunden, Müll rundherum, leere Dosen, Plastik, Gräten und Fischköpfe - wir sind wieder im menschlichen „Wirkungsbereich". So viele Blackflies und Mücken, daß es sich empfiehlt für einen bestimmten Zweck auch das Hinterteil mit Muskolöl einzureiben. Es ist wirksam - wenige Tropfen reichten um eine Plastiktüte soweit aufzulösen, daß die Rosinen ein Bad im Bilgenwasser des Bootes nehmen konnten.

Doch unter dem Vorzelt aus Moskitonetz ist Ruhe. Bannocks stehen auf dem Menü: Mehl mit 3 - 5% Backpulver vermischt, etwas Salz dazu und mit Wasser angerührt. Den Teig dünn auf die Pfanne und von beiden Seiten im heißen Öl knusprig backen. Dazu die Waldbeeren, die wir heute unterwegs fanden. Mehrere dieser Indianerpfannkuchen bleiben im Vorrat für unterwegs.

Wegen des morgens noch langsamer als wir aufwachenden Windes sind wir früh und innerhalb von nur 20 Minuten im Boot und auf dem Wasser, „... eigentlich blöde, daß wir den Sonnenaufgang immer verschlafen!" Über den Frühnebel schiebt sich der rote Ball in die Höhe, langsam wird es wärmer. Und dann ist auch die erste Boe schon wieder da. Schnell ein Stück Schokolade und auf ins Getümmel von Wind und Wellen. Erst nach zwei Stunden mühsamer „Handarbeit" erreichen wir den Landschutz auf der anderen Seite des Sees. Gerade noch rechtzeitig. Denn nun wird es ganz finster. Der Sturm heult, die Wand aus Kiefern und Birken rauscht und knirscht und biegt sich, Wolken fetzen, dicke Unwetter ziehen über uns hinweg. Eine Weile warten wir, gehen dann „in Schleichfahrt" um die nächste Landspitze herum: Unter tiefhängenden Wolkendecken hindurch beleuchtet die Sonne einen großen, gerodeten Hang. Weit weg. Arbeitende Menschen sind auszumachen. „Schaffen wir 's da rüber?" Wellen rollen über Bug und Spritzdecke, das Boot stampft aber wir kommen voran. Auf einem Landungssteg eine mittlere Zuschauermenge, Indianer, wie wir beim Näherkommen sehen, und zwei Weiße. Wieder Windschutz, ran und anlegen: „Sah gut aus, wie Ihr das gemacht habt. Ungewöhnliches Wetter, ein Zyklon. Wie wär's mit 'ner Tasse Kaffee? Kommt mit ..."

Summer Beaver

Wir sind auf der Baustelle einer kanadischen Telefon Company. Und wie in einer anderen Welt: Heiße Dusche, Stühle, eine Heizung im Rücken, Brote mit gebackenen Eiern und Speck vor uns auf weißen Porzellantellern. „Wir haben alles hier", stellt Mac, 1952 aus Schottland ausgewandert, „weil es mir da zu eng wurde ...", befriedigt über unsere Begeisterung fest, „und was nicht, wird eingeflogen." So kamen auch die Bauteile für transportable, beheizbare Gebäude. „Männer aus der nahen Siedlung bauten die Fundamente aus den Baumstämmen der von ihnen gerodeten Fläche. Auf die stellen wir den Radio-Kommunikationsmast.“ Mac zeigt Konstruktionspläne. „80 m hoch wird der Turm. Wenn alle Teile, Stück für Stück eingeflogen, zusammengenietet sind, bekommen wir einen Hubschrauber der beim Aufstellen hilft. Im Oktober - bis dahin muß alles fertig sein. Denn danach haben wir hier viel, sehr viel Schnee.“ Er ist Spezialist für diese Art von Anlagen: „Ein Sommer in Alaska, der nächste in Labrador - die Familie hat mich im Winter am Hals.“ Und dann erzählt er von der Zusammenarbeit mit Eskimos und Indianern, „... ausgezeichnet. Durchweg feine Kerle, die können was. Bei unseren Projekten sind sie nicht nur voll dabei - die denken auch mit. Natürlich gibt es Unterschiede zwischen den Reservaten, viel hängt vom jeweiligen Häuptling ab. Mit dem haben die hier im Settlement besonderes Glück. Ein tüchtiger Mann. Na, Ihr werdet ihn ja kennenlernen.“

Gegen Mittag klettern wir in unser Boot. Der Wind hat etwas gedreht und packt uns als wir die Halbinsel der Baustelle am Nibinamik Lake umrunden. Genau quer laufen die Wellen an, bald zu hoch um sie noch ausfahren zu können. Beim Zickzack-Kurs haben wir sie mal schräg von vorn, dann, nach der schnellen Wende zum Surfen, von achtern: „Endspurt?!“ Die hellen Balken eines Blockhauses leuchten voraus in der Sonne. Andere Gebäude verstecken sich hinter Bäumen am Hang eines kleinen Berges: Das Summer Beaver Settlement. In den See hinaus gebaute Stege, keine Verbotsschilder, saubere Wege. Eine Frau begleitet uns zum chief, zum Häuptling, der sich chairman, Vorsitzender des Gemeinderates nennen läßt. Er, Mike, begrüßt uns im Verwaltungsblockhaus, jung, schlank, jeans, kariertes Hemd, kühn geschnittenes Gesicht unter dichtem, langem schwarzen Haar, reserviert. Daß wir es mit dem Paddelboot hierher geschafft haben ist ein Pluspunkt für uns. Daß wir aus Germany kommen und im als Gastgeschenk mitgebrachten Buch zeigen wie es dort aussieht, ein zweiter: „Okey, bleibt solange Ihr wollt.“ Für einen Augenblick zeigt sein Gesicht Ratlosigkeit als ihn im Buch rosarote pausbäckige Engelchen aus einer Barockkirche anschauen. Rasch blättert er weiter: „Was fischen die?“, die deutschen Fischer und „wo ist das Haus, in dem Ihr lebt?“

„Wir müssen jetzt für die noch ungeborene Generation arbeiten.“ steht auf einem Schild im Raum. Draußen sind Männer dabei ein neues Haus für die jetzige zu bauen. Unter Schirmmützen statt Federschmuck. Ihre tiefschwarzen Haare fallen bis weit über die Schultern. Unbewegte Mienen in dunkelbraunen Gesichtern. Sie legen den sauber geschälten Stamm einer Kiefer in die Aussparungen der Endstücke von Querwänden - die untere Seite des Baumstammes haben sie mit ihren Äxten ausgehöhlt, fast nahtlos paßt er auf den darunter liegenden. Kaum noch Ritzen, die mit Moos oder Gras auszustopfen sind. Fenster und Türen? „Die werden erst hineingeschnitten, wenn die Wände stehen", erklärt Mike. Das Haus werde nur einen Raum haben.

Wie die meisten Wohnhäuser, die wir auf dem Rundgang durchs Dorf sehen: In der Mitte der Tonnenofen, zum Heizen im Winter und zum Kochen. Küchenmöbel auf der einen, Bett, Tisch und Stühle auf der anderen Seite. Unter dem Dach Hängeböden zum Verstauen von Kleidung und Gerät. Warum keine Zimmerabgrenzungen? „Ein Indianer der früher sein tipih, sein Zelt, betrat, mußte es mit einem Blick übersehen können, um vor Feinden sicher zu sein. Tradition also." Tipihs, die rasch aufzustellenden Nomaden-Behausungen - nur noch wenige stehen zwischen den Häusern, dicke Leinwand über rauchgeschwärzten Stäben. In einem wird gekocht, in einem anderen liegen buntgeflochtene Schneereifen für die Pirsch im Winter. Im dritten spielen Kinder - Indianer.

211 Einwohner hat die Siedlung, 73 davon sind Kinder. Zwei Schulen haben die Erwachsenen ihnen gebaut. Helle Räume, mit Rundholz verschalt. Vier weiße und drei indianische Lehrer unterrichten auf Englisch und in der einheimischen Sprache. Ein Finne war unter ihnen. Er baute eine Sauna am See. Ob sie eines Tages die Funktion des traditionellen Schwitzhauses der Indianer übernehmen wird? In dem fanden früher die Beratungen der Stammesoberen statt, die darin

solange schmorten, bis eine einstimmige Entscheidung getroffen war. An den Wänden der Klassenräume hängen Kinderzeichnungen und Darstellungen der Planeten. Erklärungen in einer Zeichenschrift: „Wurde früher mal für unseren Cree-Stamm von Missionaren erfunden", erklärt der Schulverwalter, ein älterer Mann, „aus der Zeit vorher gibt es keine schriftlichen Überlieferungen, nur mündliche. Und die sind leider auch bereits zum größten Teil vergessen." Er zeigt Bücher, Projektoren und Filme für den Unterricht, „der Staat bezahlt das." Auf dem Globus schaut er nach wo Old Germany liegt. Er findet es und fragt uns dann nach dem Weltkrieg, den einige Männer aus dem Stamm als Soldaten mitgemacht hätten. Waren die indianischen Einheiten bei ihren Gegnern wirklich so gefürchtet? Und ob es inzwischen wieder einen Krieg gegeben habe? Das Leben hier ist weit weg von solchen Ereignissen irgendwo in der Welt.

„Wir sind jetzt seit vier Jahren hier", erzählt Mike später, „wegen unterschiedlicher religiöser Auffassungen trennten wir uns vom großen Stamm. Nachdem wir dieses Gelände gefunden hatten, bauten wir als erstes die Kirche." Ein schlichtes Blockhaus, schmucklos, mit der Glocke daneben auf einem Holzstapel. „Wir wollten soweit als möglich selbständig leben, aus eigener Kraft. Alles hier haben wir selbst gebaut. Eigene Entwürfe und Bauweisen. Auf der anderen Seite unserer Halbinsel haben wir ein kleines Sägewerk das die Stämme schneidet. Danach behandeln wir sie so, daß sie hell bleiben. Sieht besser aus." Und ob wir nicht im Gästehaus, das einem Schweizer Chalet ähnelt, wohnen wollten? Um am Wasser zu sein ziehen wir ins Zelt, direkt am See. Draußen schleppt ein kleines Motorboot lange Stämme von der Sägerei zur zuvor gesehenen Baustelle, drinnen in unserer Hütte kochen wir ein frühes Abendessen - Besichtigungsprogramme machen hungrig. Und die sind noch nicht zu Ende. Eine Frau klopft bescheiden gegen das in der Nähe stehende leere Ölfaß um sich anzumelden: Irgendein shop sei jetzt offen, ob sie uns begleiten solle? Was die Bewohner der Siedlung herstellen ist in ihm, in einem kleinen Blockhaus, ausgestellt. Halsschmuck, breite bunte Bänder aus kleinen Glasperlen, dicht miteinander verwoben; Armreifen in der gleichen Art und aus Holz; lederne Schultertaschen; Handschuhe mit Biberpelzbesatz; Mocassins mit weichem Fell und bunter Stickerei; geschnitzte einheimische Tiere; auf Leder gemalte Bilder des hier wohnenden

Künstlers Leonard Sugarhead. Auch ein Elchgeweih sowie ein Bärenfell sind im Angebot. Der Indianer der den Laden betreut, ist gerade von der Radioturmbaustelle zurückgekommen. Die meisten dieser Arbeiten, erklärt er, würden von Besuchern gekauft die ab und an mal per Flugzeug kämen und meist eine größere Anzahl einzelner Artikel haben wollten. Ja, zum Wiederverkauf in der Stadt. Solche Geschäfte gäben der Siedlung Einkommen. Ein gutes? Auf die Frage reagiert er nicht. Wir kaufen einen schön der Holzmaserung nach geschnitzten Otter, typisch indianische Halsbänder und warme Mocassins als Mitbringsel. Und wandern zurück zum Zelt.

„Diese Indianer sind anders. Warum?"
„Initiative, die machen etwas aus der Situation in der sie stecken. Sie zwingen sich selbst dazu aktiv zu sein."
„Wieviele Menschen gibt es, die es ohne solch einen Zwang sind? Brauchen nicht die meisten von uns einen handfesten Anreiz?"
„Vielleicht. Und gar nicht so selten geht's denen schlecht die nichts mehr tun müssen weil sie versorgt sind bzw. die einfach keine Sorgen mehr haben."
„Stimmt. Ich denke das trifft zum Teil wenigstens auf die im Wunnummin Reservat zu. Oft auch auf allzu reiche Menschen, manchmal sogar auf die bei uns in der sozialen Hängematte liegenden. Ohne selbst etwas schaffen zu müssen wird man unzufrieden und kommt auf dumme Gedanken. Der chief hier ist klug. Der forciert Arbeit und hat Leute die zufrieden sehen was sie geschafft haben. Erfolgserlebnisse ..."
„Und wenn keine Häuser mehr zu bauen sind?"
„Dann fällt dem hoffentlich was anderes ein, was in seinem settlement sinnvoll zu tun ist."
„Keine leichte Aufgabe für den Mike - aber ich denke der schafft es."

Das Morgenbad im See ist kalt. In den Bäumen heult immer noch der Sturm. Es seien Ausläufer eines üblen Zyklons, erzählt der Schulverwalter, der uns am Zelt besucht, im Land habe es laut Radio große Verwüstungen gegeben. Er will uns die Gesundheitsstation zeigen. Wegen der Schulferien, drei Monate im Sommer, habe er Zeit. Vor dem langgestreckten Blockhaus wartet bereits eine Mutter mit ihrem Baby. Sie mit dem typischen Gesicht der Menschen hier, ernst, freundlich, zurückhaltend. Das Kleine trägt sie nicht auf dem Arm, sondern hat es vom Rücken genommen und an die Wand gestellt. Etwa drei Monate alt, steckt es in einem engen Sack der auf ein Tragebrett gebunden wurde. Rühren kann es sich nicht, sieht aber trotzdem sehr zufrieden aus. Eine einheimische Krankenschwester zeigt uns Behandlungs- und Untersuchungsraum, ein kleines Labor und, „das ist für uns sehr wichtig", ein Radiotelefon. „Damit kann ich mir im nächsten Ort bei meiner Kollegin Rat holen. Wenn der Mast fertig ist, auch im Krankenhaus von Sioux Lookout." Schwierige Fälle werden dorthin ausgeflogen. „Bevor das Eis fest wird und bevor es zu tauen beginnt, schicken wir auch die Schwangeren in die Stadt. Denn während diesen Zeiten sind wir für mehrere Wochen jeweils vollkommen abgeschnitten. Da kann keine Maschine bei uns starten oder landen."

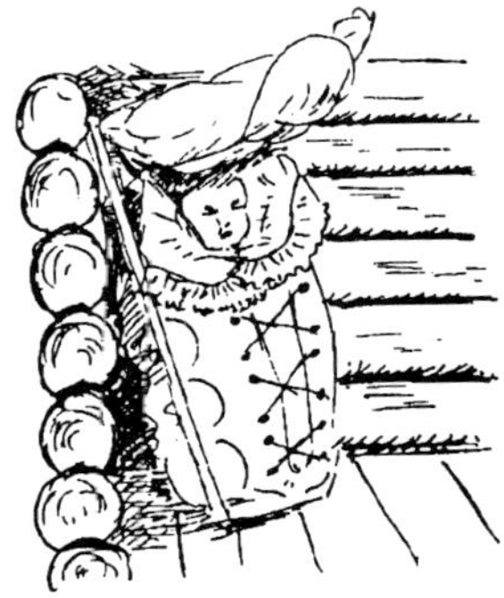

Soweit wir es bisher gesehen haben, werden Tiere nicht sehr freundlich behandelt. Für die beiden jungen Hunde, die uns auf dem Bummel durchs Dorf begegnen, sind Streicheleinheiten offensichtlich neu. Sie begleiten uns und von Kindern erfahren wir ihre Namen: Junior und Whisky. Diese Kinder führen uns zum „Coffeeshop", zu einem Gebäude das für die Jugendlichen des Ortes reserviert ist. Statt Kaffee wird da Coca Cola verkauft, an einen Billiardtisch spielen Jungs in Lederjacken. Sportgeräte stehen herum und es gibt eine Bastelecke.

An der Wand „Rules“, Regeln, wie „nicht zu viel Lärm machen“, aber auch „Don't steal anybodies gas, buy gas yourself“ - klaue niemanden sein Gas, kauf' es Dir selbst. Ist Diebstahl also auch in einer so geschlossenen kleinen Gemeinschaft ein Problem? Einige junge Leute hacken Holz. „Für die Schule. Jeder bringt jeden Tag einen Scheit mit - für die Heizung im Winter.“ Das Holz stamme von sjingkop, von den Bäumen, bringen uns die Kinder bei, und die ständen im nopimming, im Busch. Sie selbst seien anishinabe, Indianer und wir lebten im maki, im Zelt, am nibbe, Wasser und hätten ein Boot, ein tschiesman. Ob das so geschrieben wie gesprochen wird?

Was wir im Ort nicht finden sind, außer den Tipihs und den Handarbeiten, irgendwelche Zeichen alter indianischer Kultur, zeremonielle Gegenstände zum Beispiel. Darauf angesprochen erklärt ein alter Mann, der uns in sein Haus gebeten hatte, die Indianer seines Stammes seien Nomaden gewesen. Hier im sumpfigen Urwaldgebiet des Nordens hätten sie in einer Gegend herumziehen müssen, in der es wenig Wild, nicht die großen Büffelherden Amerikas gab. Sie mußten darum ständig jagen und fischen und hatten keine Zeit um Feste zu feiern: „Es gibt nur noch wenige Stämme in denen ein echtes Powwow stattfindet. Meistens ist das nur für Fremde die dafür bezahlen.“ Er bedient einen Miniwebstuhl auf dem die im Laden bereits gesehenen Bänder mit Glasperlen entstehen, Feierabendbeschäftigung nach der Tagesarbeit am Radiomast. Sieben Kinder toben um ihn herum, seine Frau ist schwanger. Was denn sein wird, wenn die Baustelle keinen Verdienst mehr gibt? „I dont' worry“, sagt er, ich hab' keine Angst.

Die Hunde folgen uns zum Zelt und gehen dann heim. Spät am Abend sind sie wieder da, finden uns auf dem Landungssteg. Da sitzen wir mit ihnen und schauen über das im Licht des Vollmondes glitzernde Wasser. Der Sturm hat aufgehört, nur noch einzelne Wolken treiben am Himmel. Über den See streicht ein Nachtvogel, eine Eule vielleicht. Hinter uns im Dorf klingt ein Ruf, klappert ein Eimer.
„Tut es Dir nicht leid, daß Dein Bild von den Indianern, so wie sie Karl May beschrieben hat, zerstört wird?“
„Jetzt sind zwei Bilder daraus geworden. Das eine aus den Geschichten, zum Teil unter der Bettdecke gelesen - das behält seinen

Platz, das mit Winnetou und den Apachen, mit Sioux und Comanchen, Tomahawk und Friedenspfeife, Bleichgesichtern, Rothäuten ..."
„Wieso heißen die eigentlich so?"
„Weil man anfangs die rote Kriegsbemalung der Indianer für ihre Hautfarbe hielt. Obwohl die ja eher gelb bis braun ist. Sind schließlich mal, ungefähr vor 25.000 Jahren, über eine damals noch bestehende Landbrücke aus Asien eingewandert. Nein, keine Enttäuschung darüber, daß diese Abenteuer-Romantik nichts mit der Realität zu tun hat. Mit dem für mich nun zweiten Bild. Die Wirklichkeit..."
„Ist sie das? In Kanada leben rund eine halbe Million Indianer und von denen etwa 2/3 in ca. 800 Reservaten. Und wir haben nur zwei dieser Siedlungen bisher gesehen."

Morgens sind die Kinder bei uns im Zelt: Robina, Conny und Ricky, 10, 7 und 5 Jahre alt. Sie probieren von den gerösteten Haferflocken mit Milch, krabbeln versuchsweise in die Schlafsäcke, lassen Luft aus der Matratze und wollen dann, daß wir

Cree lernen. Rubina schreibt das Alphabet auf, das nichts mit unserem zu tun hat. Es besteht aus Zeichen von denen jedes in vier verschiedene Richtungen gedreht werden kann. Dadurch enthält es dann alternierend einen der nur vier Vokale A, E, I und O. Entweder allein oder zusammen mit einem oder mehreren Konsonanten bzw. Zischlauten. Die offene Speerspitze zum Beispiel bedeutet, je nachdem ob sie nach oben, unten, rechts oder links zeigt, pe, pi, po oder pa. O und U werden nicht unterschieden. Da es wohl kein R gibt, verändern sich die Namen unserer Lehrer beim Schreiben bzw. phonetisch zu nobina und oniki. Kompliziert. Und die Aussprache sowieso. Nachdem wir als ziemlich mittelmäßige Schüler erkannt sind, nehmen uns die Kinder mit in den Wald. Auf einem schmalen Pfad in den Urwald. Hatte Ricky zuvor noch mit einer Art Kriegsgeschrei herumgetobt, jetzt wird er plötzlich still und faßt nach der Hand des weißen Mannes. „Mako", flüstert er ängstlich, ein Bär. Wo ist er? „Du bist einer", lachen wir, „ein misja mako, der große Bär." Und schon nennen ihn lachend seine Schwestern so. Wird das einmal, statt Yellowhead heute, sein Name sein, wenn sich die Rückbesinnung auf alte Traditionen fortsetzt, die bei manchen Indianerstämmen bereits begonnen hat?

Auf dem Rückweg passieren wir den Friedhof der Siedlung. Auf einer Höhe über dem See, zwischen hohen Kiefern, liegen zwei Erwachsene und vier Kinder begraben. Holzkreuze, Namen mit Kugelschreiber darauf geschrieben; auf einem Grab Münzen in Kreuzform ausgelegt, auf dem anderen Spielzeug. Der frühere Glaube an die unterwegs befindlichen Geister?

Im Dorf werden wir jetzt überall freundlich gegrüßt, angesprochen, Kinder lachen zurück und verkriechen sich nicht mehr, so wie gestern noch, hinter Hausecken und Holzstapeln. Kaum nähern wir uns dem Zelt, da springen Junior und Whisky mit Freudengebell aus dem Gebüsch. Sie wollen nichts als spielen und toben. Vor dem Geruch unserer Indianerpfannkuchen allerdings rümpfen sie die Nase und ziehen ab. Stimmt der Name also nicht? Spät dann noch ein Besucher: „Ich bin Lehrer hier in Summer Beaver und möchte Sie gern kennenlernen." Ein junger Indianer, frisch von der Hochschule. „Bleibe drei Jahre an dieser Schule - eine Art Praktikum. Gehe danach an die Uni zurück, in die Stadt. Ja, ist ein ganz anderes Leben dort. Ein besseres? Oft nicht. Denn immer wieder stoßen wir Indianer auf die Vorurteile der anderen Kanadier. Wir müssen doppelt so hart arbeiten wie sie, dreimal so gut sein, um akzeptiert zu werden. Hier wäre es leichter. Und das ist unser Dilemma: Draußen winken mit größeren Herausforderungen bessere Chancen - in der eigenen Gemeinschaft droht die

Gefahr bequem zu werden. Zumal die Möglichkeiten hier nun einmal begrenzt sind.“ Er erzählt von den Problemen der Indianer mit dem Alkohol. „Mit dem haben uns die frühen weißen Siedler krank gemacht und seitdem haben wir uns davon nicht erholt. Ärzte sagen, wir vertrügen weniger und wären schneller betrunken. Ich meine aber, daß der Suff eine Flucht vor der Realität ist. Und auch eine Folge von Sinnlosigkeit die sich in den Reservaten einstellt für die der Staat sorgt. In diesem ist das anders. Kein Schnaps, kein Bier. Freiwilliger Verzicht.“ Von uns will er wissen, wie Lehrer in Deutschland arbeiten, Ausbildung, Stundenzahl, Klassenstärke, Bezahlung.usw. Gezielte Fragen, intelligente Diskussion. „Was unterscheidet nun so einen Mann von unseren Leuten die von der Uni kommen“, fragen wir uns nachdem er gegangen ist, „was anders als die Herkunft und Hautfarbe? Und was sagen die aus?“

Gemeinsames Frühstück mit „unseren“ drei Kindern. Danach wollen sie zum „store“. In den Regalen des kleinen Ladens, von außen als solcher nicht zu erkennen, stehen Dosen mit Getränken, Früchten, Gemüse, mit Fleisch und Fischen. Milchpulver, Babywindeln und Damenbinden sind ebenso vorrätig, wie Plastikkanister mit Trinkwasser. „Die kaufen wir nicht“, zeigt Rubina, „wir holen unser Wasser aus dem See.“ Der Verkäufer erzählt, daß zur Zeit nicht viel los sei: „Ferien. Da sind viele zu Freunden und Verwandten gefahren.“ Das Geschäft wird, wie auch die anderen Gemeinschaftseinrichtungen, von der Dorfverwaltung betrieben. Ob sie wirklich ganz ohne staatliche Subventionen auskommen kann? Mike, den wir unterwegs treffen, schüttelt den Kopf zu dieser Frage. „Aber wir legen das Geld gut an“, sagt er, „demnächst in einer Erweiterung des Sägewerkes, damit unsere Leute weiterhin Arbeit haben.“

Auf demselben Weg wie gestern wandern wir durch den Wald, heute zur Baustelle des Radioturmes, Abschiedsbesuch bei Mac. „Nächste Woche hättet Ihr mit unserer Versorgungsmaschine zurückfliegen können. Beim nächsten Mal erkundigt Euch, wo Baustellen angeflogen werden und wer dorthin noch Platz hat. Damit kommt Ihr billiger in diese Gegenden.“ Nach einer Tasse Kaffee fährt uns sein Mitarbeiter, ein Ire, per Boot zurück: „Im Winter gehe ich für 6 Monate nach Australien: Die Welt sehen und Geld machen, das ist mein Motto. Als Spezialist und Junggeselle kein Problem!“ Abschiedsbesuch auch bei

Mike, der gerade eine Sitzung mit seiner Verwaltung hat: Wann wir wiederkämen? Während wir dabei sind das Boot einzupacken, legt ein Canoe an. Frauen bringen Himbeeren, die sie tagsüber pflückten. Und als wir noch einmal durch den Wald wandern, da kommt uns Junior entgegen, eine Blechdose im Maul. Ein Abschiedsgeschenk? Er setzt sich, schaut hoch, winselt leise und nun sehen wir, daß seine Zunge zwischen eingestülptem, scharfem Deckel und Rand eingeklemmt ist. Geduldig hält er still bis der Menschenfinger das lästige Ding weg nimmt. Dann springt er vor uns her zum Zelt und bleibt vor ihm liegen. Als es zu regnen beginnt, kriecht er unters Überdach. Erst spät in der Nacht hören wir ihn sich schütteln und davon trollen.

Früh liegen die drei Gepäckstücke auf dem Anlegesteg. Dicke Wolken über dem Nibinamik Lake, ab und zu ein Regenschauer. Dann reißt die Wolkendecke auf und ein Punkt am Himmel wird immer größer: Unser Flugzeug. Suchend zieht es eine Kurve, der Pilot sieht unser Winken, wackelt als Antwort mit den Flügeln, geht runter aufs Wasser und macht am Steg fest. Abschied. Ricky tanzt aufgeregt herum, seine Schwestern verhindern gerade noch, daß er in die Maschine klettert. Junior und Whisky blaffen Ed, er saß wieder am Steuerknüppel, wütend

an, als er das Gepäck einladen will. Aber es hilft nichts, die beiden Leute vom Zelt steigen ein und fliegen davon. Traurig - auch wir sind es. Winken von den Häusern her beantwortet unser Pilot bei einer Runde über dem Ort mit Lichtzeichen, dann dreht er ab und nimmt Kurs Sioux Lookout.

„Wir hatten Angst um Euch", die neuen Freunde empfangen uns mit offenen Armen. Der Trapper hatte ihnen weitere düstere Szenarien gemalt - man würde bestenfalls irgendwann unsere Gerippe finden. Und als sie die Airline anriefen um an die Abholung zu erinnern, da hatte man geantwortet: „Ja, falls die noch am Leben sind." Wir sind es. „Und war es wirklich gefährlich?" War es das ? „Eigentlich nicht. Aber anders als andere Fahrten. Etwas abenteuerlich ..."

Einige Fotos von dieser Wanderfahrt

Wälder

Seen

Stromschnellen

„Dorthin ?"

Allein

zu zweit

Wunnummin Lake

Indianer Reservat Wunnummin

Wunschtraum

und Wirklichkeit

Hindernisse

rapids

und ein

Biberdamm

... und das Vorbild Indianer Tipih

Summer Beaver Settlement

der chairman

„unsere" Kinder

das Frauenboot

Neubau Nr. 47

Typ Blockhaus

„Hast Du Dir die Wildnis so schön vorgestellt?"

Zurück . . .

Lake Michigan
MICHIGAN
Lake Erie
PENSYLVANIA
CHICAGO
OHIO
INDIANA
Pittsburgh
COLUMBUS
WEST VIRGINIA
ILLINOIS
INDIANOPOLIS
Cincinnati
CHARLESTON
FRANKFORT
Evansville
Louisville
VIRGINIA
<MISSISIPPI
TENNESSEE
NORTH CAROLINA

Ohio River

Seite und dort . . .

Abenteuer Ohio

Unsinn - diesen Fluß zu befahren ist ohne all die Risiken, die in echten Abenteuern stecken. Aber die Amerikaner unterwegs - sie dachten anders darüber. Sie hielten das Wandern im kleinen Boot auf dem großen Wasser für, ja eben für „adventurous“. Und einer fragte am Ende der Reise: „Seid Ihr wirklich die ganze Strecke bis hierher ohne Motor gefahren? Merkwürdig. Da müssen Euch die Leute, die das sahen, entweder für sehr arm oder aber für verrückt gehalten haben.“ Die durch ihn alarmierte Zeitung „Kentucky Post“ schickte einen Reporter nebst Fotografen. Und am nächsten Tag stand auf Seite 1 und 2: „German couple kayaks 277 ‘mostly unspoiled’ miles on the Ohio.“

So, aus der Sicht von Zuschauern, also doch eine abenteuerliche Wanderfahrt. Und eine sehr schöne. Auf einem der großen Ströme Amerikas, auf einem von Menschenhand weitgehend gebändigten. Denn eine Anzahl von Stauwerken nehmen ihm den wilden Lauf, regulieren seinen Wasserstand und schützen die Anwohner vor nassen Füßen. An den landschaftlichen Reizen ändert das nichts. Sie begleiten das Boot von Meile zu Meile. Wollen Sie darum den Ohio auf Ihre Auswahlliste für Ziele in Amerika schreiben? Vielleicht - aber erst nachdem Sie gelesen haben, was sich da unterwegs so erfahren läßt.

Indiana und Kentucky, zwischen diesen beiden Staaten der USA verläuft der Ohio - jedenfalls in der Region die der Bericht beschreibt. Zuvor berührt er die Bundesstaaten Pennsylvania, wo er aus dem Zusammenfluß von Allegheni- und Monongahela River entsteht, West Virginia und Ohio, danach noch Illinois. Indiana gilt als eine der Drehscheiben Amerikas. Denn dort kreuzen sich viele große Fernverkehrsstrassen der USA. Der Staat reicht von den Industriegebieten am Lake Michigan im Norden bis eben zum Ohio als seiner südlichen Begrenzung. Fast 100.000 qkm Land, etwa fünfmal so viel wie Hessen, Bevölkerung ca. eine Million mehr - 5,5 Millionen. Die Hauptstadt Indianapolis ist vergleichbar mit Frankfurt am Main - 700.000 Einwohner.

Frankfort, Kentucky, am gleichnamigen River, ist zwar auch Hauptstadt, mit 27.000 Einwohnern jedoch nur Regierungssitz. Die Wirtschaft floriert in Zentren wie Louisville, 290.000 Einwohner, in Owensboro, Lexington, Bowling Green und im „diesseits“ des Ohio gelegenen Covington dessen Brücken hinüber zur Wirtschaftsmetropole Cincinnati führen. Der Staat Kentucky, 104.000 qkm und 3,7 Mio Einwohner, ist bekannt für Tabakanbau, Bourbon-Whisky und für die größte Konzentration von Pferdezuchtfarmen in der Welt. Er ist darüberhinaus *der* Lieferant von Kohle, meist über Tage abgebaut. Zweitgrößter Arbeitgeber in Kentucky ist der Tourismus. Das hängt mit den reizvollen Wald- und Seengebieten zusammen, aber auch mit den meisten Meilen fließender Gewässer in den USA, ausgenommen Alaska. Der Ohio ist da nur ein Fluß unter vielen.

Klima: Die Durchschnittswerte für zwei Städte am Wege der beschriebenen Tour, Temperaturen in °Celsius, Regen = Tage mit Niederschlag je Monat:

		Mai	Juni	Juli	Aug.	Sept.
Cincinnati	hoch	24°	29°	31°	30°	27°
	niedrig	12°	17°	19°	18°	14°
	Regen	12	13	10	9	8
Louisville	hoch	24°	29°	31°	30°	27°
	niedrig	13°	18°	21°	19°	16°
	Regen	11	11	10	9	8

Innerhalb dieser Mittelwerte ergeben sich beträchtliche Abweichungen, wie der folgende Bericht zeigen wird. Wir erlebten wesentlich höhere Temperaturen und auch hohe Luftfeuchtigkeit.

Wie kommen Sie hin?

Flüg: Die dichten Streckennetze und Kooperationen der vielen Fluggesellschaften bieten eine große Auswahl und auch teils erhebliche Preisunterschiede. Cincinnati wird von Frankfurt am Main aus direkt erreicht. Unterschiede bestehen in der Gratisbeförderung von Sportgepäck - die Airline mit der wir flogen nahm unser Faltboot, nebst Zelt und anderer Ausrüstüng, ohne vorherige Absprache kostenlos hin und zurück mit.

Vom Flughafen Cincinnati abholen kann Joe Engelman, 14036 Boat Dock Road, Union, Kentucky 41091, Tel. 606-384-1713. Auf seinem Grundstück am Fluß konnten wir zelten und von dort starten.

Auto: Um vor oder nach der Boots-Wanderfahrt mehr vom Land zu sehen, lohnt sich das Mieten eines PKW. Zahlreiche Firmen bieten in allen größeren Orten Leihwagen an. Die starke Konkurrenz führt zu oft erstaunlichen Preisunterschieden. Nur ist es nicht immer möglich, das Auto nach der Fahrt woanders wieder zurückzugeben.

Wer hilft Ihnen bei den Vorbereitungen?

Ihr Reisebüro. Zusätzlich mit Informationen über die einzelnen Bundesstaaten das

Fremdenverkehrsamt der USA
Bethmannstr. 56
60311 Frankfurt am Main
Tel. 069 - 92003616
Fax 069 - 294173

Karten für die gesamten USA oder für die einzelnen Staaten sind im Buchhandel oder beim Geo-Center, ILH, Adresse im Anhang, erhältlich. Oder „drüben“, in bookshops und bei Tankstellen. Detaillierte Navigations-Karten für den Ohio, Abschnitt zwischen etwa Cincinnati und Mündung, gibt heraus das Corps of Engeneers, U.S.Army, District Louisville, 600 Dr.Martin Luther King, Jr. Place, P. O.Box 59, Louisville,

Kentucky 40201-0059, USA. Diese Karten sind direkt, vom Buchhandel oder über Marinas am Fluß zu beziehen. Sie und andere See- bzw. Flußkarten werden auch geliefert von der Fa. Marine Navigation Inc., 615 South la Grange Rd. La Grange, Il 60525, USA.

Literatur: Im Verlag Menasha Ridge Press, P.O. Box 59257, Birmingham, Alabama 35259-9257, USA, sind eine ganze Reihe von guten Kanu-Reiseführern erschienen. Darunter einer für die „Streams of Kentucky“ mit u.a. den Nebenflüssen des Ohio. - Unterhaltend schildert Harlan Hubbard in seinem Buch „Shantyboat, a river way of Life“, Verlag University Press of Kentucky, Lexington 40508-4008, USA, seine Fahrt im selbstgebauten Boot Ohio abwärts zum Missisippi. Bücher zum Reisen in den USA gibt es viele. Fragen Sie Ihren Buchhändler nach einer Auswahl.

Leihboote: Auskünfte über Möglichkeiten ein Boot zu mieten erteilt: Jim Thaxton, Executive Director of the National Association of Canoe Liveries and Outfitter, RR # 2, Box 391, Falmouth, KY 606-654-5111, USA. Die von seiner Frau geleitete Firma unter derselben Anschrift organisiert auch Paddelfahrten.

Ihre Wanderfahrt

Route: Unsere führte von Cincinnati, bzw. von einer Einsetzstelle hinter dieser Großstadt, bis nach Evansville, Indiana. Damit konnten wir, kurz nachdem das Flugzeug uns ablieferte, mit der Fahrt beginnen und in einer Stadt mit guten Verkehrsanbindungen aufhören. Bei entsprechender Zeitplanung ist der Fluß auf seiner gesamten Länge zu befahren. 20 mal muß dann geschleust werden.

Das Besondere: Viel Platz auf dem Wasser, Flußbreiten zwischen 600 und über 1.000 m. Die vier Stauwerke auf unserer Fahrtroute, mit Abständen zwischen ihnen von 117, 188 und 88 km, waren eher interessante Unterbrechungen. Durch sie geht die Strömung auf nahezu Null. Damit entfällt zwar das sich treiben lassen können aber auch jede Hektik vor Brücken und anderen Hindernissen. Es wird eine ruhige und erholende Wanderfahrt. Das Wasser ist sauber und warm genug um ausgiebig zu schwimmen. Jedenfalls in einigem Abstand von Großstadtbereichen.

Was erwartet Sie?

Fluß und Landschaft: Der Ohio mäandert zum Teil mit langen, engen Schleifen um die Hügelketten an den Ufern herum. Manchmal Felsen, im späteren Verlauf auch flaches Land. Vor allem bei den größeren Städten Industrieanlagen und Kraftwerke, manche sehenswert und, da schnell vorbei, kaum störend. Die Orte liegen oft weiter vom Wasser entfernt, auf der Karte verzeichnete sind häufig vom Boot aus nicht zu sehen. Außer in Stadtnähe an Wochenenden wenig andere „Verkehrsteilnehmer". Keine wesentlichen Probleme durch die von ihnen verursachten Wellen.

Wetter: Wir erlebten Ende August und Anfang September sehr hohe Temperaturen, am Ende der Fahrt kalte Nächte. Der frühe Herbst gilt allgemein als die beste Reisezeit die bis in den Oktober hinein verlängert werden kann, je weiter nach Süden man über unseren Endpunkt hinaus kommt. Sturm kann auf dem breiten Fluß die Weiterfahrt verzögern oder für kurze Zeit unterbinden.

Zelten: Es ist nicht immer ganz einfach einen guten Platz zu finden. Der Bericht gibt dazu einige Einzelheiten und auch „Problemlösungen". Gezeltet werden kann, außer ganz „wild", auch bei Sommersiedlungen und Mobilhome-Camps sowie, seltener, in Marinas.

Risiken: Eigentlich keine. Trotzdem verlangen Vorschriften das Mitführen einer Schwimmweste die von der US-Coastguard geprüft ist. Reicht dafür die eigene nicht aus, kann so ein Ding in Sportgeschäften für wenig Geld gekauft werden.

Was brauchen Sie?

Außer der erwähnten Schwimmweste nichts Besonderes neben der üblichen Aurüstung für längere Wanderfahrten. Jedes kleine Boot eignet sich auf diesem Fluß, ob Kajak, Canadier oder Faltboot. Sofern Sie nicht Ihr Reservepaddel als Schaufel benutzen wollen, ist so etwas wie ein Klappspaten zum Einebnen von zuvor schrägen Sand-Zeltplätzen zweckmäßig.

Versorgung: Lebensmittel und Trinkwasser bekommen Sie unterwegs, manchmal allerdings erst nach längerem Fußmarsch. Und wenn das Wasser zu stark chloriert war, kauften wir es gallonenweise in

Plastikbehältern. Angeln: Erkundigen Sie sich bei Ortskundigen danach, welche Fische ihr Revier in den oberen Wasserzonen haben. Die sollen gut eßbar sein. Am Boden gründelnde nehmen zu viele Schadstoffe auf.

Vorsorge: Keine besonderen Impfungen, keine speziellen gesundheitlichen Risiken. Sogar die sonst an Flüssen aktiven Moskitos haben uns während der Herbstwochen nicht sonderlich belästigt. Räucherspirale und Anti-Öl blieben unbenutzt.

Wieviel Zeit haben Sie?

Wir brauchten für die rund 450 Flußkilometer mit Abstechern in Nebenbäche und mit einigen Ruhetagen genau 3 ½ Wochen. Die im Schnitt 20 km pro Tag sind gemütliche Wanderpaddelei. Wenn Sie mehr Zeit haben, lohnt sicher die Weiterfahrt über Evansville hinaus. Entweder bis zur Mündung bei Cairo oder weiter Missisippi abwärts. Der hat dann schnelle Strömung und keine Schleusen.

Alternativen: Anfangen auf dem Kentucky- oder auf dem Licking River südlich von Cincinnati. Beide münden in den Ohio. Und nach der Flußwanderung, wir machten es so, im gemieteten Vierrad mit dem Umweg über die Apalachian Mountains zurück zum Ausgangspunkt. Spätestens dabei entdecken Sie, daß es in dieser Gegend genug Wasser gibt für eine oder mehrere Fahrten in den kommenden Jahren.

Und nun unser Bericht über die Fahrt auf dem Ohio River

Big Bone

Wir wollten nach Amerika. Genauer: auf den Missisippi. Die Vorplanung war in vollem Gang, als Bilder mit sehr viel Wasser über die Mattscheibe des Fernsehers huschten: Überschwemmung, Katastrophe, Verwüstungen. Und dort drüben regnete es weiter, der Fluß stieg über Ufer und Dämme hinweg, irgendwo unterwegs erreichte er die Höhe der ihn überspannenden Brücke. „Wenn wir da ankommen, gibts Probleme mit den Autos beim Rübertragen - ne, diese Fahrt ist damit buchstäblich ins Wasser gefallen. Wohin nun?“

In Cairo, an der Einmündung des Ohio,wollten wir starten. Ohio? Wäre der etwas? Die Karte zeigt einen langen, vielfach gewundenen Fluß mit einer laut Atlas Gesamtlänge von über 1.500 km. Mehr als wir brauchen. Aber ob und von wo aus er sich für eine Paddeltour eignet? Diese Fragen bleiben unbeantwortet. Denn das Porto, in Anfragebriefe nach drüben investiert, bringt nichts. „Entweder sind die zu faul zum Schreiben oder sie halten uns wegen der Paddel-Idee für Verrückte.“ Inwischen aber haben wir schon Plätze im gerade billiger gewordenen Nachsaisonflieger gebucht - wir „müssen“ also. „Wenn es da gar nicht geht, dann suchen wir ein anderes Ziel. Werden schon was finden.“

„Sprechen Sie Englisch?“ fragt die Bodenstewardeß beim Einchecken. Das „Ja“ macht uns zu Hilfs-Sheriffs. Vom Platz am Notausgang, mit unbeschränkter Beinfreiheit, aus, haben wir im Ernstfall für Ruhe und Ordnung an der Notrutsche zu sorgen und Anweisungen weiterzugeben. Die Bewährungsprobe jedoch bleibt aus. 100.000 Liter Kerosin schaffen es mühelos die 235.000 kg Gesamtgewicht - was sind da schon 100 kg. Faltboot- und Zeltgepäck - in die Luft zu wuchten und mit über 850 kmh den Zeitsprung von sechs Stunden nach „drüben“ - ohne Sommerzeit wären es sieben gewesen. Holland, England, Irland, Atlantik, Labrador, Kanada, Amerika - dazwischen Wiener Gebäck, indonesisches Hühnchen und deutscher Kaffee. Und ein Film in dem die Waffen sprechen - am Einnicken hindert nur der Knopf im Ohr. Und dann die aufgeregte Stimme vom Fensterplatz: „Da ist er, das muß der Ohio sein ...“ Das silberne Band verschwindet unter einer Wolkendecke und kurz darauf landen wir in Cincinnati. Die Attraktion dieses Flughafens: Ein Förderband, auf das man sein Gepäck nach der Zollkontrolle legen muß - um dann zur Ausgabe in einem anderen

Terminal laufen zu dürfen. Einen Kilometer oder zwei? „In Amerika sei alles größer, hat mal jemand behauptet. Stimmt - jedenfalls weiter ...

Um den Ohio auf „Befahrbarkeit" zu untersuchen, brauchen wir ein Auto. „Für einen Tag?" Nur ein Verleiher läßt sich darauf ein - Kreditkarte, Schlüssel, einsteigen, los. Los? Dem Wagen fehlt das Kupplungspedal: „Schon mal was von Automatik gehört?" Gehört ja, aber nie erfahren. Und so wird die Strecke zum nächst erreichbaren Campingplatz, 85 km weiter, entnervend - für die hinter uns. Quietschende Reifen auf der freien Autobahn - der linke Fuß erwischt das Bremspedal, abrupter Fast-Halt ohne von draußen sichtbaren Grund. Und ohne Gangschaltung, „was bedeutet was?", bleibt es beim Schleichtempo. Monster von Lastwagen überholen. Seltsam: Keiner der belästigten Fahrer hupt oder zeigt den Vogel. Und die Leute auf dem Parkplatz, die wir fragen wo denn die Lichtschalter bei solch einem Auto wären, lächeln eher verständnisvoll und helfen. Daß Autos ohne Betriebsanweisung vermietet werden, scheint normal in einer total durchmotorisierten Gesellschaft. Der Campingplatz: Die kleinsten mobilen Wohneinheiten die da stehen haben Eigenheimformate. Der Platzwart bittet per handgeschriebenem Zettel an der Tür um Einwurf des Obolus in den Briefkasten „...komme morgen gegen 10 a.m." und wo jemand sich hinstellt für die Nacht, ist egal. Auf dem Rasen am kleinen See zelten? Idyllisch. Bis auf die nahe Autobahn im Westen, heulende Lokomotiven im Norden, von Süden her im Tiefflug startende Flugzeuge und einem Camper der seinen Generator die Nacht über auf vollen Touren laufen läßt. Trotzdem: Wir schlafen wie die Murmeltiere. Denn als wir die Schlafsäcke koppeln ist's daheim erst oder bereits vier Uhr in der Früh.

Die Tankstelle verkauft Landkarten. Welche? „Die von Kentucky", empfiehlt der Verkäufer, da wären wir ja bereits. Ohio? Der Staat läge jenseits des Flusses, mit Cincinnati/Ohio. Aber auch nur mit einer kurzen Grenze, etwas weiter flußab sei dann Indiana. Ob wir die Karte davon auch wollten? „Später kaufen, wissen doch noch nicht, ob wir überhaupt fahren können." Mit dem Auto können wir's inzwischen. Die Automatik wird zum erlebten Genuß - der linke Fuß hat frei. Und der rechte auch. Denn ein Druck auf den Knopf am Lenkrad, den uns die Leute gestern abend zeigten, genügt, um das Vehikel im gleichen Tempo weiterrollen zu lassen - ohne Gas zu geben, ohne Beschleunigen bergauf oder Zurücknehmen des Fußes beim Bergab. Die vor und hinter uns machen das anscheinend auch so - gleichbleibendes Tempo bei allen, kein gehetztes Drängeln, Blinken und Überholen. Mittags haben wir, von einer Anhöhe aus, den Fluß vor uns. Groß, breit, ruhig. Von grünen Hügelketten gesäumt - keine Häuser, keine Schiffe in Sicht. Und Strömung? „Der Ohio hat keine", erklärt Joe Engelman, „hat auf der Strecke von hier bis zur Mündung in den Missisippi ein halbes Dutzend Schleusen - auf 465 Meilen. Wollt Ihr so weit paddeln? Möglich ist es." 750 km? Bischen weit auf nicht kooperativem Wasser - die Hälfte wäre auch genug. Joe erzählt von seinen Fahrten mit dem Ruderboot in der Umgebung, von solchen als Bootsmann auf Schiffen. „Mache das im Winter wenn hier nichts los ist." Getroffen haben wir ihn nahe dem Nationalpark Big Bone bei der gleichnamigen „landing". Das ist ein Betonweg der ins Wasser führt. Da liegen einige kleinere Motorboote am schwimmenden Steg, weit weg vom Wasser stehen ein paar Gebäude bzw. aufgebockte Mobilhäuser wie sie über die Autobahn auf Tiefladern transportiert werden. „Habe das Gelände hier von der Regierung gepachtet. Wer über den Weg sein getrailertes Boot einsetzt, zahlt mir eine Gebühr. Halte dafür alles in Ordnung, Toiletten, eine Tankstelle, die Pontons. Meine Vorfahren kamen übrigens vor etwa 200 Jahren aus Deutschland, wie bei vielen Familien in dieser Gegend. Schaut Euch, bevor Ihr wegfahrt, in Cincinnati bzw. im diesseitigen Covington die Main-Straße an, nach einem Fluß bei Euch drüben benannt. Dazu habt Ihr noch genug Zeit, denn ich kann Euch erst gegen 18 Uhr am Flughafen abholen." Abholen? „Ja, Ihr gebt Euer Auto dort ab, ich komme mit meinem - kostet 10 Bugs - Dollar. Und dann bleibt Ihr über Nacht hier. Okey?"

Tolle Lösung - „... genau der richtige Mann!" Langsam juckeln wir über Berg und Tal zurück in Richtung Stadt. Im Tourist-Center dort läuft eine Tonbildschau. Superbreitwandformat. Einwanderer vor alten Booten und Karren, Lederhosen- und Dirndl-Look, Oktoberfest mit viel Bier Marke Guldenborg aus Cincinnati, Blaskapelle, Zoo, romantisch aussehende Flußdampfer und sonnige Landschaft. „Unser Land ist schön", sagen die Bilder. Was werden wir von ihm sehen? Zunächst mal das angeblich deutsche Viertel. Sein Stil ist eher englisch, mit Säulen und Veranden. Souvenirläden, einer neben dem anderen. Zum Fluß hin eine Menge Restaurants mit kitschigen Figuren vor der Tür,

auf dem Dach „Big Boy“ und „Gold Star“ und natürlich „Mc Donald's“. Drüben, wohin die stählernen Brücken führen, das Manhatten Cincinnatis. Bürotürme, nicht anders als in Frankfurts City. Es reicht die aus der Ferne zu sehen. Zumal das Thermometer an einer Hauswand lecker warme 97 Grad zeigt - Fahrenheit. Umgerechnet - minus 32, geteilt durch 1,8 - sind das 36° Celsius. Und dann klappt alles wie geplant: Unser „Lehrwagen für fortgeschrittene Technik“ geht zurück auf den Parkplatz, Joes Pickup nimmt Bootsgepäck und Passagiere an Bord, stoppt unterwegs mehrere Male um die Körperflüssigkeiten wieder auf normales Niveau zu bringen und bevor die Sonne untergeht, liegt das aufgebaute Boot neben dem Zelt am Wasser. „Nachbarn“ von einem Motorboot am Steg fahren mit ihrem Auto zum Klohaus - auf dem Areal mit Platz für mehrere Fußballfelder scheint uns das nach einem ermüdenden Tag gar nicht so abwegig. Tagebuch im Zelt zu schreiben jedoch ist's. Geschwader winziger Plagegeister krabbeln durchs Moskitonetz, untersuchen intensiv die neuen Gäste. Kamen sie zum Licht rein, so folgen sie dem auch brav wieder nach draußen. Um dann vermutlich etwas ratlos zu sein, als das plötzlich verlöscht.

Neben dem Zelt ruft, nein trompetet ein Gänserich. Viel zu früh, denn eine Nebelbank liegt über dem Wasser. Flimmernd dringt das Rot von Bremslichtern eines Autos hindurch. Langsam fährt es rückwärts den Betonweg hinab, läßt den Zweiradanhänger eintauchen und das darauf liegende Motorboot aufschwimmen. Bis zu den Knien steht ein Mann im Wasser, hält das Boot, während Auto nebst Trailer zum Parkplatz brummen. Kurzes Aufheulen des Außenborders, der Kahn rauscht davon, danach ist wieder Ruhe. Nicht lange. Joe erscheint. Ob wir eine genaue Karte des Ohio haben wollten? Was wir für 15 Dollar bekommen ist ein ganzer Band mit Fluß-Navigationskarten, herausgegeben vom Corps of Engineers der US Army. Genau zu sehen: Wir befinden uns am Big Bone Creek, einem kleinen Nebenfluß der bei Meile 516,5 in den Ohio mündet. Die Fahrwege für Schiffe sind markiert, Leuchtfeuer farbig angegeben, Uferbeschaffenheit gezeichnet, Schleusen, Brücken und Orte. Und einige Beschreibungen - z.B. von dem Big Bone Park in unserer Nachbarschaft. „Ihr habt ihn noch nicht gesehen?“ Joe ist erstaunt, „Chief Little Foot fährt Euch hin.“ Ein Indianer-Häuptling? Joe nickt: „Er wohnt hier auf seinem Boot, sein Stamm aber existiert nicht mehr. Er zeigt Euch auch den Laden zum Einkaufen. In einer Stunde?“

Klein, untersetzt, ein breites, freundliches Gesicht unter langen rötlich braunen Haaren - warum sind die nicht schwarz? - der chief. Jeans, offenes Hemd, um den Hals am Lederband ein Amulett. Anders, als der Bilderbuch-Häuptling aus Indianerbüchern. Schweigsam zunächst, zugeknöpft. „Über die Lebensbedingungen der Ureinwohner Amerikas wissen wir wenig in Deutschland. In dieser Gegend haben wir bisher keine gesehen. Sind sie ausgewandert oder ausgestorben?“ Vom Fahrersitz des Pickups, der von der Landing weg durch ein grünes Tal rumpelt, schaut der chief mit einem gequält aussehenden Lächeln herüber. „Wir haben zwei Klassen von Indianern in den States. Die in den Reservaten und die außerhalb. Die letzteren sind Staatsbürger, die anderen nicht. Obwohl ihnen einmal das Land gehörte. Ja es stimmt: wer im Reservat wohnt ist offiziell kein Amerikaner, hat keine Rechte, wurde beim letzten Zensus auch nicht mitgezählt.“ Und er selbst? „Ich wurde außerhalb des Reservats geboren, war deshalb gleich Bürger. Und nur deshalb kann mir niemand verweigern an Wochenenden im Park etwas von unserer alten Kultur zu zeigen, Kleidung, Tänze, Schmuck usw. Aber die Amerikaner sehen das nicht gern. Oft höre ich feindselige Bemerkungen über und gegen uns Indianer, sehe wie Eltern ihre Kinder weg ziehen.“ Wo sein Stamm blieb? „Umgesiedelt in eine unwirtliche Wüstengegend, das fruchtbare Land wurde ihnen abgenommen.“ Jede Vereinbarung zwischen Regierung und Stämmen sei anders. Es gäbe Reservate, die durch einen miesen Friedensschluß überhaupt keine offizielle Hilfe bekämen, dort sei es schwer zu überleben. „Wir sind eine Nation in der Nation. Und viele Leute hier im Land haben Angst davor, daß die verbliebenen Stämme untereinander Kontakt nehmen, sich verbünden und aufsässig werden.“ Eine begründete Sorge? Little Foot zuckt die Achseln und schweigt. Er hält vor einem weiß gestrichenen, niedrigen Gebäude, aus längs genagelten Holzbrettern gefügt, schräges Dach. Aufschrift: Rabbit Hash General Store, since 1831. „Der älteste Laden in dieser Gegend.“ Drinnen vieles noch so wie vor 162 Jahren. Theke, Regale mit kleinen Fächern für die Postverteilung, hohe Bonbongläser und von der Decke hängende Körbe, Kannen und Eimer. Nur waren die damals noch nicht aus Plastik und den ausgestellten Souvenir-Kitsch gab's früher auch wohl nicht. Was wir an Unterwegs-Verpflegung brauchen ist da. Little Foot schaut zu während wir etwa eine Wochenration kaufen und bemerkt beim Rausgehen: „A real adventure, such a wilderness trip". Abenteuer - Wildnis, aus der Sicht eines Indianers, in diesem zivilisierten Land? Das mache hier niemand mehr, meint er zu unserem Lachen.

Abstecher in den Big Bone Lick State Park und dort zum Museum. Eine Hälfte Andenken-shop, in der anderen Knochen von Mammuts und Mastodons, von ausgestorbenen elefantenähnlichen Urtieren. „Hier, auf diesem Gelände, zogen die 8.000 Jahre lang durch Sümpfe und zu den Mineral- und Schwefelquellen. Im Pleistozän, gegen Ende der Eiszeit, vor etwa 12.000 Jahren. Sie waren vor dem Eis nördlich des Ohio hierher gekommen, lebten und starben aus", erzählt die Tonbildschau. Immer noch finde man ihre Knochen im morastigen Grund des Geländes, gut konserviert durch das Salz im Boden, „die größte Fundstätte dieser Art." In nahezu allen prähistorischen Museen der Welt seien sie zu bewundern.

Zurück zur landing. "Das haben wir zusammen mit Freunden in Cincinnati gebaut", Joe und Little Foot zeigen stolz „Living Waters", einen

Nachbau der Fahrzeuge, mit denen die ersten Siedler, ab 1700 etwa, den Ohio abwärts fuhren: „Von Pittsburgh aus hier vorbei und dann auf dem Missisippi weiter nach Süden um Siedlungsland zu suchen. Oder auch um Handelsware zu bringen. Dann wurde das Boot vollgeladen mit Säcken und Kisten. Und ein Pferd kam mit. Denn am Endpunkt der Reise verkaufte man das Boot und ritt über Prärie und Berge zurück." Viel Platz auf dem Schiff, reichlich 3 mal 10 m Fläche. Darauf ein Haus mit Türen und Fenstern, drinnen alles was man zum Wohnen und Schlafen braucht, Biber- und Bärenfelle, alte Gerätschaften. Auf dem Achterdeck die Feuerstelle, vorn Ställe für Hühner. „Unterwegs haben die Siedler gejagt, Beeren, Früchte und wild wachsendes Getreide geerntet. Ungefährlich waren die Fahrten nicht, es gab Piraten die den Schiffern auflauerten. An einem derer Schlupfwinkel werdet Ihr vielleicht vorbeikommen, Cave in Rock. Das Felsennest hatten die Gauner als Taverne deklariert. Händler die dort Rast machen wollten wurden umgebracht und eine neue Besatzung übernahm ihre Boote und verkaufte die Ware in New Orleans. Die Höhle ist noch da, die Piraten nicht mehr - Ihr braucht also keine Angst zu haben. Außerdem: Was habt Ihr schon als Ladung an Bord? Später dann, mit dem Bau von Dämmen, wurde der Fluß breit und verlor seine Strömung. Für diese alten Schiffe war es vorbei. Die Dampfboote kamen.“

Meile 468 - 574

Das erste, das uns begegnet, nachdem wir Creek-abwärts den Ohio erreicht haben, ist eine Schubeinheit. Fünf Lastkähne zu zweit, einige zu dritt, nebeneinander verlascht, hinter ihnen der angekoppelte Motor-"Schieber", ein Kraftpaket voller PS. Länge geschätzt an 400 m. Wir haben in die Innenkurve des Flusses verholt, außen zieht der starre Verbund langsam vorbei. Mächtig quirlt und spritzt es hinter ihm. Doch die Wellen die heranrollen, sind nahezu unbedeutend. Noch zweimal begegnen uns heute diese Schieber, beide kürzer, die Kähne tief im Wasser, hoch mit Kohlen beladen. Viel Platz zwischen ihnen und unserem kleinen Boot. Der Fluß ist breit. Wie breit? Dazu müssen wir zunächst mal die Maße auf der Karte umrechnen. Sie werden in Fuß angegeben. 1' = 30,48 cm, in der Kartenskala entspricht 1" - inch = 2,54 cm - 2000 Fuß. Und danach sind es hier mehr als 600 m von einem Ufer zum anderen. Kleine bis mittlere Berge an ihnen, dicht und grün bewachsen, schön. Das Wasser? Unerwartet sauber. Am Ufer jedoch Schlamm - zum Baden fahren wir an den Steg eines Hauses irgendwo hinter den Bäumen. Und trotz der Wassertemperatur, die unsere Mineralbäder zu höheren Eintrittspreisen nutzen, klettern wir erfrischt ins Boot zurück. Aber Zelten? Inzwischen ist es später Nachmittag und wir paddeln auf dem stromlosen Fluß immer noch unter grünen Hängen deren Bäume und Büsche bis an die Wasserkante reichen. Wohin? Die Mündung eines Nebenbaches, des Bayant Creeks. In dem vielleicht? An seinem Ende, weiter bergauf ist er zugewachsen, ein breiter Steg. Das Haus dahinter verlassen - den Verfallzeichen nach bereits seit langer Zeit. Gras fürs Zelt genug am Ufer. „Aber warum so weit weg? Bleiben wir doch auf dem Steg!" Das Zelt hat auf ihm Platz, seine Leinen lassen sich befestigen, das Boot kann auch noch mit rauf - ideal. Da der Untergrund des Baches weich und moorig ist, waschen wir uns auf indonesisch - mandien - Wasser schöpfen und übergießen. Ein weißer Reiher schaut zu, Frösche quaken, Fische springen. Und nur langsam wird es spät dunkel.

Vevay

Mitten in der Nacht Gewitter. Donner, Blitze - können die Böen unser Zelt vom Steg pusten? Die Wassersäcke zur Beschwerung auf eine Seite, Zusatzleinen zur Windseite hin spannen, den erfrischenden Schauer genießen und schon ist alles vorbei. Weiterschlafen.

Morgens erreichen wir Warschau, Warsaw geschrieben. Schöne Landhäuser, kleine Kirche, gepflegte Uferanlage. Gegenüber Florence mit der Einfahrt in den Turtle Creek. Marina, Segel- und Motoryachten an den Stegen. Kaum haben wir festgemacht, da bringt uns der Eigner eines der Boote zwei eiskalte Dosendrinks: „Finde es super, was Ihr da macht. Aber bei der Hitze?!" Auf dieser, auf der rechten Seite des Flusses, sind wir in Indiana. Ob sie eine Karte von diesem Staat zu verkaufen habe, fragen wir die Chefin der Anlage. Nein - aber kurz darauf gibt sie uns Photokopien aus ihrem Atlas, „damit Ihr Euch nicht verfahrt." Wir beide erinnerten sie irgendwie an den Schriftsteller Harlan Hubbard und seine Frau. Wieso das? „Nun, die sind, lange her, so wie Ihr auf eigene Faust losgezogen, mit einem „shantyboat", einem selbstgebauten Flachboot. Kamen hier vorbei und fuhren dann den Missisippi herunter bis zum Meer, waren mehrere Jahre unterwegs." Später hätten sie etwas weiter flußab gewohnt. Sie lebten nicht mehr, aber ihr Haus, wie ein Museum, sollten wir besuchen. Sie markiert es auf unserer Karte ebenso wie die schönsten Seitenflüsse und erwähnt, daß es an diesem Wochenende ein Fest im ersten Ort hinter der nächsten Schleuse gäbe. Falls wir mitfeiern wollten? - Vor einem der nahen Mobilhomes sitzen zwei ältere Leute und schauen zum Fluß. „Haben Euch schon gesehen, wie Ihr rein gekommen seid. Falls Euch was passiert sind wir zuständig." Als freiwillige Helfer der Coast Guard überwachen Jim und Lucie einen Flußabschnitt, je ca. 15 Meilen stromauf und stromab. „Radio, Walkie-Talkie - wir sind schnell informiert. Und mit dem kleinen Elektroauto mobil." Jim kam bei Kriegsende mit der Army nach Deutschland. „Wußte von Eurem Land nur, daß da üble Unmenschen wohnen. War dann ziemlich überrascht darüber, wieviele nette ich traf und was ich da erfreuliches erlebte."

Die beiden winken vom Deich. Zwei Meilen weiter, eine sind 1.609 m, haben wir den Markland Dam vor uns. Ein mächtiges, über den hier breit aufgestauten Fluß gezogenes Bauwerk. Rechts, auf der Karte eingezeichnet, „restricted area" vor dem eigentlichen Damm, links die Doppelschleuse. Und dort finden wir das vom Coast-Guard-Helfer beschriebene Schild „Pull string here". Die Leine, an der wir demnach ziehen sollen, hängt hoch, knapp erreichbar, „so kleine Boote haben die hier nicht auf der Latte." Halb aufrichten, ziehen und das wirkt: Eine Sirene heult kurz auf, das breite Schleusentor öffnet sich. Mit uns

zusammen läuft ein kleines Motorboot ein, und schon schließt das Tor wieder: Zwei Winzlinge zwischen den etwa 200 m langen Betonwänden der Kammer. Erst jetzt zeigt sich der bärtige Schleusenwärter. „You look very beautifull", ruft er von hoch oben herab.
„Der meint Dich."
„Quatsch. Hat vielleicht noch nie so'n schickes Boot gesehen."
Anders als bei den Schleusen daheim, sinken hier in die Mauer integrierte Festmacherkästen mit dem fallenden Wasser quietschend nach unten. Kein Nachfassen von einer schmierigen Leitersprosse zur nächsten, kein Nachführen der Leine. Weder Strömung noch Strudel in dem riesigen Becken, dessen Mauern um fast 10 m höher werden. Und bezahlen? „Nichts", erfuhren wir in der Marina, „die US-Army Engineers, die unsere locks betreiben, machen das gratis, jedenfalls für pleasureboats." Für Vergnügungsboote - die Bezeichnung stimmt.

Wirklich vergnügt paddeln wir weiter. Der Fluß wurde schmaler, hat sandige Ufer mit Kieskanten, und ab und zu schiebt sich eine Wolke vor die Sonne. „Haben wir uns daheim je über weniger Sonne gefreut?" Frische Brise von vorn. Und dort die erste Fabrikanlage. Hohe Schornsteine, dampfende Rohre, Maschinenlärm. Keine Menschen und kein wahrnehmbarer Gestank. „Power Plant" nennt die Karte das, ein Kraftwerk, „auch ein bischen größer als bei uns." Eine Meile weiter links der Ort Ghent, rechts die landing von Vevay, wo heute und morgen gefeiert wird. Einige Hausdächer, weit weg, niemand am Wasser, nichts zu sehen. Dann, nach etwa 1000 m, oben auf dem Berghang ein Hotel. Mini-Sanddünen kurz danach: „Da zelten und morgen in Vevay schauen ob was los ist?" Ein bequemer Platz, nah am Wasser. Das ist sauber zum Schwimmen. Und später gibt's Nudeln mit Schinken frisch vom Kocher. Ein schöner, ruhiger Abend. Immer mehr Schubschiffe passieren. Ihre weitstrahlenden Scheinwerfer suchen in der Dunkelheit die Ufermarkierungen, bleiben für kurze Zeit auf dem Zelt hängen, dann ziehen die langen dunklen Schatten vorbei. Lichter markieren Anfang und Ende des Verbundes.

Niemand sonst geht zu Fuß auf der Straße nach Vevay. Es ist heiß, die Sonne brennt und Schatten gibt es erst im Ort unter Bäumen längs der Allee. Aber los ist da nichts. Karussels in einer abgesperrten Straße stehen still, Würstchenbuden sind zu. „Gehen Sie zum anderen Ortsende", rät ein alter Mann, „da versammelt sich die Parade."

Vorbei an Kirchen aus rotem Backstein und weißgetünchter Fassade mit Säulentürmchen, an Gebäuden im viktorianischen, klassizistischen und Tudorstil, daneben modernste Architekten-Kreationen. Menschen? Keine. Doch auf dem Sportplatz am Ortsausgang, da tut sich was: Drei Feuerwehrfahrzeuge mit ihren Besatzungen; ein Sheriff, Bügelfalte, Diensthemd mit Stern, Colt am Gürtel; Autos mit handgeschriebenen Plakaten wie „Sponsor: Tina Soundso" und ganz groß das Motto dieses Festes: „Swiss Wine Festival". Neben dem Wagen mit Weinreben und Flaschenimitationen stehen drei Männer: Tarnjacken, Orden und Abzeichen darauf, verwegene Barette über Sonnenbrillen, ihre Maschinenpistolen schußbereit im Arm.

„Seid Ihr Soldaten oder Polizei?"
„Vietnam - Veteranen."
„Immer noch bewaffnet?"
Der eine nimmt seine MP und biegt sie um 90 Grad: „Plastik". Der Krieg sei hart gewesen, erzählen sie, schlimmer aber für viele die Rückkehr, als Verlierer, Verbrecher, Geächtete. „Das haben sie nicht verkraftet, sind daran zu Grunde gegangen. Von unserer Einheit waren es mehr als an der Front fielen. Um zu zeigen, daß wir uns nicht verstecken müssen, daß wir immer ein Teil des Ganzen waren und auch noch sind, marschieren wir in der Parade mit."

Pfadfinder dekorieren einen Lastwagen mit Zelt und Banner. „Vevay, Switzerland County" steht drauf. „Ja, unsere Vorfahren stammen aus der Schweiz", erzählt ihr Anführer, „aus einem Dorf das dort Vevey geschrieben wird - in unserer Sprache klingt das mit a besser. Zuerst kam einer aus der Familie meines Vaters, ein James Dufour, kurz vor 1800 in diese Gegend, fand sie gut und geeignet für den Weinanbau. Danach dann andere, viele Weinbauern. Heute noch werden um die 50.000 Gallonen Wein im Staat Indiana produziert." Eine Gallone = 3,785 Liter - 'ne ganze Menge also. „Und darum feiern wir jedes Jahr dieses Fest. Mit 'nem Wettbewerb im Weintraubenstampfen, Jodeln und Polka tanzen. Alles so wie in der Schweiz. Waren Sie mal dort?" In Vevey? Lange her. Aber ziemlich oft, zu Konferenzen, Projekt- und

Budgetbesprechungen im Zentrum des Nestlé Konzerns am Genfer See. Aber daß es *dieses* Vevay gab und gibt, das wußten damals wohl selbst die amerikanischen Kollegen nicht.

Der Festzug, die Parade. Voran die drei Veteranen mit dem Sternenbanner. Sie und die Blaskapelle in weißen Uniformen sind die einzigen die marschieren. Alles andere fährt: Die Weinkönigin die hier Princess Edelweiß heißt; ihr court, lauter hübsche Mädchen als Hofstaat; der Senator, der für sich Reklame macht; die Mitglieder der Oppositionspartei; alte Herren in gocarts und Jugendliche in Oldtimern. Und auch die Zuschauer sind motorisiert: Sie bleiben in ihren am Straßenrand geparkten Autos sitzen, hören aus Lautsprechern vom eins, zwei g'suffa im Hofbräuhaus, von Blue Spanish Eyes, sowie Werbesprüche aus einem Wagen der regionalen Rundfunkstation. Am Ortsende löst der Zug sich auf, Das Fest ist vorbei. Ob wir auch in Owl's Hotel logierten, fragt die Frau im Tankstellenladen. Im Zelt? Das hält sie für einen gut gelungenen Witz - „you are kidding!"

Es bleibt heiß. Zur „Abkühlung" paddeln wir nachmittags in einen Seitenfluß hinein, in den Indian Creek. Über ihm fast zusammenwachsende Bäume bilden ein schattiges Dach.
„Dauernd die Sonne. Total matschig. So schaffen wir's nicht weiter."
„Vielleicht Salzmangel durch das dauernde Schwitzen?"
Das sonst sicher widerliche Gesöff aus übersalzenem warmem Wasser schmeckt nicht nur gut, sondern wirkt auch prompt. Eine fast unglaubliche und schnelle Reaktion - wir fühlen uns wieder frisch und gegen's Weiterpaddeln auf dem Fluß ist nichts mehr einzuwenden. „Ist medizinisch leicht zu erklären - beim Unterschreiten des Minimums an Salz im Körper arbeiten u.a. Nervenzellen im Gehirn nicht mehr gut. Und dann hört der Spaß am Tun eben auf." Wir haben ihn wieder. Bis ein schnelles Motorboot mit zwei blauen Lampen quer über den Ohio heranprescht und uns zum Halten auffordert. Schaukeln in seiner Bugwelle, dann sind wir längseit. „Haben Sie Schwimmwesten dabei?" fragt einer der beiden Uniformierten. Auf seinem Ärmel ein Schild,

darauf, übersetzt, etwa „Naturschutzpolizei des Staates Indiana“. Wir reichen unsere Schwimmkragen, die sich aufblasen können, rüber. Ob die von der US-Coast Guard anerkannt wären? Etwas zweifelnd schauen sie sich die längst abgelaufenen Prüfsiegel des deutschen Herstellers an. „Ist der erste Fall dieser Art. Überhaupt so ein Boot wie Eures“, hupps, eine Welle hebt's hoch und verursacht gut auszugleichende Schlagseiten, „ ... scheint ja doch recht stabil zu sein. Wollen Sie uns nach Ihrer Fahrt über Ihre Erfahrungen schreiben?“ Damit ist die Kontrolle ausgestanden. Und wir haben Glück gehabt. Denn wie wir später hören, kostet das Fehlen einer „approved“ Schwimmweste 100 $ Strafe. Dabei muß man sie nicht tragen, wie der Offizielle versicherte, „aber dabei haben ...“

Der heutige Zeltplatz bringt einen Besucher: Auf seiner Dreirad-Honda kurvt der junge Mann durch den tiefen Sand, hält, erweitert seinen Bierbauch durch eine kräftige Zuladung und erzählt. Arbeit in der power plant, sieben Tage in der Woche, dann ebenso lang frei - jetzt zum Beispiel. Abends in die Disko um Freundinnen kennenzulernen. Doch in Urlaub mit denen? Nein, dazu müßte man verheiratet sein. Und plötzlich, genau zu beobachten, kommt ihm eine Idee - versonnen schaut er zum Zelt und sagt: „You make love every night in the tent?“

Berge wie am Rhein, Hochsommerwetter. Und jetzt, nicht mehr weit von der nächsten Stadt, mehr Betrieb auf dem Wasser. Familien schieben ihren Kahn vom Trailer in den Fluß, drehen einige Runden, jagen den Kentucky-River rauf und runter, ziehen das gute Stück wieder auf die Räder und fahren zufrieden heim: Mal wieder gut motort. An der Mündung des genannten Flusses haben wir in Carrelton eingekauft - im Laden der Tankstelle, der Supermarkt liegt weit draußen vor der Stadt. Doch viel gab es nicht. Nur das was US-Trucker so brauchen - Coke, Chips, Lucky Strike, Hamburger aus dem Mikrowellenschrank. Und kalte

Limonade. Die ist unterwegs gleich weg, wo gibt's mehr? „Der nächste Laden ist weit“, sagt die Frau bei deren Haus wir uns erkundigen, „aber ...“, sie geht an den Eisschrank, holt Dosen mit Eistee: Nehmen sollten wir sie, natürlich geschenkt. Und vielleicht auch noch etwas Eiswasser? Während sie es für uns in eine Plastiktüte füllt, zeigt ihr Mann, um die 80 Jahre alt, sein hobby. Eine Dampfmaschine, selbst im Maßstab 1:2 zusammengebaut, „alle Teile so angefertigt, wie man das früher von Hand machte.“ Drei Jahre Arbeit, viel Geld investiert. „Gelohnt? Hat Spaß gemacht. Nehme sie öfter mal mit zu Ausstellungen. Mein Beruf früher? Autoverkäufer.“ Nach 12 Meilen Fahrt und schon gegen Abend, landen wir, die Brücke zwischen Milton und Madison in Sicht, aber außer Hörweite. Der Platz unterhalb eines Deiches ist gut, die farbigen Lichter der Stadt spiegeln im Wasser. Und in der Nacht kühlt es nur noch wenig ab.

Madison

Morgens Nebel. Die Brücke kaum noch zu sehen. Keine Schiffe unterwegs. Außer unserem. Es kreuzt auf die rechte Flußseite, weil die Karte nach der Brücke links einen Leitdamm zeigt, der bis in die Hälfte des Stromes ragt. Dann sind wir in Madison. Nach dem Wellcome-Schild an einem etwas armseligen Gebäude der 14.000 Einwohner-Stadt, mehrere am Ufer vertäute Barges, miteinander verbundene Kähne, einladend dekoriert, das „Bonnie Bell Restaurant“. Zwischen schwimmendem Speisehaus und Anlegeponton liegt „Tari“ quer rüber vertäut, dadurch vor Wellen und Langfingern geschützt während wir bummeln gehen. Ein Gebäude aus dem vorigen Jahrhundert, „das erste zweistöckige“, erzählt sein Schild am Zaun. Viel höher sind die an der langen Haupt- und einigen Nebenstraßen auch nicht. Kino, ein paar kümmerliche Geschäfte, „und wo sind die richtigen?“

Niemand unterwegs um zu fragen, zu Fuß sind wir bei der Bullenhitze allein auf dem heißen Pflaster. „Fahren Sie ins shopping-center", rät dann die Frau im klimatisierten Tankstellenbüro, „Sie haben kein Auto?" Sie schaut mißtrauisch und bestellt ein Taxi. Es kommt nach 20 Minuten. „Gab früher mal vier Taxibetriebe in der Stadt", entschuldigt der Fahrer die Verspätung, „heute nur noch einen. Hat ja jeder sein Auto." 3 ½ Meilen bergauf zu den Supermärkten und Warenhäusern hinter riesigen Parkplätzen. 24 Stunden geöffnet, Warenstapel, Preise, Rabatte. Verkauf von Eisblöcken in großen Plastiksäcken - das Geschäft blüht. Wir nehmen unter anderem Pulver für durststillenden Saft mit und das, was man hier Brot nennt „... in Scheiben vorgeschnittene Luft zwischen Watte. Einziger Vorteil: Schrumpft unter Druck im Vorratsbeutel auf die Hälfte. Besser Kekse kaufen." Mit 25 in den am Straßenrand stehenden Telefonapparat eingeworfenen Quarter-Münzen wollen wir nach Hause telefonieren. „Ich weiß, daß Germany in Europa ist", entrüstet sich der Vermittler in der Leitung über unsere zu ausführliche Anmeldung. Recht hat er, denn ein Germany finden wir auf der Karte nicht. Dafür Frankfort, Hanover, Darmstadt und Stendal, sowie Paris, Versailles, London und auch Lebanon. Mittagessen - die Portion ist zu groß, der Milkshake im Literbecher: „Kein Wunder, daß so viele Leute hier so dick sind." Ob wir ein „doggie-case" für die nicht gegessenen Reste haben wollten, fragt die Servierin. Die Schachtel für den Hund wird voll - unser Abendessen heute.

Brütend heiß auf dem Wasser. Langsam paddeln wir an einer Werft und an der Indiana-Kentucky Power Plant vorbei, suchen zeitig einen Zeltplatz und finden keinen guten. „Der Ponton da?" Die Mobilhäuser zu denen er gehört sind verlassen. Er ist neu, riecht nach frischem Holz, hat 'ne Leiter, ideal zum Schwimmen. Und Platz genug für Boot und Zelt. Dazu noch ein „Extra": Nachts beschert er uns mit seinem Schaukeln in den Wellen der Schubschiffe Träume von Hochseefahrten. Und morgens einen Ideenwettbewerb: Wie läßt sich ein Kajak zum schwimmenden Zeltplatz umfunktionieren? Mit Auslegern und faltbarer Bodenplatte? Oder ein Zelt mit aufblasbarem Boden konstruieren? - Das Schriftsteller-Ehepaar dessen Museumshaus wir besuchen sollten, hatte ihr flußab treibendes, streckenweise gerudertes Hausboot am Ende der Ohio- und Missisippi Reise verkauft - in den Bayous, den Wasserwegen die parallel zum Meer am Golf von Mexiko verlaufen.

Sie siedelten sich in Payne Hollow an, schrieben, malten und machten Musik. Und da suchen wir ihre Vergangenheit. „Gegenüber der nie fertig gebauten Nuclearfabrik", hieß u. a. die Beschreibung, die wir am Turtle Creek bekamen. Doch schade, das Holzhaus ist verschlossen, niemand da. „Vielleicht bekommen wir irgendwo eines der Bücher über ihre Fahrt?"

Unsere führt heute nach Bethlehem, 17 Meilen unterhalb Madison. „War früher mal ein bedeutender Ort", erzählt der Mann, der unseren Wasserbeutel in der Küche füllt, „Schiffe legten an, Leute kamen mit ihnen zum Wochenende und zu den Ferien. Es gab ein Hotel, Gasthäuser und ein Kino. Dann endete die Flußschiffahrt. Für die Autos kam ein highway der aber nicht durch den Ort führt. Und damit war es aus. Wie auch für die meisten anderen Ortschaften am Wasser. Heute wohnen hier nur noch im Sommer Leute aus der Stadt und ganzjährig ein paar alte wie wir." Den Zeltplatz finden wir eine Flußmeile weiter an der Mündung eines Baches. Auf dem Kocher brutzelt Gemüsesuppe mit frischen, feingeschnibbelten Karotten. Dazu die „Resteverwertung" aus Madison.

Grillen singen, Konkurrenz zum Brummen des Baggers, der Ohiosand in Bargen spült die ein kleiner „Schieber vom Dienst" sogar im Laufe der Nacht gegen leere austauscht. Die lange Reihe weißer schwimmender Sandberge nimmt morgens sein größerer Kollege an die Stirnfront, verkabelt sie, und fährt mit ihnen noch eine Weile vor uns her. Diese und eine weitere Frachteinheit sowie drei kleine Motorboote - mehr ist heute auf dem Wasser nicht unterwegs. Der Landschaft nach könnten wir am Main sein - nicht ganz, weiterläufiger ist's und weniger Betrieb. Und wärmer, nein heiß. Baden vom Ufer aus kühlt etwas. Trinken! Warmes Wasser, dann eiskalte Limo von einer Tankstelle am Fluß. Die Frau dort will zunächst nicht einmal Geld für die Erfrischung. „Ihr

braucht's doch", meint sie. Die Dosen oder den Dollar? „Du, die hält uns für arme und bedürftige, paddelnde Vagabunden!" Möglich.
In der nächsten Marina liegen Motoryachten an den Stegen, im Vergleich zu denen wir schon etwas sonderbar wirken.
„Sechs- und mehrstellige Dollarobjekte. Kann sich doch eigentlich nicht lohnen, soviel Geld für so'n Schiff zu investieren."
„Kommt darauf an warum. Um zu repräsentieren, um dadurch ans große Geschäft zu kommen? Hilft manchmal. Oder als Geldanlage."
„Womit dann Kosten entstehen. Unterhalt, Liegeplatz usw."
„Oder das Boot spart Aufwendungen - im Urlaub, für Hotel, Auto, Restaurant und so weiter. Und bei diesen Entfernungen hier braucht man wohl schon so'n großen Pott."
„Mir reicht unser kleiner noch. Was hat der vor 25 Jahren gekostet?"
„250 Mark - im Ausverkauf. Plus später die zweite Haut."

Vorbei am „Eighteen Mile Island". Dieser 18- werden später 12- und 6 Meilen Inseln folgen. Etwa entsprechen die Namen ihrer Entfernung zur nächsten großen Stadt, vielleicht heißen sie darum so?
„Wenn das da in Louisville so zugeht wie im Hamburger Hafen, dann wird's gemischt. Boote, Schiffe, Bug-, Heck- und Kreuzwellen."
„Und dann noch die Schleuse, der enge Kanal zu ihr. Falls da so'n Dampfer uns mit full speed überholt oder entgegenkommt?!""
Wir planen kurz vor der Stadt zu zelten um dann zeitig in der Früh den Trubel hinter uns zu bringen. Das wird übermorgen sein. Bis dahin, um im „Zeitplan" zu bleiben, langsam fahren. Gemächlich trudeln wir an einer langen Reihe stilvoller Landhäuser entlang, Bootsstege vor der Tür und, meist bereits auf Land gezogene, mehr oder minder aufwendige Fahrzeuge. Am Ende der Ansiedlung ein Grundstück, durch den einmündenden Bach abgetrennt - aussteigen, bleiben?

„Natürlich könnt Ihr da über Nacht kampieren“, meint ein Mann, der in der Nähe seinen Trailer ins Wasser schiebt. Kein Boot sondern ein water-scooter darauf. Der etwa 12 Jahre alte Sohn schiebt das Ding in den Fluß. „Macht 40 mph“ zeigt er stolz und so schnell jagen die beiden nun abwechselnd eine Stunde lang wie wild herum, versuchen auf den selbst verursachten Wellen zu hüpfen, rechtwinklig zu kehren und sich wie Motorradrennfahrer in der Kurve mit den Knien abzustützen. Was zum Umschmiß führt, wobei das Ding aber nicht absäuft.
„Leider nicht - der Krach. Und sinnloses Gerase.“
"Finden wir, denen macht's Spaß“

Diese Wasser-Motorroller, die wörtliche Übersetzung, sowie schnelle Boote mit dicken Außenbordern und weiße, schicke Yachten zeigen die Nähe der Großstadt. Da es nur noch 12 Meilen bis zur ersten Brücke sind, fahren wir mittags in den Harrods Creek, vertäuen das Boot am Steg und sitzen unterm Walnußbaum auf der Terrasse des Restaurants „Captains Quarter“. Das Essen müssen wir uns holen - serviert wird draußen nicht, dazu ist es zu warm. Drinnen dagegen, in der Halle voller Gäste, frostig kalt. „Bei diesem Wetter seid Ihr im Boot unterwegs? Ohne air-conditioning? Das ist abenteuerlich“, meint ein Mann an der Theke. Heute seien es 103 Grad und er überlege sich jeden Schritt zum Parkplatz und aus dem gottlob gekühlten Auto ins klimatisierte Büro. Wir sollten doch vernünftigerweise in einem Hotel besseres Wetter abwarten. Besseres Wetter? Es ist herrlich. Eine Weile paddeln wir sogar im Schatten weit übers Wasser hängender Bäume, schwimmen ein Stück am Ufer entlang und sind dank der Trödelei erst gegen Abend am Rand der Stadt. Nicht weit vom Hotel Horseshoe gibt's eine Wiese, Häuser und Straße weit weg. Das Zelt steht gerade, da kommen zwei Männer. Ob ihnen das Grundstück gehöre? „Wir dachten Euch und daß Ihr vielleicht was gegen unsere Angeln habt.“ Einer trägt 'ne Schirmmütze wie das Deutsche Afrika Korps im Krieg sie hatte, mit Adler und Kokarde. „Gibt hier mehrere Clubs die sich mit dem zweiten Weltkrieg beschäftigen, die solche Sachen kaufen und verkaufen. Nein, mit Nazitum hat das nichts zu tun. Ist eher so etwas wie Geschichtsforschung. Denn unsere Generation weiß wenig über die Zeit in der so viel passiert ist. Diese Mütze? Ihr meint die sei von Rommels Army? Wußte ich bisher nicht, gefällt mir. Ist aber eine Replik, nachgemacht. Doch offensichtlich gut imitiert.“

Louisville

Der, dem das Grundstück gehört, rollt morgens über die Wiese. Weißes Auto, weiße Mütze, weißer Bart. Wir haben schon eingepackt und sind fertig zum Einsteigen. „Wohne da oben, habe Euch gesehen. Nein, nichts, gar nichts dagegen - gut, wenn die Wiese so genutzt wird." Sein Großvater wanderte Mitte des vorigen Jahrhunderts aus Deutschland ein, „kam, glaube ich, aus Bayern. Machte Geld in Cincinnati, kaufte Land in dieser Gegend als es noch billig war, genug offenbar, so daß seine acht Enkelkinder gut versorgt sind." Er lacht und winkt uns nach. Wir fahren an dem Wasserturm aus 1806 vorüber, der wie ein Moschee-Minarett aussieht, vorbei an einer Meßlatte die anzeigt, wie hoch das Wasser hier 1937 stand. Wirklich 12 m über Normalpegel? Hafenanlagen, Werften, lange Reihen von Bargen, die hier in der „fleeting area", dem Rangierbahnhof, von Schiebern sortiert und zu Schubeinheiten zusammengestellt werden. Aber viel Betrieb ist das nicht. Wir können unseren Kurs beliebig ändern und sogar stoppen, Vorteil der fehlenden Strömung - „auf der Donau in Budapest war das schwieriger!" Dann bricht die Sonne aus dem Morgendunst und beleuchtet drei kurz aufeinander folgende Brücken - die vierte kommt erst später in Sicht. Sie überspannen den auf 1,5 km Breite gestauten Fluß, sie führen rechts nach Jeffersonville, Indiana und links nach Louisville. Mit ca. 400.000 Einwohnern ist die Stadt Wirtschaftsmetropole des Bundesstaates Kentucky. Die erste Brücke scheint stillgelegt,

über die anderen beiden, John F. Kennedy Memorial und Clark Memorial, rollt der Verkehr, zwanzig und mehr Meter über uns. Und auf dem Wasser? Ein einziger „Schieber" passiert an Steuerbord langsam in Richtung des Hafens - das ist alles. Auf den highways dagegen,

mehrstöckig übereinander, da ist was los: rush-hour, die Zeit des ärgsten morgendlichen Berufsverkehrs. Bürohochhäuser; mitten im Fluß eine Fontäne; an ihrem Liegeplatz die „Belle of Louisville“, ein alter Flußdampfer, Ausflugsschiff, mit Heckradantrieb. Auf dem Restaurantponton hören Jungen auf die Gänge zu schrubben und schauen uns erstaunt nach. Die Anfangsspannung, in Erwartung des Hafenverkehrs, ist gewichen. Gemütlich paddeln wir zum Louisville and Portland Canal der zur Schleuse führt, unter einer alten Hebebrücke hindurch, an langen grasbewachsenen Ufern entlang - „da hätten wir auch noch zelten können.“ Die Schleusentore sind dicht und die Signalleine löst keine Sirene aus. Arbeitern rufen den master dieser Mac Alpine Lock. Eine Weile schaut er sich das seltsame Vihikel an, verlangt, daß wir die Schwimmwesten anziehen und verkündet dann „I'll lock you!“ Dem Gesetz nach ist er der uneingeschränkte Herr über alles, was im Bereich der Schleuse geschieht. Er kann anordnen und verbieten. Aber er muß nach einer bestimmten Zeit jeden durchschleusen. Ein „Erholungsfahrzeug“ mit einem kommerziellen zusammen nur, wenn beide damit einverstanden sind. Die Wartezeit für den zum Vergnügen schippernden ist definiert: So lange wie sonst Zeit für drei andere Schleusungen erforderlich wäre. Das alles steht in unserem Kartenbuch. Auch, was wir tuten würden, hätten wir ein Horn. Ein langer und ein kurzer Ton - wir wollen durch. Die Schleuse würde mit einem langen Ton oder mit grünem Licht die Einfahrt freigeben. Ein kurzer Signalton der Schleusensirene bedeutet „Ihr könnt rausfahren“, mehrere kurze Töne „Achtung“ oder „Gefahr“. Und wer zuerst in die Schleuse fährt, wer wann raus, das bestimmt der Schleusenmeister mit Handzeichen. Das Problem hat er heute nicht. Denn wir sind allein In der Schleusenkammer. Und diese ist doppelt so groß wie die vorherige - etwa 35 m breit und für die Schubeinheiten 400 m lang.
„Wasser- und Energieverschwendung für so'n kleines Boot.“
„Der muß doch runter fahren um den nächsten Schieber raufzuholen.“
Was sich vor uns mit den Toren öffnet ist nicht die erwartete Industrielandschaft. Grüne Hügel und Berge und nur wenige Häuser der Stadt New Albany zu der die Sherman Minton Bridge führt: Eine Brücke mit zwei Etagen, je eine für den Hin- und für den Rückverkehr der Lastwagen, Busse und PKWs. Wie Spielzeug fahren die da oben. Die Industriezone von Louisville beginnt drei Meilen weiter. Sie stört wenig. Die Fabriken passen sich so gut als möglich ins Grün ihrer Umgebung ein.

Ihre Liste auf der Karte liest sich wie das Who is Who der US-Großunternehmen, von Chevron und Gulf Oil bis zu Bordens und Sun Refining Co. Es qualmt und stinkt nicht und keine schmutzigen Abwässer. „Wir haben sehr strenge Regulationen", hatte der Naturschutz-Polizist bei Madison erzählt, „alles, was in den Fluß läuft ist behandelt. Darum könnt Ihr unbesorgt in ihm schwimmen. Nur: Trinken würde ich das Wasser nicht." - Das Kentucky-Ufer ist bebaut, auf der Indianaseite bleibt's wie wild und unberührt. Und da finden wir auch einen Steinstrand der sich mit etwas Arbeit einebnen läßt. Gut, gut auch um ohne Matsch an den Füßen zu baden. Nur die zwei Jetspeedboote die eine halbe Stunde lang mit Düsenjägerlärm den Fluß rauf und runter fegen, nerven. Danach aber ist wieder Ruhe und „... ich bin hundemüde. Aber froh, daß alles so gut ging!" "

Meile 574 - 674

Unser Trinkwasserverbrauch steigt - sechs Liter pro Tag und mehr - schon wieder brauchen wir eine Quelle. Aber keine Häuser in Sicht, weder links noch rechts. Dann ein Boot am Ufer - dort sollte es einen Pfad ins Hinterland geben. Es gibt ihn, aber was für einen. Durch dichtes Buschwerk so steil bergauf, daß selbst die Bewohner der Siedlung im „Inland“ das ohne die irgendwo oben befestigte, am Boden liegende Leine nicht schaffen. Hochziehen wie an einer Hochgebirgswand. Dann eine wackelige Leiter gegen die Lehmkante gelehnt und schließlich mehrere neue, moderne Landhäuser. Im Garten zwei Bikini-Frauen an die sich niemand herantrauen würde: Ein Biest von Dogge faucht und fletscht das Gebiß. Dann jedoch, nach einigen Worten über den Zaun, muß sie es zulassen, daß der überraschende Besucher köstlich kaltes Wasser aus dem Schlauch zapft. Unterhaltung? Nicht möglich, das Vieh spielt verrückt. Also weg, rückwärts abseilen, ausrutschen und verflucht - den Wasserbeutel im Gestrüpp suchen. Der Becher erfrischende Lemon-Limo ist verdient, noch einer. Die Temperatur liegt schon wieder bei etwa 40°. Nach der gestrigen zwanzig Meilen-Tour kampieren wir heute schon nach nur neun. Boot an Land - schwimmen. Zelt hinlegen - ins Wasser. Zelt aufstellen - schwimmen usw. Gegen Abend Gewitterwolken: Wetteränderung?

Keine - morgens wieder Sonne und blauer Himmel. Wir paddeln nach Westpoint, dem nächsten Ort. „Können wir hier am Sonntag einkaufen?“ fragen wir einen jungen Mann am Steg. „Ich fahre Euch hin“, ist seine Antwort. Den steilen Hang nimmt sein Vierradantrieb gelassen und dann: „Schon mal was von Fort Knox gehört? Nicht weit von hier - wollt Ihr?“ Unterwegs erzählt Bob von den Goldreserven der USA, deren größter Teil in der ehemaligen Festung untergebracht ist, „so etwa 10 Milliarden Dollar sagt man. Damit soll unsere Währung sicherer sein. Ich persönlich denke, das ist überholt. Denn die Weltwirtschaft wächst schneller als die Goldförderung. Der Bedarf an monetären Mitteln steigt also. Das zeigt doch, daß eigentlich die funktionierende Wirtschaftskraft eines Landes Garant für seine Währung sein muß. Der Schatz da in Fort Knox ist übrigens in den vergangenen Jahren immer kleiner geworden - Amerika mußte etliche Auslandsschulden mit Gold bezahlen. Manche Leute denken eben immer noch, Gold sei sicherer als Dollars. Aber ob es das wirklich ist? Ich glaube nicht daran.“ Das weiße, niedrige Gebäude mit dem Sternenbanner davor

ist weiträumig von Stacheldraht umgeben. Von draußen sieht es schlicht und harmlos aus, bis auf zahlreiche Lampen und Überwachungskameras. "Da drunter sind große Bunker, absolut hermetisch gesichert, bestenfalls im Film kommt ein James Bond da dran. Selbst eine Atombombe soll dem Schatz nichts anhaben können - im Notfall läßt sich die ganze Anlage unter Wasser setzen. Und diese Gegend ist außerdem noch voller Militär, Truppen- und Übungsgelände." Panzer stehen nahe der Straße. Manöver? „Nein, Museum. Interessiert es Euch?"

Von den Streitwagen der Babylonier und Römer bis zur Gegenwart zeigt das Patton-Museum in Bild, Modell und Original alles, was mal auf Rädern Krieg führte. Im Freigelände, in klimatisierten Räumen, unter Glas und zum Anfassen. Da sind die englischen Tanks, die den ersten Weltkrieg entschieden neben den deutschen Tiger und Pantern aus dem zweiten. Chinesische Panzer aus Vietnam stehen unweit von dem im Golfkrieg erbeutete irakischen Wüstenkreuzer mit überlanger Kanone. Ein Schaubild zeigt die „Operation Wüstensturm". Und vor dem Bild von US Panzern an der Sektorengrenze stehen Originalstücke aus der Berliner Mauer. Aber: Keine Verherrlichung des Krieges, keine Polemik. „Gestiftet hat das Museum unser General Patton. Er war im Weltkrieg II sehr erfolgreich, aber wegen seiner manchmal rücksichtslosen Kriegführung auch umstritten. Starb 1945 nach einem Autounfall in Deutschland." Seine lebensgroße Figur schnitzte ein Bildhauer aus einem Eichenstamm. „Ich interessiere mich für alles", meint Bob, „was mit dem letzten Krieg und mit der Rolle Deutschlands in ihm zusammenhängt. Wie viele meiner Freunde auch, deren Vorfahren ebenfalls aus Germany kamen. Wir sammeln Erinnerungsstücke, aber nur echte. Und die werden teuer bezahlt, ein Stahlhelm z.B. mit 400 Dollar. Wir sagen: Die Engländer kämpfen für die Queen, die Franzosen pour la patrie - we Americans, we fight for souvenirs."

Zurück in Westpoint. „1705 wurde das erste Haus hier gebaut. Unterkunft für die Flußreisenden - damals war es der westlichste Punkt der Zivilisation, daher der Ortsname." Vor Häusern aus der Bürgerkriegszeit, 1861-65, stehen Erinnerungsschilder wie „hier wohnte General Sherman" oder „Dies war damals ein Hospital". Und überall, auch vor einfachen kleinen Häusern US-Flaggen. „Wir sind ein Volk von Fahnenfans" erklärt es Bob, „und sehr auf unser Land konzentriert. Was wohl dazu führt, daß viele von uns nicht weit genug über den eigenen Zaun gucken."

Nach Eistee und herzlicher Verabschiedung paddeln wir weiter. Schöne, ursprüngliche Landschaft, Berge um die herum der Fluß sich windet. Schwimmen, fahren, dann ein sauberer Sandstrand fürs Zelt. Keine angetriebenen Plastikbehälter oder Autoreifen. „Mit der Umwelt nehmen wir es noch nicht so genau", hörten wir unterwegs, „aber das kommt. Die ersten Schilder mit Strafandrohung von 500 $ fürs Wegwerfen von Müll stehen schon an den Straßen." Und wo sind die für den Fluß?

Horseshoe Bend

Morgens ist alles naß im Zelt. Eine nächtliche Welle von draußen? Viel simpler - einer der Wassersäcke, nicht gut zugemacht, lief aus. Mit Folgen: An Land bleiben, die Bootsleine zwischen Bäume spannen, Schlafsäcke und Handtücher aufhängen, schnell noch gewaschene Kleidung dazu, und trocknen lassen. Gerade noch rechtzeitig vor dem Gewitter am Nachmittag. Inzwischen fragt ein vorbeifahrender Schieber-Kapitän per Lautsprecher: „Alles okey?" Nett - vielleicht dachte er, wir seien unfreiwillig in der Wildnis gestrandet. Menschen scheinen hier kaum je gewesen zu sein. Denn die großen, schön gemusterten Falter fliegen ohne zu zögern auf die Hand und setzen sich dort fürs Foto in Positur. Kartoffelbrei mit Dörrfleisch als Nachtessen vor dem Zelt. Nach dem kurzen Regenguß duftet es aus dem Wald hinter uns und vom Wasser her frisch und würzig. Und dann, es ist inzwischen dunkel geworden, schiebt sich langsam, mit sanftem Getöse, ein bunt beleuchteter Koloß um die Ecke, dick, breit, hoch - die „Missisippi Queen", eines der alten Flußschiffe. Fünf Etagen, Balkone rundherum, oben gerundete Fenster mit gerafften Gardinen, ein kleines Penthouse auf dem obersten Deck und achtern das sich langsam drehende,

querliegende Schaufelrad. Lichtergirlanden spiegeln im ruhigen Wasser, aus zwei Schornsteinen quillt Rauch. Majestätisch gleitet die Queen an unserem Platz vorbei und kommt hinter der nächsten Biegung außer Sicht.
„Fühlte mich wie in eine andere Zeit versetzt."
„Ja, Tom Sawyers und Huckleberry Finns Tage. Alles so, wie Mark Twain es schilderte."
„Und ganz genau so, wie ich mir solch ein Schiff als Kind, dem Buch nach, vorgestellt habe. Schon merkwürdig, wenn so ein Phantasie- oder Gedankengebilde, das sich irgendwann einmal im Kopf festsetzte, plötzlich als Wirklichkeit vorbeizieht."
„So, als ob etwas Geträumtes plötzlich Realität wird?"
„ Vielleicht - doch wann passiert das schon?"

In Rock Haven wollen wir den wieder dichten Wasserbeutel auffüllen. Doch der „Ort", soweit am Fluß erreichbar, besteht aus einer ramp, dem ins Wasser führenden Betonweg, aus einer Versammlung von Plumpsklos ohne Wasser, einem wenig intelligenten Autofahrer und zwei noch dümmeren Anglern. Also weiterfahren. Gegenwind, weniger warm und einige Wolken. Nach etwa acht Meilen sind wir in Brandenburg. In einer deutschen Siedlung? Denkste. Der Ort ist so häßlich wie viele andere - phantasielos gestaltete, zueinander oder durcheinander gestellte, vorwiegend Flachdachbauten. Und der Lebensmittel-Supermarkt wie üblich weit weg, am Ortsende bei den Tankstellen. Riesen Auswahl, verführerische Angebote, Kunden die von ihnen reichlich Gebrauch machen. Zu reichlich?

Ein Gebäude für Antiques, mehrere mit Büros für den Verkauf von Real Estate, Immobilien also, und von Versicherungen. Kirche, Postamt, Schnellrestaurant, Frisör. Alles längs der durch den Ort führenden high-way über die dicke Brummis donnern. Fußgänger haben schlechte Karten. Aber die gibt's ja auch nicht, den einen ausgenommen, Taxi zurück? Wie gehabt - keines verfügbar - „vielleicht in einer halben Stunde oder länger." Bis dahin geht's per pedes steil bergab, vorbei an einigen Häusern aus der Bürgerkriegszeit, hinunter zum Fluß, wo das Boot nebst halber Besatzung wartet. Es allein zu lassen schien hier zu riskant. Wasser aus dem nächstgelegenen Haus holen und ab - solch eine Stunde wenig erfreulicher Zivilisation reicht. Unter der Brücke von Mauckport hindurch - vom Ort sind nur zwei hochgelegene Häuser zu sehen. Knapp zwei Meilen weiter zelten wir in vom Land her nicht erreichbarem Gelände. Und als wir dort am nächsten Morgen einpacken, zieht eines der schon einige Male getroffenen Schubschiffe vorbei. Diesmal die „Catharina Eckström" - sie tutet zur Begrüßung: „Wir brauchen dringend ein Horn!"

New Amsterdam - auf der Karte der nächste Ort. Aber auch nur dort zu sehen - außer einem leeren Trailer vom Wasser aus nichts. „Weißt Du, daß holländische Einwanderer ihre Handelsstadt an der Ostküste Amerikas so, bzw. Nieuw Amsterdam, nannten? Und daß ihr Gouverneur Petrus Stuyvesant hieß, nach ihm die Zigarettenmarke? Der übergab den Platz, manche Leute meinen er verkaufte ihn, an die Engländer - das heutige New York." - Einfahrt in den Indian Creek. Schmal, dunkel, Schatten. Einige Meilen paddeln wir ihn gegen geringe Strömung „bergauf", um Baumhindernisse herum und rrrumms auf eines von denen unter Wasser so schräg drauf, daß nicht viel am Kentern fehlt. Instinktiv geht das Paddel raus, stützt ab, und mit einigen Gewichtsverlagerungen kommen wir wieder frei.
„Früher fuhren hier wirklich Indianer - in Canoes, aus Baumrinde geflochten."
„Und wenn wir da ihnen begegnet wären?"
„... hätten sie uns kassiert, an den Marterpfahl gebunden und skalpiert, die Kopfhaut nebst Haaren kassiert."
„Nein, denn wir hatten ja lauter Dinge dabei, die sie brauchen konnten. Messer und Flinten zum Beispiel. Händler, die wiederkommen sollen, bringt man doch nicht um."

„Stimmt, tut man heute auch noch nicht. Waffenhändler können nach wie vor gefahrlos zwischen den Fronten agieren. Und oft haben beide Seiten was davon."
„Wenn man unter Seiten nicht die Menschen versteht, die vom Krieg betroffen sind."

Am nächsten Tag schippern wir durch die Horse Shoe Bend. Durch einen sieben Meilen langen, von Bergen umstandenen Flußbogen, der beinahe ganz zum Ausgangspunkt zurückführt. An seinem Beginn der Ort Leavenworth. Marja geht einkaufen. Ein Mann will ihr den Laden zeigen. Unterwegs sagt er: „Der Gurt, den Du trägst, der gefällt mir." Warum? Nein, nur das nicht fragen, denn was an Bargeld dabei ist, steckt eben in diesem Gürtel. Unsichtbar - aber wieso diese Frage? Der Mann, für einen Augenblick doch unheimlich, bleibt harmlos. Das Geschäft hat alles was wir brauchen - Haferflocken, Milchpulver, Zucker, Kekse, Nüsse und Rosinen . Und dann bietet die Inhaberin an, ihre Einmal-Kundin und deren vollgestauten Rucksack mit dem Auto zum Fluß zu bringen. „Aber Sie müssen doch im Laden bleiben, haben keine Zeit ..." wendet die ein. „Ach", meint sie, „ich wollte sowieso mal raus und - also fahren wir!"
„Ist das die natürliche Hilfsbereitschaft, die bei uns weitgehend verloren gegangen ist?"
„Ist sie nicht, gibt's auch noch. Vor allem dort, wo die Menschen nicht so eng aufeinander wohnen. Auf dem Land eher als in der Stadt - da gehen sie sich weniger auf die Nerven und müssen nicht, übertrieben gesagt, um ihren Lebensraum streiten. Na ja, ein Unterschied ist sicher, daß hier generell mehr Platz ist in diesem Land. Vielleicht wirkt sich das doch aus."

Während der Einkäufe kreuzte das Boot vor der landing. So mußten wir es nicht aus dem Wellenbereich an Land wuchten. Und Wellen gab es: Von einer schnellen, kurzen Schubschiffeinheit, hier tow genannt, was sowohl abschleppen als auch bugsieren heißt. Dieser Flußschiffer hatte es so eilig, daß er die Kurve vor dem kleinen und niedrigen Blue River Island nicht mehr packte und auf Grund rammte. Kurze Signaltöne - Gefahr - warnten den entgegenkommenden Kahn. Und dann Hektik. Das Beiboot wurde ausgesetzt, von dem aus ein Anker weiter weg geworfen und schließlich gelang es damit, sich quasi am eigenen Zopf wieder aus dem Schlamm zu ziehen. Ebenfalls full speed fährt ein

Motorsatz mit nur einer Barge vor sich - mit eindrucksvollem Schaum vorm Bug kommt er uns entgegen. Aber, kaum hat er uns in der Flußbiegung gesichtet, vermindert er seine Fahrt. Der Kapt'n winkt und dreht erst nachdem wir passiert haben wieder auf. Langsam trudeln wir durch diesen besonders schönen Abschnitt des Ohio. Hoch oben am Berg ein Ausflugsrestaurant - sicher auch schön von dort aus diese Landschaft zu sehen. Aber hinter Glasscheiben? Da fehlt doch eine ganze Menge, die unmittelbare Beziehung zur Natur. Und die zeigt ein neues Gesicht: Über steilen Felswänden türmen sich dicke, schwarzviolette Wolken: Gewitter. Während es blitzt, kracht und der Donner durch das enge Tal rollt, als dann Regenkaskaden schütten, bleiben wir im Boot am Ufer und warten ab. Jacken und Spritzdecke halten trocken. Kurz fegen Böen durch das Flußtal, dann wird's wieder heller und alles ist, so schnell es kam, so rasch wieder vorbei. Am Cape Sandy, dort, wo der Bogen wieder in die Gegenrichtung wechselt und Oxbow Bend heißt, lockt ein Traumplatz an Land: Auf einem kleinen Plateau wächst Gras, eben, sauber, Bäume darüber, fester Strand. Und hier bekommen wir am folgenden Tag Besuch - ein blaues Kanu legt an. Aufschrift: Canoeing for Children, New York - New Orleans.

Zwei junge Leute steigen aus, ebenso erstaunt wie wir: „Die ersten Paddler, die wir treffen!" Und dann erzählen sie. Für jede der 2.000 Meilen die sie fahren, geben zuvor geworbene Sponsoren zwischen einem Cent und einem Dollar. „So erpaddeln wir Geld für behinderte Kinder in Columbia, South Carolina:" Einer der beiden, Jay, fährt die ganze Strecke ab Allegheny River im Staate New York, über Ohio und Missisippi, „60 Tage werden's voraussichtlich." Begleiter, die dafür jeweils eine Urlaubswoche hergeben, wechseln wöchentlich. Als der jetzige seine Adresse aufschreibt, da ist es ein deutscher Name, daheim aus Literatur und Geschichte gut bekannt. „Großvater wanderte nach dem ersten Krieg aus - bin gerade dabei die Zusammenhänge zu ermitteln." Viel Zeit haben die beiden nicht, „müssen heute abend in Rome sein." 29 Meilen von hier? Mit kräftigen Paddelschlägen ziehen sie weiter. Später hören wir von ihnen, daß ihre Aktion so um die 80.000 Dollar brachte.

Unsere Fahrt nach Rome dauert zwei Tage. Weiß quellende Schönwetterwolken am blauen Himmel, zwischen ihnen ein Einmann-Flugzeug. Unweit von dem kreist ein Adler den offensichtlich das seltsame Boot auf seinem Fluß interessiert. Von einer Flußschleife in die nächste. Auf dem ersten Teilstück Wind von achtern, auf dem letzten von vorn. Nachmittags dreht ein Motorboot auf uns zu, stoppt und der Mann am Steuer meint: „ Ihr seid busy, fleißig. Sahen Euch schon heute früh und nun paddelt Ihr immer noch. Wie wär's mit 'nem drink aus unserer Kühlbox?“ Die Landschaft bleibt schön. Hat Ähnlichkeit mit dem Weserbergland, die langgezogenen grünen Hügelketten vor glitzerndem Wasser. Aber anders als dort tauchen hier nicht hinter den Flußschleifen Dörfer und kleine Städte auf. Die Zivilisation bleibt auf viel weiteren Abschnitten diskret im Hintergrund. Kurzer Schreck als ein Fisch mit voller Wucht das Boot rammt, zack, verdattert hoch schaut und knapp unter der Oberfläche das Weite sucht. Nachts brüllt nahe vom Zelt eine Raubkatze, vermutlich ein Luchs, morgens erscheinen gleich mehrere Besucher: Eine fingerdicke grüne Raupe mit braunem Kopf und großen gelben Augenflecken; eine etwa 4 cm große Spinne mit dicken, behaarte Beinen; und Libellen, die verliebt ineinander per Tandemflug zusammen auf der ausgestreckten Hand landen. Abends verwandeln Glühwürmchen den Busch neben uns in einen Weihnachtsbaum. Eines von ihnen setzt sich auf den großen Zeh und versucht von dort aus die Partnerin anzulocken. Ist's der Geruch, der die abschreckt?

Rome. Statt Petersdom und Engelsburg ein Überdach auf Pfählen am Ufer. Darunter „wir sind alle aus der Umgebung. Treffen uns, wie heute, sonntags, reden und essen zusammen“, ein knappes Dutzend Familien, einige Autos mehr. Mit einem fährt jemand zum Brunnen, Sichtweite 100 m, um für uns Wasser zu holen. Über'm Grill brutzeln auf zwei Quadratmetern Steaks beachtlicher Größe. Drahtkörbe zeigen den bisherigen Konsum an Bier und Cola - 100 Dosen oder eher 200? Gegessen wird, nachdem die Mittagszeit längst vorbei ist, zwanglos weiter. Und wenn sich einer oder eine aus der Runde mühsam zwischen den Stuhllehnen herausquetscht, dann wirken Rubens Figuren dagegen wie Diätapostel. Jeder Schritt wird mühsam, auch

manchen Kindern, die etliche Kilos an Übergewicht mit sich herumschleppen.
„Hast Du je so viel Fett beieinander gesehen?“
„Tun mir leid die Leute. Fressen und werden krank davon. Und warum? Frustriert sind die doch nicht. Und zu tun haben sie, die meisten wohl in der Landwirtschaft, sicher genug.“
„Vielleicht weil es alle tun? Um mitzuhalten, aus Gesellschaft? Die leben hier einfach mit anderen Maßstäben. Bei den letzten Haferflocken die wir kauften lagen Zettel mit u.a. der Frage wie man abnimmt. Antwort: Jeden Tag nur 3.600 Kalorien essen. Bei uns sind 3000 die Ration für mittelschwere Arbeit.“
„Ja, aber für Leute mit normaler Relation zwischen Körpergröße und Gewicht, z.B. 80 kg. Doch wenn jemand fast doppelt so viel wiegt?“

Evansville

Am Tage darauf, am Montag, sind mehr Boote auf dem Fluß als sonst. Sie ziehen Wasserskiläufer oder Kinder in Aufblasringen, Pontonboote transportieren ganze Familien und ab und zu passiert ein Kabinenkreuzer vor dessen Wellen wir die Spritzdecke schließen. Am Ufer starten und landen ein- oder zweisitzige Waterscooter, Versammlungen im Vereinsformat hocken da auf Klappstühlen und unter Sonnenschirmen. Gekommen sind die Familien mit Elektro-Autos wie sie auf Golfplätzen üblich sind. Zubringerfahrzeuge vom eigentlichen Vehikel? Jedenfalls ersparen sie den unbequemen Weg zu Fuß. Der Grund für den Ferienbetrieb: Heute ist Labourday. Weil an diesem Tag nicht gearbeitet wird, heißt er so - Arbeitstag. „Der hängt jedes Jahr am ersten September-Wochenende und mit dem ist für uns der Sommer vorbei“, erklärt einer der Bootsfahrer. Das Wetter meint's anders. Angenehme sommerliche Wärme nach der Hitze zuvor. Ihrerwegen begrenzten wir die Vorräte im Boot, müssen darum „schon wieder“ einkaufen. Luxus: Der Laden in Coverport ist keine 100 m vom Ponton entfernt an dem wir festmachten. Ein Laden aus der Siedlerzeit? Uralte Holzregale, der Patron schreibt kassierte Beträge in ein Buch. Mit Argusaugen überwacht er das Geschehen, kommandiert seine Hilfen und weist uns zum Waschbecken das mitten im Verkaufsraum seinen Platz von früher her behielt. Wo es diese praktische Wassersäcke, wie wir sie bei ihm füllen, gäbe? Die hätte er gern in seinem Sortiment.

Auch im Ort hängt ein Hauch vergangener Zeit. Die Häuser und das Leben in ihnen sind zur Straße hin orientiert. Auf der ritten einst die Farmer auf ihren Gäulen vors Wirtshaus, heute schieben sie ihre immer noch großen Schlitten in die Parklücken. Von der Veranda aus sah man, was und wer mit wem. Jetzt sitzt dort ein Senator dekorativ in der Hollywoodschaukel, die Familie auf Stühlen daneben. Das Schild im Garten wirbt für seine Wiederwahl. Plakete auf Häuserwänden und an Verkehrsschildern zeigen, daß auch der constable, der Ortspolizist also, der Sheriff ebenso wie der Jailer, der Gefängnisaufseher, zu wählen sind. „Das stimmt", bestätigt ein Mann an der Tankstelle, „und jeder, wirklich jeder, unabhängig von Herkunft oder Vorbildung, kann sich für die Wahl aufstellen lassen. Seine Propaganda dafür muß er selbst bezahlen, sofern es nicht, seltener, eine Partei tut. Ich glaube kaum ein anderes Land hat eine so echte Demokratie, unter der das Volk sogar die Leute für solche Funktionen wählen kann." Daß wir nur einen Liter „Gähs" wollen, löst Kopfschütteln aus. Für den Kocher?

Gegen Abend mühsame Suche nach einem Zeltplatz - auf den letzten Meilen vor einer Schleuse sind die Ufer meist dichter besiedelt. Wir kreuzen von einem Ufer zum anderen und kollidieren dabei fast mit einem Pontonboot - drei mal zwei Meter Bodenfläche auf zwei Schwimmkörpern, Geländer, Bänke, Außenborder, sechs Leute. Wo wir heute Nacht bleiben wollten, fragt eine Frau. Im Zelt? Das könnten wir bei ihnen aufschlagen, zwei Meilen weiter. Und dort auch duschen. So landen wir im Lazy River Camp. „Fühlt Euch wie zu Hause", heißt es und später „was denkt man bei Euch in Germany über uns Amerikaner?" Eine Stunde lang Fragen über Deutschland, wo die meisten ihre „roots", ihre Wurzeln haben. Mit der Feststellung des Campbesitzers am Ende der Diskussion: „Ich lebe im

besten Land der Welt." Sie fahren nach Hause, wir dürfen alle Einrichtungen benutzen, zu zahlen sei dafür nichts. Die erste Dusche seit etwa drei Wochen ...

Ein Ehepaar blieb über Nacht im Camp. Morgens sind wir bei ihnen zum Kaffee eingeladen. Der Mann: „Früher in Maschinenfabrik gearbeitet, pensioniert, etwas Geld von der Gewerkschaft, das meiste durchs Züchten von Kühen, selbst erfunden, lohnt sich!" Seine Frau arbeitet in der Gemeindeverwaltung: „Wir ersticken in Problemen. Die Leute lassen sich unberechtigt arbeitsunfähig und krank schreiben, nutzen die Sozialversicherungen schamlos und mißbräuchlich aus, Krankenhaus- und Arztkosten steigen rapide. Bei uns im Ort ..." und dann folgen Beispiele, die uns von jenseits des Ozeans nur allzu gut geläufig sind. Ihr Mann steht auf: „Ihr habt locks bisher nur von unten gesehen - ich zeige sie Euch von oben. Mitkommen." Mit dem Auto vorbei an Sommerhäusern, Trailercamps, an der Rocky Point Marina, an kleinen Seen und sonnenbeschienenem Land zur Cannelton Schleuse. Aus deren Tiefe schieben sich langsam die Aufbauten eines Schubzuges über die Kaimauer. Seine fünf Bargen hinter- und jeweils zwei nebeneinander, eine weitere neben dem schiebenden Schlepper - die Schleusenkammer, 1200 Fuß lang, ist voll. Im Elektromobil saust der Schleusenmeister von einem Ende zum anderen. Er trägt die Uniform der US Army Engineers. „Nicht alle bei uns sind Militär", antwortet er auf eine Frage, „die meisten arbeiten zivil angestellt, viele von denen sind Reservisten." Aber Amerika habe doch eine Berufsarmee? „Stimmt, doch man muß ja nicht sein Leben lang dabei bleiben. Während der Dienstzeit können wir in einen Fonds einzahlen und die Regierung gibt den dreifachen Betrag dazu. Das Geld ist dann zweckgebunden für ein Studium. Das ist einerseits ein Anreiz für die Bewerber, zum anderen werden dadurch aus Soldaten später gut ausgebildete Kräfte für die Wirtschaft oder für eine Einrichtung wie diese." Ob wir in Deutschland immer noch die Dienstpflicht hätten? „Kann nicht gut sein. Zum Dienst gezwungene Leute haben keine Motivation. Und kurz dienende sind keine Profis. Bei uns ist die Army ein Arbeitgeber unter vielen und wir haben einen Beruf wie andere auch. Einen in den States angesehenen."

Später, nach fünf Paddelmeilen Anfahrt, schleust er uns durch. Der Ohio wird nun breiter und erst jetzt fällt uns auf, daß die Uhrzeiten auf beiden Seiten des Flusses von einander abweichen - in Kentucky ist's eine Stunde früher als in Indiana. Wieso das? Seit etwa 30 Meilen paddeln wir auf der Zeitzonengrenze. Fünf Meilen weiter noch und sie biegt nach Norden ab. Dann braucht niemand mehr die Uhr von Ufer zu Ufer umzustellen. Ob das die Leute hier tun?

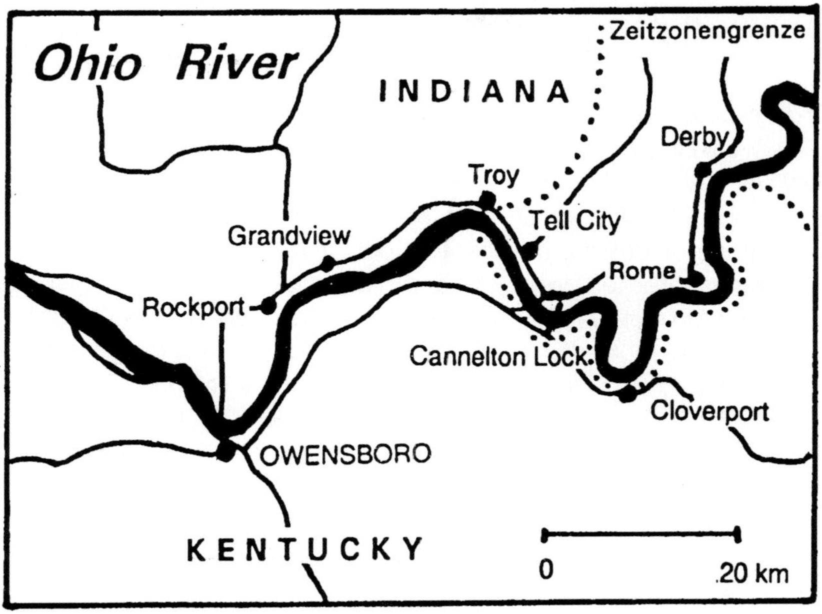

Meile 674 - 773

Flußrichtung jetzt Nord - Süd. Und von vorn drei bis vier Windstärken. Kräftige Wellen, macht richtig Spaß mit ihnen zu raufen. Nach einer Stunde an Tell City vorbei - der auf eine Wand gepinselte Apfel hat eher mit dem von der Fabrik verarbeiteten Produkt als mit Tells Zielscheibe zu tun. Außer diesem und einigen anderen Industriebetrieben ist von der eigentlichen Stadt nichts zu sehen. Auch keine direkte Anbindung an den Fluß mit Landungsbrücke, Fähren oder Ausflugsrestaurants.

„Warum besitzt das Wasser, außer für die Leute mit Motorbooten auf Trailern und für wenige andere, hier nicht den Reiz, den es in unseren Breiten allenthalben hat?"

„Hat es. Aber die hier sind verwöhnt durch die Unzahl von Seen. Hast Du auf der Karte gesehen, wieviele und wo überall es die gibt?"

Über die 850 m Flußbreite weiße Schaumköpfe. Ruhe dann hinter der Biegung beim Ort Troy. Und dort bleiben wir auch, auf einem mit dem Reservepaddel eingeebneten Sandstrand. Gegenüber, in Indiana, lebhafter Autoverkehr - weit genug weg, um nicht zu stören.

Viertelstündiges Läuten der dicht am Flußufer stehenden Kirche von Troy weckt morgens und begleitet später drüben beim Wasser holen. Daß es wie der Abguß aus einer Chemiefabrik schmeckt, merken wir erst später. Flaches Land, eintönig. Ab Grandview, 12 Meilen weiter, eine Menge Industrie, qualmende Kühltürme und rauchende Schlote. Brückenbauarbeiten, viel Lärm und hektische Schiffsbewegungen vor Rockport. Im Ort die „Lincoln Pioneer Village" - einige alte Blockhäuser nebst Museum das geschlossen ist: „Scheint, als hätten wir den besten Teil der Fahrt hinter uns." Am nächsten Tag gefällt uns der Fluß auch nicht besser: „In Owensboro aufhören?" Fabriken, Docks, ein mächtiges Werk und Ausläufer der großen Stadt die an den Fluß reichen. Hinter der Brücke das Executive Inn, Hotel mit Motorschiff „Executive Queen" vor der Tür. „Dort landen und abbauen?" Eine Weile überlegen wir und plötzlich scheint es traurig, das Vagabundenleben jetzt schon mit dem geordneten an Land zu vertauschen. Zumal wir noch Zeit haben. „Also weiter bis nach Evansville? Dort mieten wir uns ein Auto und schauen diese Stadt und andere auf dem Rückweg nach Cincinnati an. Gut?"

Sehr gut. Denn kaum sind wir an Owensboros riverport vorbei, da sieht die Gegend wieder reizvoll aus. Die über 1.000 m von Ufer zu Ufer lassen vergessen, daß wir uns auf einem Fluß befinden. Das Schiff, das uns mit weißer Bugwelle entgegen kommt, auch: nach Größe, Bauart, viele Kräne an Bord, gehört es eher an die Küste. Keine Zeit mehr um noch viel Abstand zu gewinnen. Spritzdecke zu und auf die Roller warten. Doch dann sehen die auf dem Tonnenleger der Coast Guard das kleine Boot, gehen mit der Fahrt herunter, winken und lassen uns nur noch abgemildert schaukeln. Nett. Dabei sind auch solch kräftige Schiffswellen eigentlich kein Problem. Man sollte sie nur nicht von der Seite erwischen. Lassen sie sich mit dem Bug voran anschneiden, das Boot leicht schräg gegen sie gestellt, dann rollt die erste durch und die zweite übers Deck und manchmal auch noch über die Spritzdecke hinweg. Daß den Bug- auch noch die Heckwellen des Schiffes folgen, und daß die häufig unangenehmer sind, weiß jeder Flußpaddler aus Erfahrung. Zumal wenn sie auf die vom Ufer reflektierten Bugwellen treffen und dabei hochgischten. Dann hilft schnelles Fahren um gut aussteuern zu können. Genug Platz auf dem Wasser vorausgesetzt.

Little Hurrican Island - die Insel im Strom, die wir am nächsten Tag passieren, steht, ihr Name sagt es, für Sturm. Und der dreht auf. Kurze, steile Wellen, schwer auszumanövrieren. Rollen über die Spritzdecke und gleich drei hintereinander schaffen es über Marjas Bauch ins Boot. Den Schieber von achtern hören wir erst, als er unangenehm nah mehrere Male hinter uns hupt. Aber es reicht noch mit Renntempo auszuweichen. Eine Bucht, Windschutz. Dort über einen Steg zu einem der drei Häuser am Waldrand und frisches Wasser geholt. Das aus Troy hatten wir in den Fluß gekippt der dadurch jedenfalls partiell steril wurde. Danach wieder der Wellenzauber bis zum French Island. Und nach dieser Insel geht nichts mehr, wir müssen zurück. Zeltplatz vor dichten Reihen von Mais. Etwas weiter weg rauscht eine Erntemaschine durch das Feld, ein gewaltiges Monstrum. Sie erfaßt mehrere Reihen zugleich, schneidet, entfernt Blätter und Stiele, schält die Kolben, sammelt die Körner in ihrem Inneren und spuckt sie nach der Rundtour aus einem Rohr auf den wartenden LKW. „Zu unserer Farm gehören 4.900 acres Land“, erzählt einer der Arbeiter. Ein acre das sind 4.048,8 qm. Zusammen also 20 qkm? „Kann sein“, meint er, jedenfalls ganz schön groß.“ Und sein Kollege ergänzt: „14.000 Schweine haben wir auch noch ...“

„Fahren Sie nicht weiter“, warnt am nächsten Tag ein Mann der uns mit seinem Motorboot folgte, „eine Meile müssen Sie von der Schleuse wegbleiben. Wegen der starken Strömungen - habe ich in einem Buch gelesen.“ Nett die Besorgnis, aber warum gerade bei dieser lock? Vorsichtshalber halten wir uns dicht ans Ufer, aber nichts ist anders als sonst: Die Leine für das den Schleusenmaster weckende Signal, die sich öffnenden Tore. Aus ihnen heraus fahren wir an Newburgh vorbei. Hinter dem Revetment, der auf der Karte stets so bezeichneten Uferbefestigung, das typische Nebeneinander von völlig verschiedenen,

individuell gebauten Häusern. Vom Ufer her dieselbe Frage wie überall unterwegs: „Where are you heading?“ - wohin, was ist Euer Ziel?
„Die fragen nie woher wir kommen.“
„Ist vielleicht bezeichnend für die Denkweise hier - nach vorne schauen statt zurück.“
„Überhaupt diese positiven Grundeinstellungen. Die Leute beklagen sich weniger als bei uns, fand ich bisher. Für die ist nicht alles so schlimm, daß man keinen Bock darauf hat oder frustriert sein muß.“

Meile 773 - 885

Eine Stunde später: „Schnell, weiter ran ...“ - dort in der Flußmitte zieht die „Delta Queen“ vorbei. Wieder eines der Oldtimer-Schiffe, so wie sie im vorigen Jahrhundert auf Missisippi und Ohio zum täglichen Bild gehörten. Weit nach vorn ragend, wie der Bugspriet bei alten Segelschiffen, die Gangway. Sie hängt am Kran und kann je nach Landeposition des Schiffes zur Seite ausgeschwenkt werden. Vier weiße Etagen über dem niedrigen schwarzen Rumpf mit geringem

Tiefgang und flachem Boden; roter Ring um den hohen Schornstein; ein halbes Dutzend Stars & Stripes Flaggen. Achtern, leuchtend rot gestrichen, drehen sich drei breite, gefächerte Räder - mit unterschiedlichen Umdrehungszahlen steuern sie. Flach unters Wasser greifend schaufeln diese „sternwheeler" die Königin der Mündung mit beachtlicher Geschwindigkeit voran. Passagiere stehen in den Gängen vor ihren Kabinen und winken. „In ein paar Tagen werden die da den Missisippi herunter schippern. Wir im nächsten Jahr?"

Und dann der Abend. Wir sitzen vor dem Zelt am Kentuckyufer und schauen. Leuchtend rot geht die Sonne unter, der Himmel flammt auf; langsam zieht ein Schubschiff vorbei. Drüben, auf der anderen Seite, zucken helle Flammen eines Lagerfeuers. Nachtvögel huschen durch die Bäume und Grillen zirpen im Busch. Das ist alles nicht anders als an vielen Abenden unterwegs. Aber es ist der letzte an „unserem" Fluß. Die Gedanken gehen zurück zu drei Wochen Wanderfahrt.

„Keine Wildernistour, wie Chief Little Foot es nannte."

„Und doch - wie beim Eindringen in den Urwald gab's so viel Neues zu entdecken. Amerika hautnah, außerhalb der Geschäftszentren, seine Menschen ..."

„Ich mag sie. Ihre Unkompliziertheit, offen, hilfsbereit."

„Sind sicher nicht alle so. Und sehr viel haben wir nicht mitbekommen. Übrigens sind wir nur sehr wenigen Schwarzen begegnet, obwohl deren Anteil an der Bevölkerung doch bei 11% liegt. Vielleicht weil sie meist in den größeren Städten leben?"

Bis direkt vor der Großstadt Evansville wenig Betrieb auf dem Wasser. Einige rangierende Bargen in der Mündung des Green River, ein paar kleine Ausflugsboote. Dann lebhafter Autoverkehr über die beiden separaten Teile der Doppelbrücke, Indiana-Kentucky, Highway US 41.

Deren ungerade Nummer zeigt, daß sie generell Nord-Süd verläuft, während gerade benummerte große Interstate Fernstraßen Ost-West-Richtungen haben. 4,5 Meilen weiter laufen wir mit Wind und Wellen in den Hafen der Inland Marina ein. Überdachte Bootsliegeplätze, offene Stege, eine Menge großer Kabinenkreuzer und Rennboote. Schmutziges Wasser und nur auf einem ziemlich schmalen Ponton gibt's Platz zum Abbauen und dann Einpacken. Ein Ehepaar das zuschaut meint: „Wir beneiden Leute wie Sie, die so was abenteuerliches unternehmen." Zum „das könnten Sie auch", nur skeptische Mienen und kein Kommentar. Und ein dicker Teenager: „I could not make it!" Sein Vater gratuliert uns förmlich zu der Fahrt und fragt, ob wir nicht vom Fernsehen interviewt worden wären. Sie packen zu, als wir das Gepäck über eine schmale Brücke zum Parkplatz befördern müssen. „Ein Taxi? Ich habe einen Van und fahre Euch ins Hotel." So endet diese Wanderfahrt wie sie begonnen hat, nur sitzt Jack statt Joe am Steuer ....

Einige Fotos von dieser Wanderfahrt

Chief Little Foot
und sein flatboat

Wo ist . . .?

Schleusen

Schubschiff

Louisville

. . . und nachts dampft ein alter steamer um die Ecke

Indian Creek

Montag

Mittwoch

Samstag

Schnelle

große

und seltsame „Kollegen"

Von Indiana nach Kentucky

und vom Ohio zum Missisippi - die „Delta Queen"

Abschied von „unserem" Fluß

Wenn Sie mehr über das „Wie"
einer Wanderfahrt mit kleinen Booten wissen wollen:
dies ist ein Buch das über fast alles Auskunft gibt,
von A wie Ausrüstung, über Gesundheit, Gezeiten,
Orientieren, Paddel-Praxis, Verpflegung,
Wellen und Wind bis Z wie Zelten.
Einzelheiten finden Sie auf der nächsten Seite.

Paddel-Handbuch
Wandern auf Salz- und Süßwasser

Inhalt u.a.

Planen, Zielauswahl, Vorbereiten, Training, Vorsorge, Sprachen
Boote, Auswahlkriterien, Boots-Zubehör, Gebrauch, Ausrüstung
Einpacken, Hinfahren, Grenzen auf Flüssen, Bahnhöfen usw.
Paddeltechnik, Paddel-Praxis, Flußfahrt, Küstenfahrt, im Zweier
Querlieger, Wehre, Schleusen, Brücken etc., Umtragen, Treideln
Risiken, Nebel, Kentern, Wieder einsteigen, Signalmittel, Chancen
Wetter, Prognose, Zeichen, Wind, Wellen, Richtungen, Gefahren
Strömungen, Gezeiten, Tidenhub und -wechsel, Tidentabellen
Regeln, Verbote, Verkehrszeichen, div. Signale, Begegnungen
Orientierung, Kartengebrauch, Kursbestimmung, Peilung, Position
Segeln, Segelarten und Gebrauch, Landen unter div. Verhältnissen
Zelten, Möglichkeiten, Trinkwasser-Beschaffung, Problemlösungen
Verpflegung, Bedarf und Menge, Kochen, Feuer, Kocherarten
Essen / Trinken, Einkäufe, Kontakte, Einladungen, Probleme, Hilfen
Tiere und Pflanzen am Boot/Zelt, Hobbies, Reparaturen, Werkzeug
Gesundheit, Hilfs-Maßnahmen, Medizinkasten, Überlebensregeln

Mexikos Baja

Seite und dort . . .

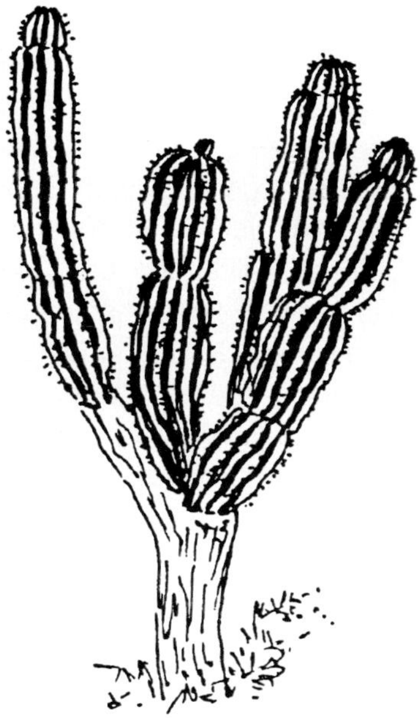

Baja California

wie die „Wüste im Meer“ vollständig heißt, ist eines der großen Erlebnisse die der amerikanische Kontinent bereithält. Kein Geheimtip mehr, auch keiner der Wasserwanderer. Sie ziehen im Cortez-Meer von Nord nach Süd. Nicht viele, gemessen an den Dimensionen des Gebietes.

Ein langes Stück der Küste ist nur vom Wasser aus erreichbar. Eigentlich eine unwirtliche Gegend, jedenfalls Menschen gegenüber, die dort wohnen möchten. Aber auch dadurch unverfälschte, urweltliche Natur. Sie bietet Eindrücke die man nicht mehr vergißt.

Wäre das etwas für Sie? Dann jedenfalls, wenn Sie schon einige Erfahrung mit dem Paddeln an Meeresküsten haben. Und wenn nicht: Sie können sich einer geführten Tour anschließen, Instruktoren, die den Umgang mit Wellen und Brandung, und auch das „Überleben“ unter klimatisch nicht einfachen Bedingungen, auf dem Lehrplan haben. Oder Sie fahren mit einigen erfahrenen Freunden zusammen. Je kleiner die Gruppe, desto leichter läßt sich das gemeinsame Unternehmen koordinieren. Wir waren nur zu zweit unterwegs.

Mexiko, das ist das Land in Mittel-Amerika, das ist seine Hauptstadt Mexiko City in 2.000 m Höhe. Wer davon hört, dem fallen Berichte von der dort einmal stattgefundenen Olympiade ein oder vom verheerenden Erdbeben 1985. Vielleicht denkt er auch noch an Azteken, Montezumas Rache, an Acapulco, Lieblingsbadeort des Jetsets und derer die dazu gehören möchten. Aber Baja California? Erwähnt man dieses Reiseziel, so tippen die meisten auf ein Gebiet der USA. Denn Kalifornien, das ist doch ein Teil der Vereinigten Staaten? Stimmt. Nur: Baja bedeutet im Spanischen „Nieder" und das Nieder-Kalifornien gehört seit dem mexikanisch-amerikanischen Krieg, 1848, zu Mexiko. Es ist die kalifornische Verlängerung nach Süden hin, eine etwa 1.200 km lange Halbinsel. Auf der einen Seite der Pazifische Ozean, auf der anderen der Golf von Kalifornien, das „Meer des Cortez". Und dieser Name führt bereits in die Historie: Anfang des 16. Jahrhunderts wurde Mexiko der spanischen Krone einverleibt. 1534 landete ein Meuterer aus der Flotte des Eroberers Cortez dort, wo heute La Paz, die Hauptstadt von Baja California Sur, des südlichen Teils der Halbinsel, steht. Er war der erste Europäer, der dieses Gebiet betrat. Und auch der erste, den die dort wohnenden Indios killten. Später kam Cortez selbst, um nach den in dieser Gegend reichlich vorhandenen Perlen zu schauen. Die eigentliche Besiedlung aber, durch Missionare, erfolgte erst 150 Jahre später. Indiz wohl dafür, daß es schon damals im Inland kaum etwas zu holen gab.

Genau genommen begann die Geschichte Bajas früher, viel früher: Vor fünf Millionen Jahren trennte sich ein Streifen Land von dem Teil Erde, der heute Mexiko heißt, und driftete langsam ab. Bis zu hundert Meilen weit - die heutige Distanz über See zwischen Baja und dem eigentlichen Mutterland. Nur im nördlichen Abschnitt blieb eine Verbindung zum Kalifornien der Amerikaner bestehen. Die Erdbewegung aber geht weiter, mit 2 - 6 cm pro Jahr. Das jedoch interessiert kaum jemand.

Die normalen Lebensbedingungen auf der Halbinsel sind schlecht. Außer Kakteen wächst dort ohne menschliche Hilfe nicht viel. Und für diese fehlt meist Wasser. Quellen und Grundwasser sinken ab und werden salzig. Regen fällt selten - 15 - 20 cm pro Jahr, kaum genug, um einen Kaktus glücklich zu stimmen. Ein meist wolkenfreies Gebiet also, das die Astronauten schätzen - aus 180 km Höhe und mehr orientieren sie sich an dem markanten, ins Meer ragenden Land. Bis über 3.000 m hohe Berge, Wüstengebiete und teils unzugängliche Regionen. Tiere und Pflanzen die es sonst nirgendwo auf der Erde gibt. Mehr als 3.000 km vom Salzwasser umspülte Küste, die kleinen Buchten, Lagunen und Inseln nicht mitgerechnet.

Bevölkerung: Etwa 4 Millionen Menschen leben in Nieder-Kalifornien - auf einer Fläche die größer ist als die Österreichs. 80% von ihnen sind in den Städten des Nordens konzentriert, in Tijuana, Ensenada und Mexicali, nur 10% im Süden. Man sagt, dort gäbe es zeitweise mehr Touristen als Einheimische. Daß letztere von Indios abstammen - viele Gesichter zeigen das, obwohl die Ureinwohner durch eingeschleppte Krankheiten nahezu ausgerottet wurden. Spuren von ihnen sind erhalten: 800 Jahre alte Zeichnungen in Höhlen. Tiere und Kakteen. Waren letztere die schon damals am besten gedeihenden Gewächse? Möglich, denn die Zeitrechnung der Indios orientierte sich an der Reifezeit von Kaktusfrüchten.

Wirtschaft: Fischerei, Anbau von Bodenfrüchten, wo das möglich ist, und in großem Stil die Gewinnung von Salz aus dem Meer. Die größte dazu eingerichtete Anlage der Welt befindet sich im südlichen Nieder-Kalifornien. Das bringt etwas Export. Dafür wird ein wesentliche Teil der Verbrauchsgüter aus den USA importiert. Seit Inkrafttreten des Freihandelsabkommens verstärkt sich dieser trend.

Sprache: Gesprochen wird Spanisch. Wo der Tourismus floriert, und wo Seeleute sind, wird zum Teil Englisch verstanden. Hilfreich ist das Büchlein „point it", dessen Bilder in fast allen Situationen eine wortlose Verständigung ermöglichen. (Buchhandel - ISBN-3-9803130-1-8)

Klima: Baja California reicht bis an den Wendekreis heran und bei dem beginnen die Tropen. Doch 1.000 km weiter nördlich wurde die höchste Temperatur gemessen: 56,7°, Rekord für die westliche Hemisphäre. „California" ist demnach zu Recht ein Bestandteil des Namens, läßt sich dieser doch von calida fornax ableiten, was heißer Ofen bedeutet. Im Winter aber fällt das Thermometer auf durchaus erträgliche Werte. Hauptreisezeit sind dann die Monate zwischen November und April. Auch für die Wale, die in diesem Gebiet ihre Jungen gebären. Davon mehr in unserem Bericht.

Klimatabellen? Hier ist eine offizielle für die Gegend in der wir unterwegs waren. Doch die Durschnittswerte sind mit Vorsicht zu genießen - am Tage ist's eben heißer und nachts kälter.

		Nov.	Dez.	Jan.	Febr.	März	April
Loreto	Temp.	22°	18°	18°	18°	19°	20°
	Regen	1 Tg.	1 Tg.	-	1 Tg	-	-
La Paz	Temp.	20°	17°	16°	16°	18°	21“
	Regen	1 Tg.	1 Tg.	1 Tg.	-	-	-

Der Unterschied zwischen Tag und Nacht kann erheblich sein - 15° registrierten die Statistiker. Und manchmal ziehen dicke Wolken zu Zeiten auf, in denen niemand sie erwartet.

Wie kommen Sie hin?

Auto: Folgen Sie ungezählten Amerikanern die von Norden her einreisen: Auf der „Mex 1“, 1973 als Verlängerung amerikanischer Highways eröffnet, rollen Wohnwagen und Campmobile in die Wärme. 1.680 km mexikanische Staatsstraße, 110 km davon als Autobahn. Diese „Transpeninsular“ führt von der Grenze bei Tijuana bis nach Cabo San Lucas am Südzipfel von Baja. Eine lohnende Fahrt. Autovermieter in den Staaten allerdings verbieten in der Regel das Mitnehmen des Wagens über die Grenze nach Mexiko. Sie brauchen also den eigenen, einen im Land gemieteten oder ab Tijuana den Bus.

Fährverbindungen bestehen von Mexiko „Festland“ aus. Eine zwischen Mazatlan und La Paz - ca. 18 Stunden Fahrzeit. Die zweite zwischen Topolobampo und La Paz, etwa 10 Std., sofern nicht das schnellere Tragflügelboot eingesetzt wird. Von Guaymas aus können Sie die Fähre nach Santa Rosalia nehmen, einer Stadt, die häufig Ausgangspunkt für Kajakfahrten an der Ostküste ist.

Flugzeug - die schnellste Verbindung. Entweder über Mexico-City oder über Los Angeles/USA. Von beiden Destinationen wird La Paz, die Hauptstadt des südlichen Nieder-Kaliforniens angeflogen. Loreto steht zeitweise auf einigen Flugplänen ab LA, z.B. der Aerocalifornia. Gratis kann das Faltboot nicht bei allen Airlines mitreisen. Fragen!

Wer hilft Ihnen bei den Vorbereitungen?

Reisebüros die nicht nur Pauschalreisen buchen, haben Info-Unterlagen über Baja California. Wenn nicht, wenden Sie sich an

Mexikanisches Verkehrsamt
Wiesenhüttenplatz 26
Frankfurt am Main
Tel. 069-253541

Buchungen für die Fähren, sofern Sie ein Auto mitnehmen, sind möglichst früh im Voraus erforderlich. Falls das Ihre Reiseagentur nicht erledigt, bestellen Sie bei

Grupo Sematur de California

Mexico-City
Paseo de la Reforma 509-4
Tel. 5-553-7957
Fax 5-553-7935

La Paz, B.C.S.
Guillermo Prieto y 5 de Mayo
Tel. 682-53833
Fax 682-56588

Geführte Fahrten: Sie werden u.a. in Zeitschriften wie „Kanu-Sport" „Kanu-life" - „Outdoor" und „tours" von div. Veranstaltern angeboten. Trudi Angell, in unserem Reisebericht als erfahrene Leiterin von Gruppenfahrten erwähnt, ist zu erreichen unter der Adresse: Paddling South, 4510 Silverado Trail, Calistoga, CA 94515, USA, Tel. 707-942-4550 und im Sommer 707-942-7496. Paddelfahrten an der Baja-Küste organisiert u. a. auch die „National Outdoor Leadership School", P.O. Box AA, Lander, Wyoming 82520, USA, Tel. 307-332-6973.

Karten: Als topografische Karte hatten wir die International Travel Map „Baja California" 1:1.000.000, die auch touristische Informationen bietet. Ihr Maßstab reicht für eine genaue Orientierung an der Küste nicht aus. Fragen Sie im Buchhandel oder beim Geo-Center ILH, Adresse unter 2. Im Anhang, nach den besseren mexikanischen Karten. Die G12-5, 1:250.000, kommt in Frage und, je nach Ihrer Route, Blätter aus der Serie G12-A im Maßstab 1:50.000.
Seekarten: Für die Ostküste gibt es in Deutschland zur Zeit nur „Pläne von Seehäfen im Golf von Kalifornien" und für die Westküste eine deckende Serie 1:400.000. Informationen dazu geben u.a. die im

Anhang unter 3. und 4. genannten Firmen. Die Gesamt-Seekarte Baja „Cap San Lucas bis San Diego Bay“ ist wegen des Maßstabes 1:1.260.000 weniger interessant. In den USA sind See- und Landkarten für Nieder-Kalifornien erhältlich durch

The Map Center
2611 University Avenue
San Diego, CA 92104-4522
Tel. 619-291-3830
Fax 619-291-3840

New York Nautical Instruments
140 West Broadway
New York, NY 10013
Tel. 212-962-4522

Vom Map Center ist auch „The Baja Topographic Atlas Directory“, herausgegeben vom Baja Explorer Magazine, P.O. Box 81285, San Diego, CA 92138-1385, zu beziehen. Preiswert und gut.

Literatur: Bücher über Baja California berichten im wesentlichen über das faszinierende Land, weniger über Touren an der Küste, z.B.

- Baja California Touren Manual (Chr. Pehlemann),
- Baja California, a travel survival kit (Scott Wayne)
- Niederkalifornien - Tier- und Pflanzenwelt (H. & F. Jantzen)

In einem Abschnitt von „Küsten, die noch keiner kennt“ (J. W. Rogers), wird eine Paddeltour an der Baja beschrieben. In den USA gibt es eine größere Auswahl an Baja-Literatur, so u. a. „Baja California and the Geography of Hope“ (J. Wood Krutch). Von der Kanu-Info-Bank, Adresse im Anhang unter 1, können Sie Fahrtenberichte aus diesem Gebiet, die veröffentlicht wurden, abrufen.

Ihre Wanderfahrt

Route: Je nachdem wieviel Zeit Sie haben, bieten sich an der Ostküste die Orte Santa Rosalia, Mulege und Loreto für einen Start an. Sie können von dort aus an der Küste oder über Inseln bis nach La Paz paddeln oder früher aussetzen. Von La Paz aus ist u.U. ein Abstecher zur Isla Espiritu Santo reizvoll. Auf einem dort vorgelagerten Eiland sind Seelöwen zu Hause. Die sehen Sie auch an der Westküste, beim Paddeln im Schutze der Isla Magdalena, z.B. von Puerto Adolfo Lopez Mateos aus nach Norden. Paddeln Sie von dort nach Süden, so erreichen Sie Bahias in denen Wale Hochzeit feiern und ihre Jungen zur Welt bringen. Alle genannten Orte haben Autobusverbindung.

Das Besondere der Fahrt: Eine Ursprünglichkeit, ja Wildnis, eine Tier- und Pflanzenwelt, wie man sie heute nur noch selten vom Boot aus erleben kann. Nur vom Wasser her zugängliche Buchten und Strände; für erfahrene Kajakfahrer erreichbare vorgelagerte, unbewohnte Inseln. Die Straße verläuft nur streckenweise in Küstennähe. Auf etwa 80 Kilometern unserer Route fehlte sie ganz. Damit ist man, für eine überschaubare Zeit jedenfalls, ganz auf sich gestellt.

Was erwartet Sie?

Eine überwiegend offene und darum windanfällige Küste. Sand- und Kiesstrände, schöne, manchmal windgeschützte Buchten zum Schwimmen bei Wassertemperaturen um 25°. Aber auch Abschnitte in denen die Berge direkt von der Wasserkante hoch aufragen und keine Landemöglichkeiten bieten.

Wind und Wellen - oder auch mal ganz ruhiges Wetter. Im Dezember ist es meist noch stürmisch, danach periodenweise Starkwinde mit kürzeren Laufzeiten, überwiegend aus N-NW. Und Abweichungen wie wir sie erlebten. Es kann Tage geben, an denen Sie bei Beaufort 5 und 6 besser nicht auf dem Wasser sind. Dann werden Sie die Wärme der Sonne, den wolkenlosen Himmel entweder genießen oder Schatten suchen, den die Natur nicht bietet. Während der Monate Juli bis Oktober liegt das Gebiet im Bereich tropischer Wirbelstürme. Und an der Pazifikküste rollt auch ohne diese zu jeder Jahreszeit die Brandung.

Gezeiten: Alle etwa 6 Stunden ein Tidenhub von weniger als einem bis zwei Meter weiter im Norden des Golfes. Ein Tidenkalender ist also nicht sehr wichtig. Nur in Durchfahrten zwischen Inseln ist Gezeitenstrom deutlich spürbar. Wir bekamen die Tidenzeiten und ihre Höhen von der Hafenmeisterei in La Paz.

Zelten: Spätestens nach einigen Kilometern entlang steiler Felsufer finden Sie einen Strand für Ihr Zelt. Achten Sie auf die von der Flut mit Schwemmgut gezeichnete Hochwasserlinie bei Auswahl des Platzes. Von Leuten die mit Campingautos kommen, verlangen Landeigner Geld. Wasserwanderer blieben bisher, soweit gehört, unbehelligt.

Risiken: Bei guter Vorausplanung und ohne Leichtsinn sind Wagnis und Gefahren nicht größer als bei anderen Touren in Küstenregionen.

Was brauchen Sie?

Ausrüstung: Seekajak, Wanderkajak oder Faltboot, mit Steuer, Spritzdecke und Auftriebskörpern; Schwimmweste, Kompaß, Karten. Die normale Ausstattung für Fahrten auf dem Meer. Und da es sich lohnt die Unterwasserwelt genauer anzuschauen nehmen Sie Tauchmaske, Schnorchel und Flossen mit. Dazu, wenn Sie es haben, ein Segel, zeitweise werden Sie es vor dem Wind brauchen können. Wichtig ist ein großes Tuch das Sie, als Sonnenschutz aufgespannt, schätzen werden. Ihr Zelt sollte dicht und luftig sein. Und Sie brauchen eine Menge an leichten Behältern für Trinkwasser: Wir stauten in unserem Zweier 50 Liter. Und das war nicht zu viel.

Versorgung: Nicht nur Trinkwasser ist unterwegs knapp. Auch zum Einkaufen ist nicht oft Gelegenheit. Sie brauchen darum einen Lebensmittelvorrat der für eine Woche, möglichst für zwei, reicht. Fische können Ihre Verpflegung unterwegs ergänzen. Angeln ist problemlos möglich. Ob Ihnen allerdings die großen Brocken wie Merlin und Baracuda an den Haken gehen?

Vorsorge: Keine speziellen Impfungen. Schützen muß man sich nur gegen die Sonne. Und ein wenig aufpassen: Schlangen und Skorpione haben es nicht gern, wenn man auf sie tritt. - „Gefährlicher" kann es in der Zivilisation sein. In Restaurants z.B. lauert die „Rache Montezumas", auch Turista genannt - Bakterien oder Viren die Durchfall verursachen. Trotz Verzicht auf ungekochte Speisen und nicht gut durchgebratenes Fleisch, auf Salate, nicht abgepacktes Speiseeis, eisgekühlte Säfte, kann es Sie erwischen. Nach wenigen Tagen ist die Lauferei meist überstanden. Auch ohne Medikamente. Wollen Sie aber Ihren Darm doch medikamentös still legen: Das dafür in Deutschland verkaufte Imodium heißt in Mexiko Lomotil und ist in Apotheken erhältlich. Dort kauften wir auch die Tropfen zur Wasserentkeimung, billiger als daheim. Von zu Hause aber nahmen wir Filme und Batterien für den Foto mit - als letztere ausgingen, gab's Beschaffungsprobleme.

Wieviel Zeit haben Sie?

Rechnen Sie unter den manchmal extremen Temperaturen der Baja nicht mit den üblichen zurücklegbaren Paddelstrecken sondern mit weniger. Es wird Tage geben, an denen Sie gern bereits am Vormittag ihre Fahrt beenden, nachdem Sie sehr früh morgens bereits auf dem Wasser waren, in der meist windstillen Zeit des Tages. Ausflüge werden Sie ins Land locken. Hier müssen Sie das Ende eines Sturmes abwarten, dort wollen Sie Tiere beobachten. Das alles verringert Ihren Km-Wochendurchschnitt.

Von Loreto bis zur Punta Coyote, wo viele Gruppen ihre Fahrt beenden, sind es rund 200 km. Das können zwei aber auch drei Wochen sein. Die Strecke zuvor, von S. Rosalia bis Loreto bringt es, incl. Ausfahren der Bahia Conception, auf etwa 280 km. Und wenn Sie von der Koyotenspitze nach La Paz weiterpaddeln wollen, dann haben Sie nochmals ca. 90 km vor sich, die nicht alle reizvoll sind. Die erwähnte Route an der Westküste, von z.B. Puerto Adolfo Lopez Mateos nach San Carlos: 100 km - eine Woche. Wenn dann aber in den Buchten vorher und auch danach die Wale sind ...

Schon klar - Ihre Zeit reicht nicht. Aber: Sie können ja wiederkommen. So wie viele , wir auch, das nach der ersten Baja-Wanderfahrt planen. „... gut zu verstehen“, werden Sie vielleicht sagen, nachdem Sie in unserem Tagebuch gelesen haben

was wir während unserer Baja-Fahrt sahen und erlebten ...

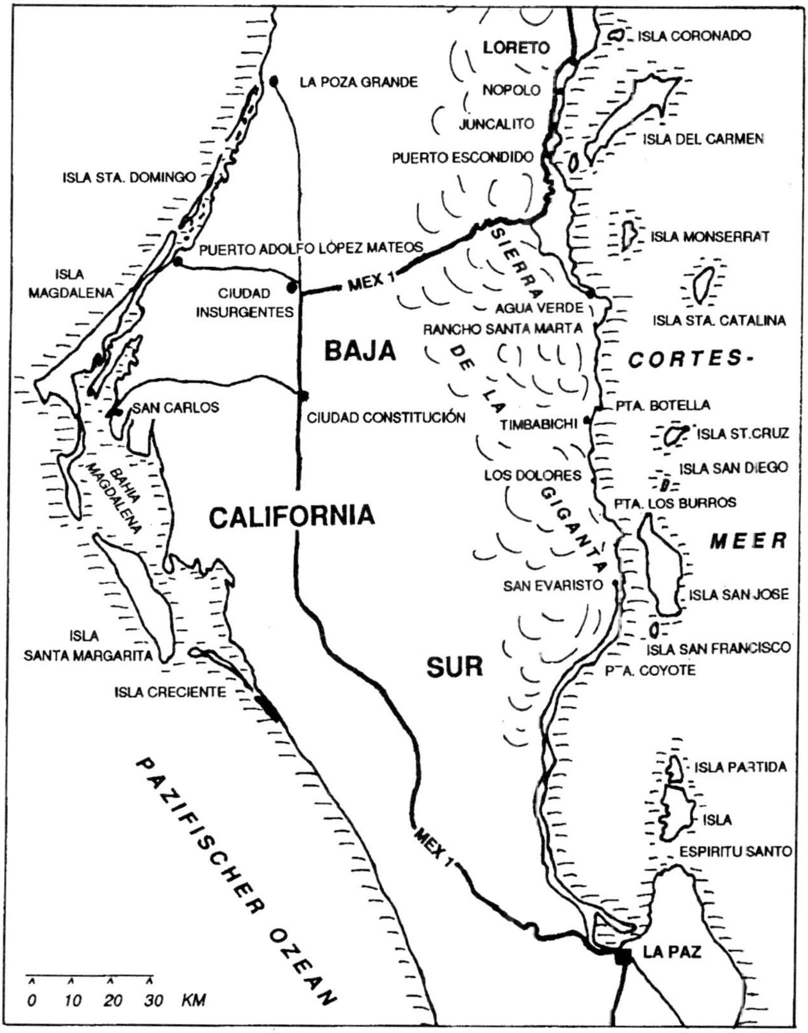
ISLA CORONADO
LORETO
LA POZA GRANDE
NOPOLO
JUNCALITO
ISLA DEL CARMEN
PUERTO ESCONDIDO
ISLA STA. DOMINGO
ISLA MONSERRAT
PUERTO ADOLFO LÓPEZ MATEOS
SIERRA
ISLA MAGDALENA
CIUDAD INSURGENTES
MEX 1
ISLA STA. CATALINA
AGUA VERDE
RANCHO SANTA MARTA
BAJA
DE LA
CORTES-
SAN CARLOS
CIUDAD CONSTITUCIÓN
PTA. BOTELLA
TIMBABICHI
ISLA ST.CRUZ
BAHIA MAGDALENA
ISLA SAN DIEGO
LOS DOLORES
GIGANTA
PTA. LOS BURROS
CALIFORNIA
MEER
SAN EVARISTO
ISLA SAN JOSE
ISLA SANTA MARGARITA
ISLA SAN FRANCISCO
SUR
PTA. COYOTE
ISLA CRECIENTE
PAZIFISCHER OZEAN
ISLA PARTIDA
ISLA ESPIRITU SANTO
MEX 1
LA PAZ
0 10 20 30 KM

Loreto

Krachend schaltet der Busfahrer zurück und zieht das lange Fahrzeug durch die enge Kurve, eine Serpentine wie viele. Nur: In dieser fehlt die Leitplanke am Rand des hundert und mehr Meter tiefen, fast senkrechten Abfalls - da unten irgendwo liegt der Verursacher. Besser nur nach vorn schauen und festhalten. Die Berge sind schroff, steil, rot. Wo sie zu schrägen Hängen auslaufen, bedeckt dichtes, stacheliges Gestrüpp den Boden. Wie Vogelscheuchen ragen Kaktusbäume, mit ausgestreckten Armen die Hilflosigkeit zu signalisieren scheinen, in den blaßblauen Himmel. Zwei Ziegen verschwinden im Staub hinter uns. Dann ein kurzer harter Schlenker um den entgegenkommenden Lieferwagen nicht zu rammen, knapp vorbei und weiter. Hinauf, über eine Art Paßhöhe und plötzlich liegt das Meer vor und unter uns - tiefblau, aber: „Überall Schaumköpfe und dicke Roller. Und siehst Du da die Brandung?“ Freunde hatten von ruhigen Fahrten bei meist glatter See erzählt. Das hier jedoch sieht anders aus. Und mit ziemlich gemischten Gefühlen beobachten wir die gischtenden und an den Felsen hochspritzenden Wellen, versuchen auszumachen, ob und wo wir zwischen ihnen einen Weg finden könnten. Bis der Bus dann wieder landeinwärts fährt und nach kurzer Zeit am Ziel ist, in Loreto, aussteigen.

In La Paz, in der Hauptstadt des südlichen Nieder-Kaliforniens, hatte die Fahrt begonnen. Mit übervoll gestauten Packsäcken - der kleine Mann mit dem dunklen, ernsten Indiogesicht fluchte beim Verladen über ihr Gewicht. Kein Wunder: Die Verpflegung für drei Wochen war drin - Milchpulver, Zucker, Haferflocken, Maisöl, Corned beef, schnellkochende Nudeln, Reis, Kartoffelpulver, Salz, Mehl, Nüsse, Kekse, Rosinen, Schokolade, Bonbons, Tee und Nescafé sowie Bouillonwürfel und Ketchup. Dazu noch ein Liter Benzin für den Kocher. Die übliche Frage: „Kriegen wir das später alles ins Boot?“ Das Volumen war zwar geschrumpft, nachdem wir Umverpackungen entfernt und alles in unsere Stoffbeutel - innen Plastik - umgefüllt hatten. Aber die Kilos, die blieben.

Dem Taxifahrer an der Loreto-Station sind sie egal. Lange hatte er auf den Bus gewartet, in dem wir klimatisiert und bei leiser Sambamusik hierher schaukelten. Nun hat er die einzigen Touristen erwischt, die nach dem kurzen Stop nicht in Richtung Rosalia weiterfahren, und das macht ihn fröhlich. Er lacht und fragt. Das Gepäck sei eine Barka? Und wir wollten am Wasser wohnen? Er werde das schon arrangieren. Vorbei an ärmlich wirkenden niedrigen Häusern fährt er uns in den Ort zum ersten Hotel, Oasis, im Reisebuch als gut und günstig genannt. Dort gibt's zwar einen Zugang zur Küste wo wir mit dem Boot starten könnten, aber: „Wir vermieten nur mit Vollpension.“ Und das zu einem Preis, der uns verschreckt und weitersuchen läßt. Der nächste Luxusschuppen, La Pinta, ist ausgebucht. Und damit hat der Taxifahrer keine Lust mehr: Vor dem Hotel Misión de Loreto lädt er kurzerhand das Gepäck aus und verschwindet in einer Staubwolke. „Entweder reicht ihm das Geld oder er hat Hunger aufs Mittagessen.“ Am Meer sind wir: Mit elementarer Gewalt donnern seine Wellen gegen die hohe, senkrechte Betonmauer, über die wir selbst bei ruhiger See das Boot nur schwer einsetzen könnten. Was nun? „Erstmal bleiben ...“ Unfreundliche Leute, akzeptabler Preis, mäßiges Zimmer. Das jedoch mit dem Vorteil, daß wir das Gepäck auf dem Bootswagen direkt hineinrollen können. Und ein kleines Schwimmbad vor der Tür - die Wahl des Taxifahrers war gar nicht so schlecht!

„In Loreto solltet Ihr Trudi Angell besuchen“, hatte uns in La Paz Chris gesagt, amerikanischer Kajakfahrer, „die kennt Bajas Küste vom Boot aus besser als sonst jemand. Leicht zu finden: Vom großen Platz aus nach Süden; parallel zur Küste ein ungeplasterter Weg raus aus der Stadt; das ausgetrocknetes Flußbett, arroyo genannt, kreuzen; danach rechts kleiner Deich, los muros, und dann das zweite Haus.“ Ein variables Merkmal fehlte in der Beschreibung - der Landrover mit zwei Klepper-Faltbooten hoch beladen. Unterm von Schlingpflanzen überwucherten, schattigen Dach der Veranda sitzen Trudi nebst Freundin beim Planen ihrer nächsten Tour. „Noch ein, zwei Tage und die Starkwindperiode ist vorbei", sagen sie nach herzlicher Begrüßung, „dann könnt Ihr fahren." Im März und April hätten solche Stürme keinen langem Atem mehr. Zwischen Dezember und Februar dagegen könnten sie manchmal wochenlang wüten. Wale? Die seien jetzt, Mitte März, bereits auf dem Rückweg und auch eher an der Westküste der Baja zu beobachten. Trudi zeichnet auf unserer miesen Karte einige Stellen an, wo es voraussichtlich Trinkwasser gibt. Aber: „Die Brunnen sind manchmal leer und einige schlecht zu finden. Nehmt reichlich mit. Hier eine Adresse, die Wasser billiger verkauft als der Supermarkt."

Bummel durch den Ort. Heiß, staubig, kümmerliche Palmen geben kaum Schatten. Kinder spielen mit glattgefahrenen Autoreifen, ein alter Mann bastelt an der verrosteten Felge seines Fahrrades. Wer kann, bleibt in den kleinen, luftigen Häusern ohne Fensterscheiben. Im Supermercado finden wir zwar Kekse und Saft um die inzwischen knurrenden Mägen zu beruhigen - zum Kaufen unseres Reiseproviants hätte das Sortiment aber nicht ausgereicht. Gut, daß wir alles von La Paz aus mitnahmen. Dann sind wir im Zentrum, am Marktplatz, am Zócalo. Sockel heißt das Wort. „In Mexico City", so erklärt uns der Nachbar bei einer Tasse Kaffee, „wollte General Santa Ana einst ein Denkmal für die Unabhängigkeit des Landes errichten. Weil ihm aber immer wieder etwas dazwischen kam, gedieh das über den Sockel nicht hinaus. Na ja, und der ist heute noch da, mehr nicht. Bei ihm, auf dem zweitgrößten Platz der Welt, trifft man sich, na ja, zum Rendezvous, um zuzusehen, wie unsere grün-weiß-rote Trikolore mit dem Staatswappen gehißt bzw. eingeholt wird. Na ja, und nun heißen eben in vielen unserer Städte die Plazas zócalo, auch wenn's dort keinen Sockel gibt. Na ja, so ist das eben."

Ein anderer, stiller und romantischer Platz. An ihm die weiße, alte Kirche - hier begann 1697 die Erschließung des Landes. Das Museum nebenan erzählt Geschichten davon. Von Jesuiten, die an einem 25. Oktober von See her landeten und die Mission „Nuestra Señora de Loreto" gründeten; vom Bau des Gotteshauses aus vulkanischem Gestein; vom Anlegen erster Straßen durch unwegsames Gelände, welche die neue Hauptstadt der Region mit weiteren 19 Missionsstationen verbanden. Und auch von den Versuchen, die hier lebenden Indianer zum Christentum zu bekehren. Wie aber macht man das bei

Menschen, die in ihrer Sprache Worte wie Liebe, Scham, Streit und Frieden, Wahrheit oder Hoffnung nicht kennen? Schriften der Missionare berichten von undankbaren und stumpfsinnigen Eingeborenen. Christen jedenfalls wurden wohl nur wenige. - Die Jesuiten mußten wieder gehen: 1767 ließ König Carlos III sie aus der neuen Welt vertreiben, „zu viel Macht und Reichtum“ war die Begründung. Nach Loreto folgten ihnen Franziskaner-Mönche und, unterbrochen von einem Erdbeben vor etwa 150 Jahren, wurde nach und nach aus der Siedlung eine Stadt mit heute etwa 8.000 Einwohnern. Statt der rechtwinkligen Straßen führen sandige, ausgefahrene Sandwege zu von Touristen kaum je gesehenen, abgelegenen Quartieren: Primitive Hütten, vor denen Kinder auf dem staubigen Boden spielen - Kontrast zu unserem Hotel-Luxus.

Am nächsten Morgen ziehen wir um. In den außerhalb gelegenen „Trailer-Park“, den Parkplatz für Wohnwagengespanne. Daß wir ohne solch ein Mobilheim kommen und nur zelten wollen, das scheint nicht alltäglich zu sein, denn was so etwas kostet, weiß der Platzwart nicht. Damit aber sind wir nun direkt am immer noch weiß schäumenden Meer, am Strand. Wir können auspacken, das Boot aufbauen, und alles so in die wasserdichten Säcke verstauen, daß später die Ersatzbatterien nicht zwischen Zucker und Mehl oder wer weiß wo zu suchen sind. Was noch fehlt: Trinkwasser. Per Taxi in den Ort zu Trudis Adresse: „Da?“ Ein Hof hinter versperrter Toreinfahrt; hohe, schattige Bäume; niedrige, offene Schuppen; Fässer auf einem abgestellten Lastwagen:. „Agua para beber?“ Die kleine Frau, die uns zweifelnd gemustert hatte, nickt und führt uns zu einem Unterstand. Durchs Dach bringt ein Schlauch das Aqua zum Trinken aus einem der verladenen Fässer. Deren Höhe erzeugt den notwendigen Druck in der Leitung. „Kommt von unserer Hazienda in ...“, Name nicht verstanden, „... heute morgen geholt. Besser als salziges Wasser in Loreto“, erklärt die Frau. Sie füllt unsere 4 mal 10 und 2 mal 4 Liter Beutel, die 1,5 Liter Flasche und gibt uns Gläser zum Trinken: Köstlich! Und viel billiger als im Laden, wo 14 Plastikcontainer mit je einer Gallone, das sind 3,8 Liter, 'ne ganze Menge Pesos gekostet hätten.

Das Taxi fährt uns zurück. Am gerade einlaufenden amerikanischer Wohnwagen hängt, die Vorderräder hochgebockt, der Jeep „fürs Tägliche“. Ein Schäferhund steigt aus und übernimmt die Bewachung, näher als wenige Meter läßt er niemand ran. „Denen sollte ich frische Fische verkaufen“, seufzt der alte mexikanische Fischer, der uns besucht, unzufrieden, „bei dem Wetter aber können wir nicht raus. Und Ihr? Wollt hier baden und tauchen?“ Daß wir vorhaben in Richtung La Paz zu paddeln, hält er für einen Witz über den man nicht lachen kann. Zwar werde das Meer wohl morgen wieder ruhiger sein, aber so ein Boot aus Stoff und Gummi? Er macht ein trauriges Gesicht. Nicht nur er. Anders als in Südostasien bei den Einheimischen dort mit ihrer, so scheint es jedenfalls, unbeschwerten Fröhlichkeit, begegnen wir in Mexiko eher ernsten, ja schwermütigen Mienen. Auch der Mann, der am Strand entlang bummelt und mit dem Fischer redet, schaut ernst drein und lacht nur kurz, als der Alte uns mit einem Zaubertrick verwirrt. Dann zieht's wieder wie Schatten über sein Gesicht.

„Ist das Leben für die Menschen hier so viel schwerer?“
„Andere Mentalität. Vielleicht von den indianischen Vorfahren her.“
„Oder durch den Einfluß der Kirche? Immer Sünder sein zu müssen, würde mich nicht gerade fröhlich stimmen.“
„Weiß nicht. Denke eher, daß das ernste Gesicht hier ebenso zu den Äußerlichkeiten gehört wie das lachende in Indonesien. Was dahinter steckt, ist wohl in beiden Fällen etwas ganz anderes.“

Abends, als die beiden zu ihrem nahen Dorf zurückgehen, beginnt das Meer sich zu beruhigen - keine Schaumköpfe mehr, die Wellen werden länger und flacher, die Brandung langsamer und leiser. „Wenn es so bleibt, fahren wir morgen früh bei Sonnenaufgang“, hatten wir gesagt, und der Fischer skeptisch: „Wir werden Euch nicht wecken ...“

Noch bevor es hell wird, rappeln wir uns aus den Schlafsäcken: Das Meer ist ruhig, der Himmel bedeckt, im Osten dämmert der Tag herauf. Heiß duschen nach der kalten Nacht, Frühstück und einpacken: Vorn unterm Deck Beutel mit Bootswagen, Reserve- und Abendverpflegung, achtern unterwegs nicht gebrauchte Kleidung. Dazu dort Schuhe, der Medizinkasten, das Werkzeug. Ein Beutel mit Filmen, zwischen Alu und Schaumstoff geschützt, hat da Platz und auch noch Töpfe, Kocher, Benzinflasche, sowie Lampe, Bücher und Schachspiel. Alles wasserdicht verpackt. Auch die Schlafsäcke zum drauf sitzen vorn. Neben ihnen vier große Wasserbeutel und die Unterwegsverpflegung. Hinten als Sitz das Zelt mit Luftmatratze, Trainingsanzügen und Kissen, in verbleibenden Lücken Zeltstangen und Häringe, die Fototasche, Waschbeutel, Tauchmasken und Schnorchel, Buschmesser, Sandalen, Kartentasche, zwei kleine Wassersäcke sowie die Wasserflasche für unterwegs. Oh Wunder: Alles paßt rein - und wir auch noch. Der Fischer und sein Freund hatten aufmerksam zugeschaut. Da nun kein Zelt mehr da steht, fragt er: „Wollt Ihr wirklich weg?“ Und als wir nicken, da hören wir ihn zu seinem Begleiter sagen: „Und so was machen alte Leute ...“

Alt - eigentlich komisch, daß wir uns mit den zusammen 127 Jahren kaum älter fühlen als zu Beginn früherer Fahrten. Nur etwas unsicherer: Der Sturm in den vergangenen Tagen hat uns die Gewalt der Elemente anschaulich gezeigt. Werden unsere Vorräte ausreichen, wenn er uns für länger als nur für Tage an Land zwingt? Und durch die Brandung? Die Wellen, kein Problem, unsere Spritzdecke ist dicht. Harte Landungen aber können wir mit dem Faltboot kaum riskieren. Dieses Mal sicher nicht. Es muß heil bleiben. Nun, all diese Gedanken sind weg, als das Boot schwimmt. Einsteigen, winken und wir paddeln los: Herrlich. Ein schwarzer Kormoran zieht vorbei, eine Gruppe brauner Meerespelikane folgt. Bald sind wir weit ab vom Land und ziehen mit gleichmäßigen, ruhigen Paddelschlägen in der langen Dünung nach Süden.

Sierra de la Giganta

Auf unserer Steuerbordseite leuchten die Berge im Morgenlicht, an Backbord bleibt die Isla del Carmen dunkel und grau. Ein dickes Wolkenraster überzieht den Himmel, die Sonne hat den Durchblick nicht. Immer wieder lassen wir die Paddel auf dem Süllrand liegen und schauen zum Festland: Über die ganze Breite schroffe, kahle Bergketten, hintereinander und ineinander gestaffelt. Blaugrau, stählern die Farbe der hohen, nackten Wände; die vorderen Reihen braun, kaum bewachsen; zum Wasser hin rötlich schimmernde, senkrechte Felsen. Unzugänglich, abwehrend, ja bedrohlich wirken sie. Und doch: ein unglaublich schönes, eindrucksvolles Bild. Als silberner Pfeil zieht ein in La Paz gestartetes Flugzeug unter grauen Wolken nach Norden.
„Kaum höher als die Berge. Ob die uns von da oben hier sehen?"
„Wenn, dann sind wir für sie nur ein winziger, unbedeutender Punkt auf dem Wasser."
„Sind wir denn mehr?"
„Kommt auf die Betrachtungsweise an ..."

Voraus weiße Gebäude über hellem Grün am Ufer. Wie weit? Eigentlich sollten wir bald dort sein. Aber wir sind es nicht. Eine gute Stunde Paddelei - waren wir wirklich so um die 6 km von der Küste weg? Es stimmt - die Höhe der Berge hatte uns getäuscht. Daß sie tausend und mehr Meter hoch sind, das realisieren wir jetzt erst. Klar: Von ihnen waren wir doppelt so weit entfernt, wie bei gleichem Blickwinkel hinauf zu einem halb so hohen Objekt. Die weißen Häuser - sie gehören zu der Anlage die an Loretos hohen Hotelpreisen mitschuldig ist. Denn dieses Nopolo sollte „Bajas Acapulco" werden und die Aussicht darauf allein schon trieb die Preise hoch. Den Managern der staatlichen mexikanischen Entwicklungsgesellschaft für Tourismus allerdings ging dann das Geld aus und so blieb es bisher bei dem einen Hotel dort, einigen Bungalows, Tennisplätzen, Marina mit Bootshafen, einem Flugplatz, der ab und zu auch von Los Angeles aus angeflogen wird, sowie eben bei den hohen Loreto-Touristenpreisen. Heute ist drüben nichts los, kein Boot unterwegs, keine Gäste am Ufer der grünen Oase unter den dunklen Berghängen. „Vielleicht sind die bereits pleite?"

Auf einem Felsplateau, dicht an dicht, schwarze Kormorane. Langsam, vorsichtig und leise lassen wir uns an sie herantreiben. Regungslos

stehen sie mit weit ausgespannten Flügeln: Da ihre Federn naß werden, im Gegensatz zu Wasservögeln die sie einfetten können, brauchen Kormorane die Sonnenwärme zum Trocknen. Ganz nah am Boot tauchen zwei auf: Nur die langen Hälse schauen aus dem Wasser - ihre Körper verfügt nicht über einen Auftrieb aus luftgefüllten Zellen unter der Haut. Einer wirft den erbeuteten Fisch in die Luft, fängt ihn und läßt ihn sichtbar im Hals nach unten gleiten. Und geht gleich wieder auf Jagd. Denn jeden Tag muß er sich sein Körpergewicht an Futter zusammenfangen. Erst bei etwa zwei Bootslängen Distanz werden die Inselbewohner unruhig. „Nicht stören ...“, und kaum entfernen wir uns etwas, da setzen sie ihre Verdauungs-Siesta fort. Was sie dabei produzieren stinkt zwar, wurde früher aber hoch bezahlt: „Wußten die Leute damals eigentlich, was sie als Guano kauften?“

Eine kräftige Windboe. Besser wir fahren weiter und suchen uns einen Platz für die Nacht. Wo? Diese Bucht ist zu klein, die nächste voller Steine. Dann nur noch Felsen an denen die ersten Wellen des Tages hochlecken. Schließlich heller Sandstrand voraus, die Bucht von Juncalito. Ein Wohnwagen steht da, über den schmalen Pfad von der Straße hierher herunter gerollt. „Wir sind jedes Jahr den Winter über an diesem Strand“, der dunkelbraun gebrannte Amerikaner im Rentenalter erzählt es im Schatten seines rollenden Hauses, „einer von den wenigen Plätzen, an denen die Halunken einem nicht für Null Service das Geld aus der Tasche ziehen. Gut hier, viele Fische und drüben bei der Straße ein Brunnen.“ Wo wir denn den Winter über kampiert hätten? Für nur einen Monat im Land und das bei der weiten Reise von Europa her? Er schüttelt den Kopf und geht wieder angeln. - 150 m sind es von seinem bis zu unserem Haus. Keine Bewohner sonst in der Bucht. Die Autos auf der Straße so weit entfernt, daß sie wie Spielzeuge wirken. Und wir fühlen uns erleichtert: Der Anfang ist gemacht - wenn es weiter so gut läuft? - Schwimmen, ein Reservepaddel reparieren dem der Flug nicht ganz gut bekam. Lästige kleine

Fliegen ärgern uns, bis wir schließlich die Pfannkuchen unterm Moskitonetz backen. Da haben wir Ruhe. Und sie auch.

Nachts flattert das Zeltdach. Laut. Eine Leine los? Kaum draußen, da pusten heftige Fallwinde von den Bergen ganze Ladungen feinen Sand in die Augen, in Nase, Mund und Ohren. Den herausgeflogenen Häring haben sie längst begraben, Suchen sinnlos. Also her mit einem überzähligen, den losen Sand wegschieben, um an die feste Schicht darunter zu kommen, festmachen und zurück ins Zelt. Zusammen mit einer Sandwolke - zähneknirschend schlafen wir weiter. Morgens scheint das Zelt Bestandteil der Düne zu sein - rundherum eingesandet. Ein Dingi liegt auf dem Strand. Klein, sorgfältig verarbeitet, das Segel als Dach über dem Boot. Sein Besitzer hat darunter geschlafen. Auch er ein amerikanischer „Winteraussteiger". Seit vier Jahren kreuzt er, wie er sagt, mit seinem Boot zwischen Bajas Stränden und Inseln. Gestern abend wären Seeschildkröten in der Bucht gewesen. Die zu fangen, sei verboten. Aber: „Die Einheimischen halten sich nicht daran. Mexikaner interessiert es nicht, daß durch das Ausrotten der turtles ihre Kinder keine mehr sehen werden." Er erzählt von einer Amerikanerin, die Fischern gefangene Schildkröten abkaufe und sie wieder freisetzt: „Ich bewundere die Frau. Sie tut wenigstens was, während andere immer nur reden ..."

Wir sind beim Einpacken, da kommen die Wohnwagennachbarn. Ob wir den Sandsturm gut überstanden hätten? „Wollen Euren Klepper mal anschauen" - der Markenname ist offensichtlich Synonym für Faltboote. Fragen nach Havarien, Kenterungen und anderen Risiken. „Er" scheint beruhigt und würde das Boot wohl am liebsten gleich behalten: „... von hier aus damit zum Angeln rausrudern", schwärmt er - seine Frau verzieht skeptisch ihr Gesicht, „und zusammengepackt hätte es Platz in unserem Wagen." „Sie" schütttelt den Kopf - das Fahrzeug sei ja komplett eingerichtet. „Bis zum nächsten Jahr, selbe Zeit, selber Ort", laden sie uns ein und schauen zu, wie wir langsam, gegen die Tide, um die Landspitze herum weiterpaddeln. Blauschwarze Felsen, nebeneinander stehende Türme. Mauern zwischen einigen von ihnen, Masten von Segelbooten dahinter: Puerto Escondido, wie der Name dieses Hafens es sagt, verborgen, versteckt. Von den Dämmen und durch vorgelagerte Inseln gegen Stürme geschützt, ankern schneeweiße Yachten, Motorboote und ein Trimaran in der tiefen Bucht, vor einer großartigen Bergkulisse mit „Zuckerhüten" und Schroffen. Kleine Verbindungsboote flitzen von ihnen aus zur häßlichen Kaimauer, an der unter abbröckelndem Beton das rostige Stahlskelett herausschaut. Auf einer „Baustelle Hotel" regt sich heute, obwohl Wochentag, keine Hand. Betrieb dagegen auf der Zweimast-Segelyacht, die am Kai festgemacht hat: Mexikanische high society - eine dunkelhäutige Damencrew im weißen Dreß turnt an Deck herum.

„Luxus - das verglichen mit den Armenvierteln in Mexico-City!"
„Was wäre die Alternative? Ihn abschaffen, verbieten? Und daran glauben, daß es möglich sei allen Menschen gleich viel Lebensqualität zu bieten? Das funktioniert doch nicht, weder bei Christen, noch bei Kommunisten."
„Und warum nicht?"
„Weil es Menschen sind. Tüchtige und faule, begabte und dumme, ausgebildete und solche die nichts lernen konnten oder wollten."
„Und Leute, die sich auf Kosten anderer bereichern, wie diese?"
„Kann sein, wissen wir nicht. Möglicherweise aber schaffen die mit ihrem Geld auch Arbeitsplätze, Einkommen für andere. Und daß sie sich dann diesen Luxus leisten? Das Geld, das sie für ihn ausgeben, fließt doch auch wieder in die Wirtschaft. Mit höheren Steuern finanzieren sie den Staat - mehr, als die Armen, die davon wieder profitieren."
„Der Staat also als Umverteiler?"
„Ja, ist sicher eine Aufgabe für ihn. Und je mehr er von dem Geld in die Ausbildung seiner Menschen investiert, umso rascher kriegt er es mit Zinsen zurück."
„Wenn er es aber durch Korruption versickern läßt?"
„Dann hilft Druck von draußen. Und den gibt's ja auch, von der Weltbank zum Beispiel, die Kredite nur noch gegen Auflagen ausleiht."
„Haben die Armen was davon?"
„Langfristig vielleicht, hoffentlich."

Eine sandige, weitgeschwungene Bucht nach der anderen. Herrliche Strände, Nur: Um von ihnen aus zu schwimmen, müßten wir weit hinaus waten. Da ist es bequemer kurz vor der blauen Zone aus dem Boot zu hüpfen und vom untiefen Grund aus wieder einzusteigen. Weithin bleibt es flach. Wir paddeln vom Land weg und auf ein felsiges Kap zu. Irgendetwas helles liegt da - ein gekentertes Segelboot? Näher heran: In der kleinen Bucht ist ein Wal gestrandet. Auf den Rücken gedreht, tot. Wurde das mächtige Tier vom Sturm hierher ins flache Wasser getrieben und konnte sich dann nicht mehr befreien? Oder hat sein akustisches Radar versagt, das von flachen Stränden kein Echo zurückwirft? Acht Meter lang - fünf hat unser Boot neben ihm. Ein verhältnismäßig junger Buckelwal also, denn ausgewachsene Tiere werden fast doppelt so groß. Sein Gewicht? 2.000 kg oder mehr - selbst mit vielen Helfern hätten wir ihn, früher gekommen, nicht ins tiefere Wasser zurückbringen können. Traurig. Nun werden ihn bald die Geier finden oder Fischer holen sich die Beute. Früher wäre so ein Wal bis zum letzten verwertet worden. Nicht nur seine Speckschicht, die, je nach Walart, 10 - 50 cm dick sein kann und damit die Körpertemperatur auf etwa 35° hält - auch im eisigen Wasser der Polarmeere. Begehrt waren vor allem die Barten, eine große Anzahl mehrere Millimeter starker Hornplatten. Kulissenartig befinden sie sich vorn im Maul des Walfisches mit einem Fransenkamm am Ende. In ihnen bleibt die Nahrung hängen, die im aufgewühlten Bodenschlamm oder im Meerwasser war, das der Wal einsaugte und dann wieder auspreßte. Krill zum Beispiel - bis zu einer Tonne dieser kleinen Krebse wurden schon in Walmägen gefunden. Die Barten, als „Fischbein" verkauft, dienten zur Herstellung von Damenkorsetts. Für Regenschirme und Angelruten waren sie ebenso nützlich, wie als Uhrfedern und zur Versteifung von Bärenfellmützen der Gardesoldaten. Aus den Sehnen der Wale machte man Saiten für Tennisschläger und vernähte mit ihnen Operationswunden. Das Fleisch stand auf den Menüs guter Restaurants, die Leber eines toten Wals lieferte vitaminreichen Tran, seine Hormondrüsen Stoffe für die Pharmaindustrie. Und mit dem Knochenmehl schließlich wurde gedüngt.

Die Fischer im nächsten kleinen Hafen scheinen an all dem nicht interessiert. Sie sitzen am Strand, flicken Netze, obwohl sie sicher bereits vom gestrandeten Wal wissen: Eines ihrer Boote schießt mit heulendem Außenborder in die Bucht und jagt mit voller Fahrt auf den Steinstrand: „Macho - ohne Rücksicht auf Verluste." Der Besitzer unterm Mexikanerhut, mit an beiden Seiten hochgewölbter Krempe, steigt trockenen Fußes aus, schaut verwundert zu uns und geht zum am Ufer geparkten Auto.

„Sind das nun arme Leute?"
„Viel Geld verdienen die nicht."
„Boote und Autos haben sie."
„Brauchen sie um zu arbeiten. Und von dem bischen, das sie für die gefangenen Fische bekommen, müssen sie leben. Ziemlich ärmlich."
„Und warum schlachten sie dann nicht den Wal?"

Niemand versteht unsere Frage, also paddeln wir weiter. Ziemlich weit hinaus auf die Spitze eines Kaps zu. Unterwegs schon packen uns Fallwinde, um die Ecke herum machen sie uns erst recht zu schaffen. Böen fegen übers Wasser, kaum Zeit für die großartige Kulisse der Sierra del Giganta, des Gebirges, das hier die Halbinsel in Längsrichtung teilt. Bis weit in die See hinein laufen ihre hohen rotbraunen, gelblichen und fast weiße Felsen in tief gestaffelten Reihen. Wolkenfetzen hängen um dunkle, violette und schwarze Berge unter einem düsteren, bleigrauen Himmel, durch den sich auch heute kein Sonnenstrahl blicken ließ. Unheimlich und unglaublich eindrucksvoll diese Szenerie. An Höhlen und Breschen, die Stürme aus den Felsen gruben, an Steinbrocken, die wie Monumente aufeinander getürmt sind, vorbei, erreichen wir ruhigeres Wasser. Eine halbe, eine ganze Stunde? Jedenfalls genug für heute. „Da vorn der Kiesstrand ..." - am Hochwasserstreifen aus angetriebenem Holz und Tang ist gut zu sehen, daß er nachts trocken bleibt. Vor einer mit Kakteen bewachsenen Wand steht bald darauf unser Zelt. Nach sieben Stunden im Boot: „... endlich!" Dichtes Gebüsch voller Stacheln schirmt den Platz nach den Seiten hin ab. Wie die Esel, deren Spuren wir finden, hierher gelangt sind, bleibt rätselhaft. Und dann wird es, wie an jedem Abend, kalt, richtig kalt. „Kleidung braucht Ihr so gut wie keine", diesem Rat entsprechend hatten wir warmes Zeug, auch Pullover und Regenjacken, in La Paz gelassen - „mehr Stauraum für Essen und Wasser!"

Jetzt verfluchen wir das, denn selbst die Trainingsanzüge reichen nicht. Und das hier, wo 40° eher normal als Ausnahme sein sollten.
„Wetten, daß es bald auch noch regnet?"
„Unsinn, in der Baja regnet es fast nie."
„Aber vielleicht durch unser Feuer? Bei Karl May jedenfalls steckten Leute, die sich in einer Wüste verirrt hatten und nicht verdursten wollten, Kakteen in Brand: Durch die aufsteigende heiße Luft bildeten sich Wolken und aus denen fielen dann dicke Tropfen."
„Gerade dorthin, wo die darauf warteten? Kann nicht funktionieren..."

Und doch: Morgens um vier trommeln einzelne Regentropfen - „haben wir eigentlich gewettet?" - aufs Zeltdach. Zwei Stunden später erinnert nur noch der graue Himmel daran. Das Meer liegt spiegelglatt, ebenfalls grau in grau. Beim Waschen schaut ein Fisch aufmerksam zu, probiert wie Zahnpasta schmeckt und schwimmt indigniert davon - die gerösteten Haferflocken wären ihm sicher lieber gewesen.

Agua Verde

Morgenroutine, einpacken. Das Boot liegt mit dem Heck bereits im Wasser, braucht dann nur noch vorn angehoben zu werden und schwimmt. Wir paddeln in einen grauen Morgen hinein. keine Welle - ruhig, unbewegt das Meer. Eine halbe Stunde weiter, um die nächste Ecke herum, qualmt ein Feuer zwischen den Felsen. Zwei Paddler hocken da dicht an den Flammen, ihre Kajaks liegen noch kieloben am Strand. Näher ran - „seid früh unterwegs", meint der eine, etwas unschlüssig, was er von uns halten soll. Ob wir auch zu den Inseln da draußen wollten? Nur an der Küste entlang? Scheint ihn zu beruhigen, wäre ja für den Paddelanfang auch gut genug. „Wißt Ihr aber, daß das, was Ihr vorhabt, nicht ungefährlichch ist?" Wieso? „Weil Ihr allein, in nur einem Boot seid. Wer kann Euch helfen, wenn etwas passiert?" Stimmt. Und mit zwei, besser noch mit drei Booten zu fahren wäre sicherer. Nur - so können wir uns die Zeit selbst einteilen, zusammen tun und lassen was wir wollen. Ist das nicht ein Stück Freiheit zusätzlich zu der, die das Wandern mit dem Boot uns ohnehin schon schenkt? Müssen eben versuchen den vorhersehbaren Risiken aus dem Weg zu gehen.

Wir paddeln, von der Küste abgesetzt, weiter. Voraus bunte Segel, Faltboote, bei denen scheint es Wind zu geben. Wie kleine Ballons füllt er ihre Treiber. Heftig schaukelnd und winkend segeln Jungen und Mädchen vorbei, eine von Trudis Freundin geführte Gruppe, und sind bald außer Sicht. - Vor uns biegt die Küste nach Osten aus: Da irgendwo muß Agua Verde sein, der letzte auf einem schlechten Fahrweg noch per Auto erreichbare Ort. Querab unberührte Strände, bunte Felsformationen, im selben Block manchmal hellgraues und rotes Gestein. „Ob das früher mal Vulkane waren?“ Neben- und hintereinander prägen sie die Landschaft. Graue Wolken quellen aus dem Gebirge, über dem Meer bilden sie strukturierte Watteteppiche. Finster, blauschwarz, was da unter ihnen jagt. Und dann: „Schau Dich um, die Überraschung des Tages!“ Blauer Himmel - ein schmaler Streifen zwar nur, unter ihm aber liegt die Küste bereits im Sonnenschein. Immer weiter zieht die Wand mit den drohenden Wolken weg. Es wird wärmer und am frühen Nachmittag paddeln wir zum erstenmal in der Sonne. Genuß pur! Unsere vom Spritzwasser der Böen nassen Hemden trocknen.“An Land und schwimmen?“ Sandstrand voraus. Hohe Kakteen unter roten Felsen, zwei Kilometer weiter eine Hütte, eine kleine Palmenplantage. Wahrscheinlich Carisalito, von Trudi auf unsere Karte gezeichnet. Miserabel ist die, keines der bisher „umrundeten“ Kaps ist drauf, von Ortsnamen ganz zu schweigen. Und sie frustriert: „Wieder sieben Stunden gepaddelt und nicht weiter?“

Als Vorbereitung auf die „mörderische Hitze“, von der unsere Freunde erzählten, hatte der Innenschlafsack daheim einen Reißverschluß bekommen. Dadurch läßt er sich nun voll öffnen und zwischen in den Sand gestellten, mit Leinen abgespannten Paddeln festmachen: „Funktioniert!“ Gerade haben wir uns unter dieses perfekte Sonnendach gehockt, da zieht ganz nah ein Rudel, richtiger ausgedrückt „eine Schule“, Delphine vorbei. Sie springen und prusten und tauchen. Elegant und geschmeidig bewegen sie ihre schwarzen, glänzenden Körper. Rückenflossen ragen aus dem Wasser und zeigen spielerische Kurse zu- und

voneinander. Leises Schnauben und Schnattern ist zu hören - ihre Stimmen? Eine Weile noch bleiben sie in der Nähe, dann, mit letzten Klatschern von Bauch und Schwanz verschwinden sie in der Tiefe.
„Hätten die mit uns gespielt, wenn wir da gerade beim Schwimmen gewesen wären?"
„So wie Flipper? Erinnerst Du ihn noch, wie er über die Schwarz-Weiß-Bildschirme schnatterte? Bei uns war dann Ruhe im Haus, atemlose Stille bei den Kindern. Aber der lebte in einem Aquarium, und die hier sind wild."
„Na und? Kennst Du nicht die Geschichte vom Delphin Opo, der in Neuseeland jeden Morgen an den Strand geschwommen kam um mit den Kindern zu spielen? Er ließ sie sogar auf seinem Rücken reiten, weg vom Land, und brachte sie heil wieder zurück."
„Nie gehört. Weiß nur, daß die Tiere hochintelligent sind. Forschungen haben gezeigt, daß das Gehirn des Delphins etwa so viel wiegt, wie das des Menschen, und daß es diesem nach Faltung und Schichtung der Hirnrinde sehr ähnlich ist. Man sagt, Delphine könnten logisch denken. Jedenfalls lernen sie schnell. Zum Beipiel verunglückte Taucher zu retten. Die bringen sie ebenso an die Oberfläche, wie verletzte Artgenossen, die ja auch ohne Sauerstoff nicht überleben würden."
„Und das Schnattern?"
„Ihre unterschiedlichen Laute drücken Angst, Freude oder Ärger aus. Sicher ist, daß Delphine lachen. Und mit einem Hilfeschrei rufen sie ihre Freunde. Das hat früher vielen von denen das Leben gekostet. Denn: Wurde ein Delphin von Jägern harpuniert, dann schwammen die anderen dorthin und damit in ihr Verhängnis. Anscheinend verständigen sich Delphine unter Wasser im Ultraschallbereich. Mit einem Sonar orten sie Beutefische und Hindernisse."
„Eine Stunde länger gepaddelt und wir hätten die direkt neben dem Boot gehabt. Ob wir ihnen nochmal begegnen? Hoffentlich."

Wärme, keine Kleidung mehr, schwimmen und „arbeiten." Ein Luftschlauch im Boot ist durchgescheuert und muß verpflastert werden. Da unser Faltboot keine fest eingebauten Auftriebskörper hat, haben wir zwei dieser Schläuche, je vier Meter, eingezogen - zusätzlich zu den beiden aufgeblasenen Spitzenbeuteln in Bug und Heck.
„Bleibt unser Kahn eigentlich oben, wenn wir kentern?"

„Solange er kieloben treibt, ja. Beim Umdrehen würde Wasser reinkommen und dann ist wahrscheinlich das Gewicht, alles zusammen mit Bootsteilen und Gepäck, in Kilos, mehr, als die Liter Volumen die das Boot an Wasser verdrängt. Und unsere eigenen Pfunde kommen ja hinzu. Mit Wiedereinsteigen ist's also noch nichts, zu viel Verpflegung an Bord. Besser, wie gehabt, an Land schwimmen."
„Oder diesmal nicht kentern ..."

Am Morgen rollt die Brandung bis fast zum Zelt. Das Meer ist rauh, am Himmel fetzen Sturmwolken. Kein Wetter zum Weiterfahren. Wellen spülen immer neues Strandgut auf den Sand. Muscheln, Seesterne, Tang, das Skelett eines Igelfisches. Wer dem unter Wasser begegnet, muß Angst bekommen: Vom Kopf, überall vom Körper, drohen massive Stacheln, nach vorn, nach den Seiten. Sobald Gefahr droht, spreizt der Fisch die ab. Und weil er sich dann noch zusätzlich mit Wasser vollpumpt und größer wird, bleibt er dem, der ihn verschlucken wollte, im Hals stecken. Unangenehm für den Räuber - selbst große Haie sollen an dem Zwerg verendet sein. Er selbst knackt mit seinem kräftigen Gebiß die harten Schalen von Schnecken, verspeist Krebse und Seeigel und erschreckt Taucher: Seine schwarzen Augenflecken lassen ihn groß und gefährlich scheinen. Dieser hatte sich wohl verbuddelt, als eine Welle ihn an Land warf: Aus.

Langsam wandern wir durch den weichen Sand zum anderen Ende „unseres" Strandes. Grüne Flecken tupfen ihn - dicke, lederfeste Blätter, Fettpflanzen mit kleinen, dunkelroten Blüten. Woanders wachsen blaugraue Rispen - zwischen den Fingern verrieben, duften sie exotisch. Zwei Möven haben eine Seebarbe an Land gezogen und streiten darum den Fisch zu zerlegen. Und dann sind wir bei der Hütte die wir aus der Ferne sahen als wir ankamen. Vier Pfähle, das Dach darüber aus Palmenzweigen, geflochtene Wände. Alte Netze als Zaun, ein Anker, kaputter Außenborder, das Boot mit morschem Deck vom Sand eingeweht. „Si, yo soy pescador", ja, ich bin Fischer, beantwortet der Mann, der sich in dem Schuppen zu schaffen macht, sichtlich stolz unsere Frage. Groß, schmales, dunkles Gesicht unter dem weißen Strohhut mit breiter Krämpe. Sein heiles

Boot liege in Agua Verde, gleich um die Ecke herum. Dort wohne er und dort hätten sie alles: Gute Häuser, einen Laden und die Schule für ihre Kinder. Trinkwasser? Hier ende zwar ein Fluß, zeigt er, aber wir sollten es besser im Ort holen. Auch zu Fuß sei es dorthin nicht weit. Das Wetter würde wohl noch einige Tage so bleiben - leider, denn: kein Fischen, kein Verdienst. Und die kleine Palmenplantage neben der Pfütze im „Delta“ des Rio? Arbeit dort lohne nicht, fischen bringe mehr. - Wir bummeln zurück zum Zelt - aus dieser Entfernung ist sein grünes Dach praktisch unsichtbar, perfekt getarnt. Vor ihm sitzen wir draußen, der Tag geht zu Ende - bereits um 19 Uhr wird's dunkel. Überm offenen Feuer brutzeln Tortillas auf der Pfanne - mißgelungene: mit dem Maismehl zu backen ist doch nicht so ganz einfach. Und dann beleuchten nur noch die Flammen einen engen Kreis um uns herum. In den Bergen schreit ein Tier kurz und schrill; die Brandung rollt; eine Fledermaus huscht übers Zelt. Für sie beginnt jetzt ihr „Tag“ - wir krabbeln in den Schlafsack. Nachts ist's noch lausig kalt.

„Da kommen welche ...“, weit draußen schaukeln Kajaks in der jetzt länger gewordenen Dünung. Eine ganze Flotte, sechs Zweier und vier Einer, je zwei von denen am Anfang und Ende des Konvois. Während ihre Boote mal in Wellentälern versinken und außer Sicht kommen, dann von den rollenden Hügeln wieder hochgehoben werden, scheinen ihre Besatzungen unschlüssig übers Weiterfahren: Nicht mehr um das Kap da vorn herum? Sie haben aufgehört zu paddeln. Schließlich nimmt der rote Einer Fahrt auf, paddelt vorsichtig mit den Wellen auf die Küste bei der Hütte zu und reitet mit schnellen Paddelschlägen auf dem Rücken einer Brandungswelle an den Strand. Gelungen - er zieht sein Boot höher hinauf und winkt: Der Nächste. Er ist eine Sie, setzt anscheinend hart auf und wird von der nächsten Welle voll eingedeckt. Zu zweit nehmen sie dann die weiteren Boote in Empfang, eines nach dem anderen. Die eine Crew wartet niedrigere Wellen ab, die meist nach drei hohen folgen, die ungeduldigere setzt sich auf einen gischtenden Schnelläufer, sie kann wild paddelnd nur knapp dessen Tempo mithalten und saust mit

Caracho in die Arme der „Fänger“. Ein Boot surft gekonnt schräg vor der Welle her, das Paddel zum Abstützen in der rollenden Woge, ein anderes versucht sich an Land schieben zu lassen. Und das geht schief: Kurz vor dem Ziel bekommt es von hinten einen mächtigen Schub, das Heck hebt sich, wirbelt herum und durchs Fernglas sehen wir den weißen Zweier in der Brandung kentern, kieloben und quer. Die Besatzung schwimmt und wird geborgen. Helfer drehen das vollgelaufene Boot um, sechs Mann schleppen es an Land: „Wir müßten das allein schaffen ...“

Großes Pow-wow, Manöverkritik wohl, dann verschwindet die Gruppe mit Sack und Pack in den Dünen. - „Studenten unserer outdoor school“, erzählt einer der jungen Amerikaner, die wir nachmittags am Strand treffen, „bei uns lernen sie zur Zeit Kayaking. Einen Monat Klettern im Norden der Bajaberge haben sie bereits absolviert, Segeln und Reiten folgen noch. Insgesamt drei Monate. Zwei von uns Instruktoren sind die ganze Zeit dabei, die anderen beiden wechseln nach Lehrplan.“ Ein Auto mit Verpflegungsnachschub haben sie nach Agua Verde bestellt - am Ziel ihrer Fahrt werden Fahrzeuge sie abholen. - Einer der Studenten kommt um etwas zu fragen, verhält sich devot und wird erstaunlich kurz abgefertigt. Merkwürdig auch, daß diese vier Ausbilder, weit abgesetzt von der Gruppe, ihr privates Abendessen vorbereiten.

„Ob die glauben diese Art von Autorität praktizieren zu müssen, um sich zu profilieren?“
„Scheint mir dumm und arrogant, wobei ja beides meist zusammenhängt oder identisch ist. Wenn sie fachlich etwas können, dann haben sie ganz von selbst Ansehen und Achtung.“
„Wozu dann das Gehabe? Meinen sie vielleicht die Distanz zu brauchen, um mit Befehlen ihren Willen leichter durchzusetzen?“
„Dabei verlieren sie die echte Kooperation der Gruppe und deren Mitdenken. Und da sicher nicht immer und alle Weisungen ganz richtig sein können, geht dann mehr schief als bei guter Zusammenarbeit. Das ist überall so.“
„Aber kann sich denn jemand, der mit allen gut Freund ist, auch mit unpopulären Anweisungen durchsetzen?“
„Er muß sie gut begründen. Was nicht immer ausreicht. Mein Chef pflegte manchmal zu sagen: Jetzt haben wir alles besprochen, kennen

das Problem und da wir immer noch keine Lösung haben, entscheidet das höhere Gehalt: Wir machen's wie folgt ..."
„Das ist aber doch auch autoritär."
„Stimmt. Und wird akzeptiert, wenn die Betroffenen wissen, daß nicht nur die Hierarchie, sondern Erfahrung und Kenntnisse hinter der Entscheidung stehen. Und: Daß ihre Meinung gefragt war und mit einfließt. Im Geschäftsleben, und wohl auch in anderen Bereichen, kann man nicht unbeschränkt lange debattieren. Da muß entschieden und gehandelt werden. Und dazu braucht es immer noch einen der sagt, wo's längs geht."
„Wer ist das eigentlich bei uns beiden?"

Nur noch müde Brandung rollt morgens auf den Strand. Die Sonne schaut gerade über den Horizont, da paddelt die Gruppe bereits weiter. Später erst startklar, schaukeln wir gemütlich um die Punta herum in die Bucht des grünen Wassers - Agua Verde. Über hellem Sand ist es wirklich grün. Und im grünen Haus hat Herr Verde seinen Laden. Kein Witz, er heißt wirklich Grün. Dosen mit Thunfisch, da wir nicht angeln, und sämtliche Bonbons räumen wir aus den Regalen. „Gutes Geschäft", strahlt der Boss, „selten so ..." Denn viele Häuser hat der Ort nicht. Verstreut leuchten sie braun, rot, gelb und eben grün, zwischen knorrigen Bäumen, stachligen Büschen und einzelnen Palmen unter der hohen Bergwand. Klein und niedrig sind sie, aus Holz gebaut, offene Fenster, Vorhänge statt Türen. In der Mitte eines zentralen Platzes steht der Wasserhahn - eingelassen im Betonklotz über der in der Tiefe angebohrten Quelle. Gutes Wasser. Ein kleiner Indiojunge hilft beim Füllen unserer Säcke und begleitet uns zurück zum Boot. Er weiß, Dienstleistung wird voraussichtlich bezahlt. Als er sich dann entweder Münzen oder ein Wappen zum Aufkleben aussuchen darf, da nimmt er das Schild mit dem Frankfurter Adler. Über den Bergen kreist der mexikanische.

Timbabichi

Einige Kilometer zerklüftete Küste, dann passieren wir die Punta Rasquel und ändern bald darauf unseren Kurs von 45° auf 90° - genau nach Süden. Eine mächtige Höhle gähnt in hohen Felsen. Und da sind wir mitten in einem Tauchparadies: Gelb-schwarz gestreifte Fische neben und unter uns; schwarze mit weißen Bauchbinden und orangefarbenen Flossen leuchten in den die Oberfläche durchbrechenden Sonnenstrahlen. Dicke Seesterne. Mit der Wasserbewegung fächelnde Pflanzen, zwischen ihnen suchen kleine vor großen Räubern Sicherheit. „Als was sehen sie uns?“

Wind kommt auf, wir paddeln weiter. Tiefgestaffelt die Berge, dunkelblau-rote Felsen über smaragdfarbener See. Nach einer guten Stunde Palmen am Ufer und zwischen ihnen ein Dach. Die Rancho Santa Martha. Sie gehöre einem amerikanischen Ehepaar, das dort Landwirtschaft betreibe, hatte Trudi uns erzählt. Wenn wir Wasser brauchten - wir haben genug. Aber wie weit heute noch, da Wind und Seegang zunehmen? Hier draußen, weit ab von der Küste, läuft das Boot zwar gut und sicher zwischen Tälern und Hügeln, an Felsen aber zeigen sich bereits weiße Schaumstreifen - Zeit um an Land zu gehen. Doch der Strand, den wir per Fernglas aussuchten, an dem wir mit Schwung durch die noch erträgliche Brandung landen, hat scharfe Steine, Geröll und - nein, schön ist es hier wirklich nicht! - Trotzdem? Über Felsblöcke klettert eine Frau in unsere Bucht: Wir könnten besser am Nachbarstrand zelten, „much more comfortable and we would like to meet you.“ Eine Einladung also. Rückwärts raus - zwei Wellen kippen uns Wasser ins Boot, zwei weitere beim Anlegen. Da aber packen schon mehrere kräftige Männer zu und helfen unseren schweren Kahn zu bergen. Zwischen niedrigem Buschwerk versteckt stehen die Zelte von drei Familien. „Alles Verwandte“, stellt der älteste seinen Clan vor, und „wir sind jedes Jahr an der Bajaküste.“ Jedes Jahr von Seattle aus, weit Im Nordosten der USA? „Na ja“, meint er, „die 2.500 Meilen hierher“ - etwa 3.800 km- „sind mit dem Auto zwar manchmal ein Schlauch, aber bisher hat's sich noch immer gelohnt.“ Für nur knapp mehr als eine Woche Paddeln? „So viel Urlaub wie Ihr in Europa haben wir ja nicht, leider nicht ...“

Solch einen Platz wählen Kenner. Von ihm aus führt ein ausgetrocknetes Flußbett zu den Bergen, mitten durch das faszinierende Gewirr seltener Pflanzen. „Weil es in diesem Frühjahr geregnet hat, blühen sie - wir sehen das zum ersten Mal“, sagen unsere Begleiter. Sie zeigen uns einen Ocotillo, der sonst eher in der nördlichen Bajaregion vorkommt: Rote Blüten an langen, stachligen Armen. Überall Kakteen. „Mehr als 100 verschiedene Sorten finden sich auf der Halbinsel und 70 die sonst nirgendwo wachsen.“ Der „kriechende Teufel“ windet sich über Hindernisse hinweg und schlägt immer wieder neue Wurzeln; Bälle, die man besser nicht berührt; Nadelkissen; Büsche mit den kleinen, rot-braunen „Lampions“ daran, für die wir daheim im Blumenladen viel Geld auf den Tisch legen müßten. Orangerote Blüten eines Strauches sehen aus wie winzige Hibiskus und daneben leuchtet es gelb, violettblau und schneeweiß aus dem Dickicht der herben Vegetation. Daß, lange nach dem Regen, überhaupt noch etwas gedeiht? Der Boden ist knochentrocken, steinig und hart. „Als die Flüsse austrockneten, weil die Temperaturen infolge einer Klimaänderung stiegen, da paßten sich die Pflanzen an. Sie bekamen dickere Rinden,ihre Blätter erhielten wächserne Oberflächen und sie begannen zu lernen, Wasser zu speichern. Die meisten Kakteen können das. Bohrt man zum Beispiel in einen Cardon und zündet ihn auf beiden Seiten an, so fließt Wasser aus dem Loch.“ Dieser Cardon, auch Kandelaber- oder Armleuchterkaktus genannt, steht überall in mächtigen Exemplaren. Wir bestaunen bereits Höhen von fünf bis zehn Metern, aber „...auf dem Weg hierher sahen wir Exemplare, die 27 m hoch sind. Und die wiegen dann bis zu 10 t.“ Namen von Kakteen, die wir nie gehört haben: Barrell, Cholla, Pitahaya: „Die Früchte der letzteren sind eßbar. Haben sie schon probiert - kein Erfolg in unserer Familie, schmecken nach Gras oder so. Die Indios sollen sie früher regelmäßig geerntet und verzehrt haben. Scheinen also doch nahrhaft zu sein.“

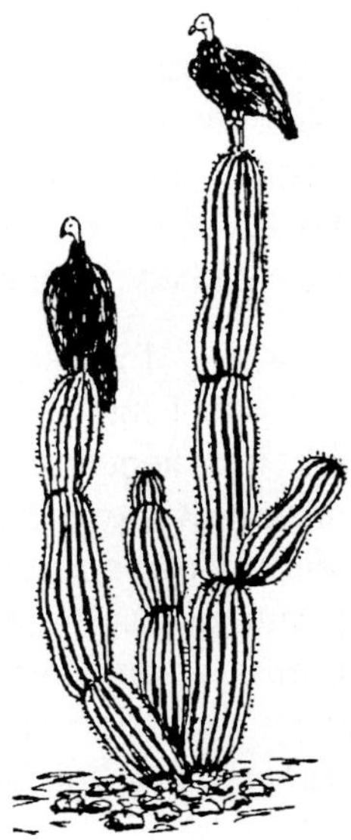

Plötzlich huschen winzige Vögel vorbei, „Weißohren-Kolibris“. Mit unglaublich raschen Flügelschlägen bleiben sie vor roten Ocotilloblüten stehen, holen mit langen Schnäbeln Nektar und flattern weiter. Zwei Truthahngeier, groß, mit roten, nackten Köpfen, setzen sich auf die Spitzen hoher Cardon-Kakteen, direkt auf die dicken, nach oben drohenden Stacheln. „Macht denen nichts aus. Die bleiben da jetzt hocken, um auf Beute zu warten. Auf einen Antilopenhasen vielleicht. Doch die sind vorsichtig. Wer übrigens einen von denen in der Wildnis trifft, braucht nicht mehr auf den Kompaß zu schauen. Der Hase stellt seine empfindlichen, großen Ohren, der

Kühlung wegen, stets nach Norden.“ Kratzer an den Beinen, wir wandern zurück - langsam: „Hier muß man immer mit Schlangen rechnen. Nicht alle sind gefährlich und meist laufen die weg, wenn sie am Boden die Erschütterung durch Schritte spüren. Gestern erst sahen wir eine Klapperschlange. Deren Besonderheit in dieser Gegend ist, daß sie nicht rasselt, sondern schweigend attackiert. Vorsicht also und nicht durchs Gestrüpp laufen. Und das Zelt immer dicht machen. Aus unserem mußten wir im vorigen Jahr einen ungebetenen, giftigen Besucher rausholen. War gar nicht so einfach.“

Abends sitzen wir alle ums hell lodernde Feuer. Funken stieben durch die Dunkelheit, leise knarren die Kakteen im Wind. Heißer Tee und Paddlerstories machen die Runde. „Auf unserem Kontinent sind so viele Möglichkeiten, daß wir Europa kaum je im Visier haben“, meint einer der neuen Freunde, „und irgendwo scheint da immer die Sonne zwischen Kanada und Feuerland.“ Das Wetter dieser Tage? „Da sind atmosphärische Störungen im Spiel, denn so haben wir es noch nie erlebt. Eines der vielen unerklärlichen Phänomene, wie el Niño.“ Sie erzählen von einem Strom im Meer, der durch Veränderungen in der Luftzirkulation ausgelöst wird und meist zu Weihnachten an der Küste von Peru auftritt: „Niño bedeutet im Spanischen der kleine Junge - el Niño auch das Christkind - daher der Name. Manchmal dringt dieser warme Meeresstrom weit nach Süden vor, verändert die Verhältnisse im Wasser, führt zum Absterben von Plankton, dadurch zum Verhungern von Fischen und zum Wegziehen der Seevögel. Das wiederum betrifft die Einwohner an der Küste, die von der Guano-Produktion der Vögel leben. Auch heute noch.“ Das Feuer brennt herunter, einzelne Äste glühen noch, dann verlöschen auch sie.

„Morgen ist unser letzter Tag auf dem Wasser, wir brauchen sie deshalb nicht mehr“, damit bekommen wir photokopierte Seekarten der vor uns liegenden Küste. Statt nahezu konturloser Darstellung auf unserer Karte, sehen wir nun Puntas und Bahias, können bei bestimmten Windlagen voraussichtlich schwierigere Ecken ausmachen und Entfernungen besser abschätzen: Ein Gitterwerk im Meilen-Raster liegt über der Zeichnung, „per durchsichtiger Folie mit kopiert.“ Gute Idee! Auch ein Gezeitenkalender ist dabei. Vermißt hatten wir den bisher nicht. Im Gegensatz zu Kanadas Küste fanden wir hier nur

Unterschiede von 30-40 cm. Dadurch ist, von wenigen Abschnitten abgesehen, die durch Ebbe und Flut bedingte Strömung gering.

Wie eine von innen her erleuchtete Kugel schiebt sich morgens die Sonne langsam über den Horizont. Schwarze Wolken darüber färben sich glutrot; die Felswand hinter unserem Zelt leuchtet auf; eine Windböe fällt von den Bergen und läßt die Zelte flattern. Ein neuer Tag, mit Abschiedsstimmung für die Amerikaner, voll Vorfreude bei uns: „Die nun folgende Küste ist der unserer Ansicht nach schönste Teil Bajas", hatte die Familie am Abend gesagt. Die Adressen sind ausgetauscht, nun packen alle ihre Boote: „Auf Wiedersehen - irgendwo in der Welt auf dem Wasser?!" Dann paddelt die kleine Flottille nach Norden zu ihrem Auto.

Wir bleiben dicht unter dem Ufer um von den ständig härter werdenden Fallwinden nicht abgetrieben zu werden. Und diese Küste ist wirklich phantastisch: Direkt vom Wasser ragen steile Felsformationen hundert und mehr Meter hoch, dunkelrot, dann in wagerechte, mehrfarbige Schichten gegliedert - hellgrau, rosa, braun und grün. Steht jeder dieser farblich unterschiedenen Abschnitte für eine Periode der Erdgeschichte? 15 km lang reiht sich ein eindrucksvolles Bild an das andere. Adler, vom Aufwind hinauf getragen, kreisen über dem Land. Auf kleinen Inseln, unter überhängenden Felsen, hocken ganze Hundertschaften brauner Meerespelikane. In anderen Verbreitungsgebieten nahezu ausgestorben, hier fühlen sie sich wohl: Sie putzen ihr Gefieder, schauen mit kleinen, listigen Augen kurz zu uns auf, scheinen zu grinsen und ordnen weiter ihre Federn. Kleinere Tiere als ihre weißen und rosa Artgenossen. Pelikanbabies laufen tolpatschig herum. Eines wird gerade gefüttert und kriecht der Mutter - oder ist's der Vater? - fast ganz in den weit geöffneten Schnabel: Leckeren, hochgewürgten, halbverdauten Fischbrei gibt's da. Hmmm!

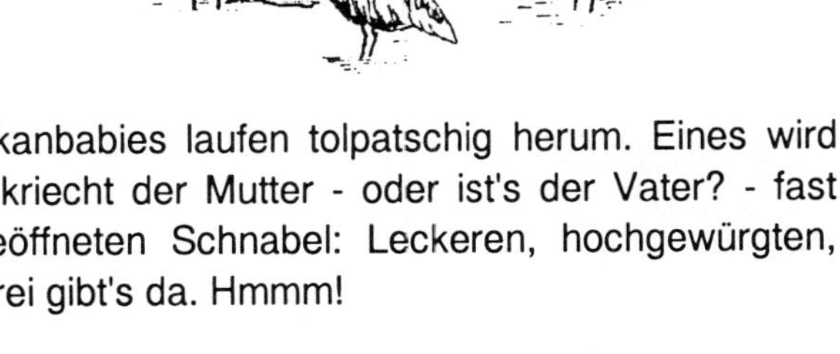

Tölpel nisten in der einsamen Gegend, in Kolonien, von denen aus sie auf Jagd gehen. So tolpatschig, und daher kommt wohl ihr Name, die Tiere an Land sind, so rasant fliegen und tauchen sie. Um die 20 m tief gehen sie nach dem Sturzflug unter Wasser und bis zu 10 min bleiben sie dort, um den Beutefisch zu speeren. Unser Boot scheint ihnen verdächtig - sie halten Distanz.

Voraus eine Insel, dicht am Land, so scheint es. Näher heran jedoch müssen wir außen um die von Brechern nur teilweise abgetrennten Felsblöcke herum, kommen so in den Windbereich und haben gut zu tun. Hinter dieser Punta Prieta dehnen sich herrliche, schneeweiße Sandstrände zwischen roten Felsen. Langsam paddeln wir zu einem von ihnen. Immer heller scheint das Wasser unterm Kiel, dann sehen wir unter uns die in den Sandboden gepreßten Wellen, einen davonhuschenden Fisch den der Schatten unseres Bootes erschreckte und schließlich knirscht es leise am Bug: „Hier bleiben wir!"

Keine Fußspuren im Sand. Glühend heiß, läßt er uns schnellstens die in Loreto spottbillig gekauften Sandalen anziehen: Gummisohlen mit ebenfalls aus Gummi gefertigten Bändern, an vier Punkten einfach aber effektiv mit der Sohle verbunden. Muscheln, viele Muscheln. Schnell steht unser Sonnendach über den Paddeln - im Paradies. In einem mit dem Fehler lästiger, kleiner Fliegen, die am liebsten in die Augen und Ohren krabbeln. Ein Feuer muß her um ihnen den Spaß zu verderben. Und Steine, damit uns Böen die Glut nicht fortwehen.

Viele liegen nicht herum, wir müssen suchen. Ein Schrei: Unterm gerade aufgenommenen Steinbrocken springt ein Tier heraus, schnellt durch die Luft und weg ist es. Ein Skorpion? An Hand seiner Eindrücke im Sand verfolgen wir es und finden schließlich ein Tier*chen*, wesentlich kleiner, als der Schreck es malte - in der Farbe voll dem Sandboden angeglichen. Eine der Wüstengebiete bewohnenden Eidechsen? Für's Identifikationsfoto hält sie still, sicher böse darüber, daß wir ihr den Sonnenschutz nahmen: „Die findet wieder einen - ich laß auch die anderen Steine liegen ..." Der Rauch aus herumliegendem Holz und Knochen vertreibt die Plagegeister, uns ins Wasser und lockt ein Fischerboot. Ob wir pescado haben wollten, frisch gefangen, fragt der

Skipper in Badehose, Pullover und Hut. In seinem Boot zappeln die armen Viecher noch: „Warum nur haben diese Menschen kein Mitleid und töten die Tiere gleich?" Bei uns stehen statt Fisch nochmals Tortillas, mexikanisches Nationalgericht, auf dem Programm. Aber was dann auf der Pfanne aus dem Maismehl wird, das erinnert erneut mehr an bayerische Holzhackerschmarr'n als an Fladen. Mit Zucker zwar essbar - wir beschließen jedoch weitere Versuche dieser Art bis zur Notsituation aufzusparen. Ebenso das Pflücken von Kaktusfrüchten, die in unserem Hinterland wachsen - winzige Stacheln in den Pfoten amüsieren uns mehr oder weniger bis zum Abend. Und der wird mal wieder kalt. Wüstenklima: „Weißt Du noch in der Sahara? Das Eis morgens auf dem Auto?"

Erst eine Stunde nach dem hinter Wolken unsichtbarem Sonnenaufgang steigt die Temperatur ein wenig. Nicht genug, um den Unterschied zwischen warmem Wasser und kalter Luft aufzuheben. Erst als diese Relation wieder stimmt, folgen Morgenbad und Frühstück, heute ohne Fliegen. Das übliche Packen vor der Abfahrt - Ersatz für die Morgengymnastik. Etwa sechs Meilen haben wir, laut neuer Seekarte, heute bis zum Ort Timbabichi zu fahren, knappe zwei Stunden. Und beinahe gehen wir schon auf nur halbem Weg wieder an Land: Ein Strand ist schöner und verlockender als der andere. Die Cantil Colorado voraus, als Klippe so steil und farbig und rot wie ihr Name es sagt. In der Sonne leuchten die Felsen dieser Landspitze dekorativ vor nachtblauen Hochgebirgszügen, neben weißen, unberührten Sandbuchten der Gato-Bucht. Auch hinter der Punta Botella bleibt die Landschaft malerisch und einsam. Bis dann in der Ferne das dunkle Lagerhaus auftaucht, ein riesiges, von dem uns niemand erzählt hatte. Näher heran: Ein schwarzer Felsklotz, stehen geblieben, als das Meer rund um ihn herum alles erbarmungslos zerschlug. Langsam paddeln wir an dieser bizarren, steinernen Szenerie vorbei, lassen uns Zeit, nehmen die Bilder in uns auf. Fotos werden sie nicht so wiedergeben können, wie wir sie hier vor Augen haben.

Mitten in den Bergen, in der Wildnis, laut Karte ohne Straßenanschluß zur Zivilisation, dann ein kleiner Palast. Aus der Ferne jedenfalls. Von nahem ein zweistöckiger Bau im altspanischen Stil, das Dach verfallen, die Fensterhöhlen leer. Wer den hierher gebaut hat, wann und warum, kann uns niemand in Timbabichi sagen. „Hacienda? Farm?"

Ein Mann in zerlumpter Kleidung schüttelt den Kopf, „Casa rota", meint er, kaputtes Haus. Sieht so aus, als ließe es sich mit verhältnismäßig geringem Aufwand wieder instandsetzen: „Kaufen wir billig und machen ein Hotel daraus?" Lachen, Utopie. Obwohl davon die hier wohnenden Indiofamilien profitieren würden. Und Wasser wäre genug da - zwei Brunnen. „Geht zu dem außerhalb des Dorfes", rät eine Frau, die uns ihren Buben nebst Eimer mitgibt, „bessere Qualität, weniger Salz." Das der ganzen Baja drohende Problem: Mit dem Absinken der Grundwasserreserven dringt Meereswasser in die Kavernen und macht Süßwasservorräte unbrauchbar. „Ohne Wasser haben wir nichts", sagt ein Farmer niedergeschlagen und meint, daß die jetzt bereits kümmerliche Landwirtschaft schon in wenigen Jahrzehnten zum Erliegen kommen werde. Und dann? „Dann bleiben nur noch die Touristen." Also doch ein Hotel eröffnen? „Wer hat das Geld dazu? Und wer würde in unserer Abgeschiedenheit investieren?" Wovon die Menschen hier leben, wollen wir wissen. „Fischen - mit unseren pangas, Booten. Aber auch das wird schwieriger. Weniger Fische und immer höhere Kosten, um den Fang gekühlt nach La Paz zu transportieren. Wir haben zwar eine Piste für Flugzeuge - da landet jedoch nur ab und zu jemand, der Geld von uns will. Zur Zeit bauen wir an einer Straße, mitten durchs Gebirge. Wenn die fertig ist, könnt Ihr uns mit dem Auto besuchen und braucht nicht mehr Euer kleines, unsicheres Boot benutzen." Daß wir es dem Vierrad vorziehen - er würde das nicht verstehen.

Zwei krumme Baumstämme sind in den nackten, roten Boden gerammt. Über Astgabeln liegt ein dritter und an ihm hängt die verrostete Rolle für den Strick, der Brunnen bzw. das Wasserloch. Einige Steine und etwas Holz verhindern, daß allzu viel Sand hineinrutscht.

Den mitgebrachten Eimer knotet der Junge ans Seil, läßt ihn in die Tiefe und holt ihn wieder nach oben, randvoll mit Wasser in dem allerlei herumschwimmt - wir werden es später durchs dafür mitgenommene Taschentuch filtern müssen. Das eigentliche Problem: Wie füllt man aus 'nem Eimer in die Wassersäcke? Ein Mädchen hilft, dicke schwarze Zöpfe, nettes, freundliches Gesicht, weniger ernst, als die Menschen hier meist dreinschauen. Sie lacht über die Ungeschicklichkeit des aleman, hält ihre Hände als Trichter fest um die kleine Öffnung des Behälters und schon geht's. Den Rest aus einem nicht voll gebrauchten Eimer für die Kuh, die nebenan, hinterm Zaun aus Ästen, auf graslosem, steinigem Boden in der Sonne liegt? Nein, er wird weggegossen.

„Wieso eigentlich ist das Verhältnis zu Tieren hier so unterentwickelt?"
„Bei uns nicht? Was wir heute noch mit denen machen, ist doch nicht weniger schlimm: Hühner dicht an dicht in Legebatterien; Pelztiere ohne Auslauf; Schweine die auf engstem Raum gemästet und zu Tode transportiert werden; und die Stiere, die angeblich kämpfen, aber kaum Chancen gegen ihre Mörder haben."
„... als Volksbelustigung."
„Ja, und alle Gesetze und Verbote gehen nur soweit, wie sie nicht das Geschäft verderben, Eier- und Fleischpreise, oder den Stierkampf."
„Komisch, daß sich fast niemand dagegen wehrt ...."
„Vielleicht, weil der dann selbst von den Folgen betroffen wäre? Idealisten, die, um der besseren Sache willen, eigene Nachteile in Kauf nehmen sind selten geworden."

Kaum wieder unterwegs und ein Stück von der Küste weg, da rauscht und klatscht es plötzlich um uns herum: Unglaublich - überall fliegen Pelikane, setzen mit weit ausgebreiteten Schwingen zum Sturzflug an, fallen senkrecht in die Tiefe und schießen mit jetzt eng angelegten Flügeln wie Pfeile ins Wasser. Einzeln, mehrere, viele direkt nebeneinander, ganze Formationen; überall, manchmal nur eine Bootslänge

nah; hinter uns, vor uns, wohin wir schauen. Einen großen Fischschwarm haben sie geortet - an mehreren Stellen brodelt das Wasser, wir spüren und sehen die Fische direkt neben dem Boot - 600 verschiedene Fischarten soll es im Cortez-Meer geben. Da saust wieder ein Pelikan wie ein Sturzbomber in die grüne See, eine kleine Aufschlagsfontäne und dann taucht er mit seiner Beute im Kehlsack, nicht weit entfernt, auf. Solange er sie nicht verspeist hat, kann er nicht fliegen. Und das versuchen große Raubmöven zu nutzen: Zwei von ihnen bedrängen ihn, wohl in der Hoffnung, daß er den gefangenen Fisch ausspucken würde um fliehen zu können. Umsonst, souverän wehrt er sie ab, reckt den Schnabel in die Höhe, schluckt und erhebt sich mit kräftigen Flügelschlägen zum nächsten Anflug, zum nächsten Angriff auf Opfer, die sich nicht wehren können.

„Nicht nur wir Menschen, auch die Tiere sind grausam."

„Die Natur ist es. Aber wir müßten es nicht sein ..."

Weit voraus, wie eine goldbraune Pyramide, die Punta Cobra. Während wir an mehreren schönen Sandbuchten vorbei zu ihr hinaus fahren, packt uns kräftiger Landwind von achtern und schiebt uns vor sich her: Rücken und Paddelflächen genügen um mühelos voranzukommen. Dann aber brauchen wir doch wieder die eigene Kraft, umrunden das Kap und haben vor uns eine rosarote Bucht. Rechts und links vom Anlege-Sandstrand sind die ungewöhnlich gefärbten Felsen zum Teil wie vom Eisgang flachpoliert. Große Brocken und ausgedehnte Flächen: „Toller Zeltplatz!" Wir holen Steine an denen wir unser Häuschen festbinden, weitere für eine Feuerstelle, wieder um lästige, kleine Fliegen zu vertreiben. Von unserem „Hausberg" hinterm Zelt schauen wir weit über die See, zur Insel San José und zum Land vor den Bergen. Hat es uns anfangs mit seiner einsamen Wildheit manchmal beunruhigt, jetzt sind wir hier zu Hause. Bis auf Überraschungen, heute nachmittag beim Baden zum Beispiel: Da flatterte der Boden unter einem Fuß plötzlich heftig und der stille Unterflurbewohner schwamm, wahrscheinlich verärgert, davon ...

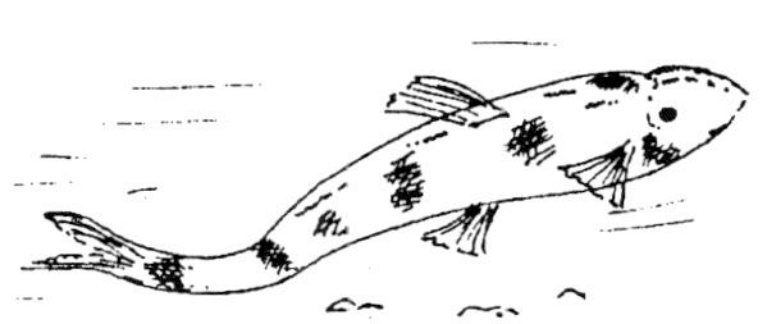

San Evaristo

Während wir einpacken, fährt eine Gruppe Kajakfahrer vorbei. Bald darauf haben wir sie eingeholt - die Helden sind müde. Ziemlich traurig hängen sie in ihren Booten, Cowboyhüte, Jeansjacken, dicke Schwimmwesten darüber. Mürrisch ihr „heeey" - offensichtlich zu früh aufgestanden und zu heiß. Die Paddel haben sie hingelegt und lassen ihren Anführer nach einem geeigneten Campplatz suchen. Der fuhr voraus und kommt zurück: „Nichts", schon von weitem schüttelt er den Kopf. Aber: Unser Platz ist ja frei geworden - auf also heißt's für sie, kehrt, zu den rosa Felsen.

„So eine Truppe zu leiten, stell' ich mir schwierig vor. Oder möchtest Du so was machen?"
„Kann reizvoll sein. Da muß einem aber auch genug einfallen, um die bei Laune zu halten. Ohne Programm im Kopf läuft's nicht."
„Aber was hilft das, wenn, und ich nehme an das ist passiert, die einfach meutern und nicht mehr weiter wollen?"
„Laß sie an Land gehen. Und erneut meutern, weil's da zu heiß ist. Wenn ihnen dann jemand vernünftige Vorschläge macht, wird die Mehrheit denen zustimmen."
„Welchen?"
„Zum Beispiel jeden Abend gemeinsam den nächsten Tagesablauf planen und beschließen. Dann würden sie nicht jetzt am frühen Morgen schon an Land wollen. Und vereinbaren, daß die Gruppe für jeden Tag einem, oder jeweils mehreren, bestimmte Aufgaben zuteilt, wie Wetterbeobachtung, Orientierung, Bestimmen des Tempos unterwegs, Leithammel vorn und Hirtenhund am Schluß, Platzerkundung, Kochen und anderes. Jeder hätte damit eine Teilverantwortung und die Führung verlagert sich in die Gruppe hinein."
„Und wenn sie Dinge wollen, die Du als Leiter Dir anders vorstellst?"
„Solange diese den Gesamtzeitplan nicht sprengen und keine besonderen Risiken heraufbeschwören - einverstanden. Ist doch im Wesentlichen *ihre* Fahrt."

Unsere endet, nach Paddeln bei erfrischendem Wind, erstmal in Los Dolores. Bäume, Palmen, eine grüne Oase, die schon von weitem winkte. Hier in der Nähe sind die Mauern der alten Missionsstation, „Sie gehen 30 bis 40 Minuten, bergauf - bergab", beschreibt der Mann

im Fischerhaus, das wir hinter den Bäumen finden, mit anschaulichen Gesten den Weg. Dort gäbe es auch einen pozo, einen Brunnen. Sogar mit Motor zum Pumpen. Vom Wasserfall, den ein Reisebericht als Baja-Besonderheit erwähnte, weiß er nichts. Hin marschieren? „War nicht im Tagesplan, ich meutere - zu heiß..."

Die hinter der Punta Colorada gelegene Bucht hatte der Fischer zum Bleiben empfohlen, „... die meisten Amerikaner zelten da." Zu früh am Tag und keine Ruhe. Denn weit voraus ist das Cap der Esel zu umrunden und mit dem Wetter sieht's nicht so gut aus - der Wind beginnt zu drehen, viele Sturmwölkchen am Himmel. Während drüben auf der Insel San José Sandstrände problemloses Landen versprechen, auf dieser Seite weist die Küste Besucher strikt ab: Felszacken, Höhlen, steile Wände mit Abbrüchen zum Meer. Zwischen den Klippen heult der Wind und mahnt Besucher die Gegend wieder zu verlassen. Ein bulliges Fischerboot auf Gegenkurs - kommt wahrscheinlich aus der tiefen Bucht, an deren Ende kleine Hütten stehen. Und kurz darauf laut prustende Delphine: „Die, die wir von Land aus sahen?" Wir versuchen ihren Weg zu kreuzen, warten darauf, daß sie dort den Fototermin wahrnehmen. Aber umsonst, weg sind sie. Weiter zur Punta Los Burros, wo es vermutlich weniger Esel, wie es der Name meint, sondern eher viel Wind geben wird. Ein mächtiger Klotz von Fels im Meer. Und ein langer, langer Paddelweg dorthin. Wir spüren die Tide als Widerstand. Langsam nur wandern die von den Felsen abgestürzten Steinbrocken achteraus. Der jetzt graue, dichtgezogene Himmel läßt die Wärme schwül und die ganze Atmosphäre etwas unheimlich werden. Pause, weiter, Pause, trinken, weiter - ein Schlauch heute. Zunehmender Seegang von achtern. So, wie er manchmal dem Sturm vorausläuft. Die aus der Ferne als flache, dem Kap vorgelagert gesehene Insel wird zur schroffen, hundert Meter hohen, Wand. Ein echtes Monument. Wasser, Wind und Salze haben abstrakte Figuren hinein gemeißelt. Nur - lange schauen wir uns das nicht an, rum um die Ecke wollen wir, bevor die Wellen hier so schnell und weiß werden, wie sie es querab bereits sind. Tempo - das angeblich bekannte Gefühl von Galeerensklaven, deren Chef Wasserski laufen wollte. Kräftige Windstöße, die ersten uns überholenden Roller. Mit ihnen und aus ihnen heraus umrunden wir die Punta: Geschafft, endlich! Einige hundert Meter weiter liegen Fischerboote mit Außenbordern am Strand, stehen alte Hütten und neue in Plattenbauweise, winken Kinder. Trinkwasser gäbe es da nicht, hatten wir auf unserer Karte vermerkt. Müssen die Bewohner dieses Dorfes und aus zwei weiteren Siedlungen es sich per Boot holen?

Abgesehen von diesen, jeweils kleinen Strandabschnitten sehen die Ufer auch hier nicht gerade einladend aus. Hohe Wälle, lose Steinen, die in der leichten Brandung klirrend rollen. Doch als wir um ein weiteres Kap herumschippern, da treten die Berge zurück und öffnen ein breites Stück Land voller grüner Vegetation - Büsche, Kakteen, kleine Teiche dazwischen. Davor breiter, weißer Strand. Reichlich lahm wurschteln wir uns aus dem Boot und bleiben erstmal eine Weile im Sand sitzen: „Merkst Du was? Keine Fliegen. Hat sich gelohnt heute so weit zu fahren.Und da draußen ..." da gischten weiße Wellen, unsere Bucht erreichen sie nicht. Vom Zelt aus, auf einer Düne, schauen wir weit übers Meer.

Während der Nacht hat der Wind so weit gedreht, daß kräftige Brandung auf den Strand rollt. Und irgendwo hat sich unterwegs eine Infektion eingeschifft. Die läßt ziemlich hoch fiebern und lustlos werden: Krank. Auf solch einer Fahrt nicht gerade das Richtige. Gut dabei noch, wenn es nur einen erwischt. Der andere macht sich Sorgen: „Was tun, wenn's wirklich ernst wird?" Jeden Tag hatten wir den Medizinkasten umsonst aus- und eingeladen, nun brauchen wir ihn doch einmal, die Antibiotika aus ihm. Die sollten rasch helfen. Doch wie fast jede gute Arznei hat auch diese Nebenwirkungen. Eine, die in den Schatten unters Stoffdach zwingt - die Haut verträgt weniger Sonne. Ruhe, viel trinken, schwitzen, lesen, schlafen. Und nach drei Tagen wird's besser: „Morgen früh könnten wir fahren."

Weit kommen wir da nicht. Liegt es an den schräg von achtern anlaufenden Wellen, am Schlingern des Bootes, daß der Steuermann fast seekrank wird? Läßt die Medizin ihn so unsicher werden, daß er vorschlägt, besser gegen die Wellen, also zurück, zu paddeln? Jedenfalls

sind wir beide froh, als wir wieder genau dort landen, wo unsere Fußspuren den Weg zum Zeltplatz zeigen. „Vielleicht sehen wir die Koyoten nun doch noch?“ In der Nacht zuvor hatte uns ihr nahes, kurzes Gebell aufgeweckt, das dann ins langsam sich entfernende, klagende, dissonante Heulen überging. Ziemlich viele Tiere müssen es gewesen sein deren Spuren wir morgens am Zelt sahen.
„Legen wir ihnen etwas Tunfisch auf einen Stein vorm Zelteingang ...“
„So 'ne Art Eiersuchen für sie? Morgen ist Ostern!“

Nein, der Fisch liegt immer noch da, als wir aufwachen. Und mit Ostereiern ist's dieses Jahr nichts - ein Omelett aus Eipulver wird sie heute Abend ersetzen. Den Osterspaziergang aber gibt's: Am Strand entlang. Was wir über ihn verteilt finden, sind weiße, von der Sonne gebleichte Knochen.
„Jemand, der, wie wir, hier strandete, verhungerte und von den Koyoten gefressen wurde.“
„Jemand mit dem Gebiß einer Kuh, mit den Hörnern eines Ochsen und den Hufen eines Rinds ...“
„Na ja, vielleicht war das Vieh seine letzte Mahlzeit, bevor er qualvoll sein Leben aushauchte, so wie wir, wenn - sag mal, was hättest Du gemacht, wenn die Medizin nicht geholfen hätte?“
„Dich ins Boot gepackt und zum nächsten Ort gepaddelt. Im schlimmsten Fall allein von dort Hilfe geholt. Wär' aber vielleicht nicht notwendig gewesen in dieser belebten Gegend - da, der Fischer ...“
Nicht weit von uns zieht der sein Netz ins Boot, das er nachts auslegte. Er winkt und tuckert davon.
„Aber ins Hospital, nach La Paz, sind es mit seinem Boot mindestens zwölf oder mehr Stunden. Und bei Sturm kann er nicht fahren.“
„Hast Du an so was gedacht?“
„Schon. Und sehr wohl habe ich mich dabei nicht gefühlt. Ist halt der Preis, den wir für dieses sonst so herrlich freie Leben zahlen.“
„Ein zu hoher?“
„Noch nicht. Aber wenn wir mal richtig alt werden?“
„Dann haben wir das hier gesehen und können in Gedanken an diesen Strand zurückkommen ...“

Faul unterm Sonnensegel, hängen wir unseren Gedanken nach. Da marschiert eine etwa 75 cm lange, braun-grüne Schlange vorbei. Geräuschlos schlängelt sie durch den Sand, hebt den Kopf, schaut

und erschrickt über den Griff zum Foto: Auf dem Bild von ihr wird es nur noch den Schwanz zu sehen geben, bevor auch der im grünen Dickicht verschwunden war. Und dort ist sie mit ihrer Tarnfarbe spurlos weg. - Andere Tiere im dicht bewachsenen Gebiet vor den Bergen? Immer wieder mal hören wir die Rufe wilder Esel. Doch nur ihre Spuren finden wir in einem ausgetrockneten Flußbett und beim Wasserloch hinterm Zelt. Sonst sind wir allein und können in Ruhe auskurieren. Jetzt auch eine dicke, eine sehr dicke Lippe. Selbst die Salbe mit hohem Lichtschutzfaktor hatte deren Anschwellen und Aufplatzen durch Sonne, Wind und Salzwasser nicht verhindern können. Vaseline drauf und ein feuchtes Tuch vor den Mund - ausgeatmete Luft sorgt zusätzlich dafür, daß die Haut nicht weiter austrocknet.

Nachts ziehen Wolken vor den fast vollen Mond: Wetteränderung? Als wir früher noch als die Sonne aufstehen, liegt das Meer bewegungslos vor uns. Einpacken - da ...
„Paß auf, Vorsicht, der hat unterm Zelt geschlafen!"
„Halt ihn fest, ich brauch' ein Bild von ihm."
„Verrückt - das ist ein Skorpion, das Biest beißt oder sticht doch."
„Nimm 'n Stock oder - verflucht, wo ist nur wieder die Vorsatzlinse ..."

Mit dem Oberschenkelknochen der Kuh lassen sich Fluchtversuche des Tierchens verhindern. Seinen Schwanz mit dem giftigen Stachel hat es in Angriffsposition hochgerollt, seine Augen starren zu den riesigen Geschöpfen über ihm. Einmal versucht es sich im Sand zu verbuddeln, dann aber hält er beim Klick still und wird anschließend mit Schwung ins Gebüsch befördert. Später lesen wir, daß Skorpione meistens nachts aktiv sind und dann vorzugsweise in zum Putzen rausgestellte Schuhe schlüpfen - kein hohes Risiko bei unsrer Art zu reisen. Ihr Biß, besser ihr Stich mit dem Stachel, der aus einer Giftblase gespeist wird, sei schmerzhaft, bei schlechter Konstitution des Betroffenen unter Umständen auch lebensgefährlich. Als eigenartig wird die Fortpflanzung der Tiere beschrieben: Indem sie sich mit ihren Scheren, die denen eines Krebses ähneln, umfassen, führen sie einen Hochzeitstanz auf. Nach einiger Zeit setzt das Männchen eine Spermatophore ab, einen Samenträger, zerrt das Weibchen darüber, dieses nimmt dabei Samenzellen auf und wird so befruchtet. Es bringt dann die Jungen lebend zur Welt, trägt sie mehrere Wochen lang auf dem Rücken herum, bevor sie, nach einer ersten Häutung, selbständig unter Paddlerzelten schlafen gehen.

Unser schöner Strand war in diesem Abschnitt der Küste die Ausnahme. Das Ufer wird wieder steinig und unfreundlich gegenüber jedem, der hier landen wollte. Das zeigt nach einigen hundert Metern Paddelfahrt ein langes, in der Sonne weiß leuchtendes Gerippe: „Wieder ein Wal ..." Eine mächtige Welle muß das tonnenschwere Tier auf den Steinstrand geworfen haben. Jetzt hocken Truthahngeier auf ihm - so lange ist es also noch nicht tot. Die großen, schwarzen Vögel bleiben, obwohl wir immer näher treiben, auf den abgenagten Knochen sitzen, als hätten sie etwas zu verteidigen. Erst auf Bootslänge Distanz rücken sie mit schlenkernden Bewegungen ihrer roten Köpfe lautlos und widerwillig zur Seite.

Weiter. Der Wind hat auf Süd gedreht, die Wellen glitzern im Sonnenschein und nach den Tagen an Land macht das zügige Fahren noch mehr Spaß als sonst. Nach etwa zwei Stunden erreichen wir ein großes, massives Kap, hinter dem wir die auf der Karte angegebene Ortschaft Napolo vermuten. Ein Häuschen am Berg und unter ihm zur Salztrocknung angelegte Pfannen. Wieso stinken die so erbärmlich? Weiter - kleine Jungen, die von einem Felsvorsprung aus angeln, fragen wir, wo der Ort denn sei. Sie zeigen in die Richtung, aus der wir kamen. Und das hier? Das sei San Evaristo. Der Kartenvergleich klappt nicht, die Zeitmessung ebenso wenig: Sind wir trotzdem schon so weit? An dem Punkt, bis zu dem die Straße von La Paz aus vordringt? „Du, wir sind zurück aus der Wildnis!" Na, jedenfalls zurück aus dem nur von See her zugänglichen Gebiet. Und das ist doch irgendwie beruhigend. Beruhigend? Irrtum: Der Wind hat aufgedreht und pustet ganz tüchtig. Wellen schickt er uns genau von quer, als wir in die Bahia de Puerto einbiegen. Von einem Segelboot auf Gegenkurs schaut die Besatzung unserem Geschaukel zu - sieht wahrscheinlich etwas seltsam aus, obwohl kein Risiko besteht. Im gleichen, schnellen Takt der Paddel, mit unbewußt gleichzeitigem Gewichtsverlagern und raschem Reagieren auf die Bewegungen des Wassers genießen wir die Fahrt. Bis wir in die Stille des Naturhafens einlaufen.

In seinem weiten von Bergen umgebenen Becken ankert ein Segelboot. Am Ufer einige Autos neben Fischerbooten. Zwei Männer beim Hantieren mit Kisten und Kanistern, einer von ihnen belädt seine Esel. Wir brauchen Wasser. „Ziemlich weit weg", meint der Dicke, dem ein roter Pick-up gehört, der hier übliche, kleine Lieferwagen, „ich hole es Euch." Natürlich wird er dafür Geld wollen und bei der Hitze ist es uns das wert. Etwa 20 Gebäude zählen wir, teils am Hang, teils im Tal neben dem ausgetrockneten Fluß. Die modern gebaute Schule aus Stein, sauber, weiß gestrichen, mit Schulhof und Volleyballplatz. Ganz anders die Häuser - von armen Menschen aus verschiedenen Materialien zusammengeflickt und manchmal, um eine Wand zu sparen, aneinandergelehnt. Acht, zehn, mehr Personen hausen auf engstem Raum. Ein ganzes Zimmer ist Bett, ein anderes Küche, Eßraum, und Lager zugleich. Draußen Müllhaufen - Blechbüchsen, Glasflaschen, aufgeweichte Pappen und Plastik. Dazwischen krabbeln Kinder, Hunde, Schweine, Hühner. Im Laden zwei Mädchen mit der Auskunft „zur Zeit haben wir nichts, vielleicht morgen." Bei den stinkenden Salzbecken der Friedhof: Drei Kreuze aus Stein mit Inschriften, ein Dutzend einfache aus Holz. Deren Gräber sind mit farbigen Steinen und mit Muscheln abgedeckt. Und irgendwo, wirklich weit weg, der Brunnen, aus dem sich die Einwohner jeden Tag ihr Wasser holen müssen - das ist San Evaristo. „Die Straße kam erst im vergangenen Jahr hierher, nun warten wir auf Touristen", unser dicker Wasserholer unterstreicht das mit einer weit ausholenden Geste, die die Schönheit der Landschaft meint. Und schön ist sie!

Aus seinem angerosteten Kanister füllen wir unsere Säcke. Zwei Amerikaner, Er und Sie, schauen zu. „Warum kommt Ihr nicht zu einem drink an Bord", laden sie uns auf ihre „Monopolist" ein. Und dort bleiben wir bis zum Abend. Unterm Sonnensegel, bei eisgekühltem Fruchtsaft - Zivilisation und Technik haben doch etwas für sich! Jack hatte eine Firma mit 80 Angestellten. Pat: „Er war mein Boss, er verkaufte seine company und behielt mich." Ihrem Mittagessen nach verständlich. Auf dem Boot sind sie zu Hause, „Wohnung, Garten und Auto brauchten wir nicht mehr." Entsprechend gut ist die Yacht ausgerüstet: Radar mit Reichweiten zwischen 4 und 20 Seemeilen, Satelliten-Navigation, Telefon, Tiefensonar, Autopilot und programmierbarer Wetterservice: „Reicht für 'ne Weltumseglung. Aber so weit sind wir noch nicht." Erstmal hat das „Lower California" sie gefangen. Jedoch: „... bis Anfang Juni müssen wir aus diesem Gebiet wieder raus sein. Danach zahlt unsere Versicherung für Schäden nicht mehr, denn dann beginnt die Taifunzeit." Was macht man das ganze Jahr über auf so einem Boot? „Mehr Arbeit als zu Hause. Reparaturen, Verbesserungen, da ist immer was zu tun. Ab und zu sind wir an Land, bei den Kindern. Für abends haben wir eine ganze Bibliothek an Videofilmen - welchen wollt Ihr heute abend sehen?"

Unserer heißt „Zeltplatzsuche im Dunklen." Untertitel „wer flucht denn da?" Schmutziger Strand, ein Fuß blutet - Glas oder Stacheldraht? - und der Innenschlafsack gibt endgültig auf: Er reißt an mehreren Stellen - seine Sonnendachtätigkeit hat ihn zermürbt. Schließlich aber liegen wir doch wagerecht, schauen durchs Moskitonetz auf die sich im Wasser spiegelnden Lichter der durch stärker gewordenen Schwell dümpelnden „Monopolist". Ob Jack und Pat das ewige Geschaukel nicht stört? Uns steckt es immer noch in den Gliedern bzw. im Kopf. Und unser Boot hat eine ziemlich üble Scheuerstelle als Andenken daran mitgenommen. Während wir „feierten", rieb sich Tari seine Bugspitze mit jeder Woge am großen Kollegen, der Mexikowimpel ging dabei über Bord: Beim Vertäuen hatten wir nicht an den später einsetzenden Wind und Seegang gedacht. Und später nicht zur Lee-Seite verholt, wo, an langer Leine weg vom Schiff, nichts passiert wäre. Eigene Dummheit!

La Paz

Nachts noch hat die Yacht in eine ruhigere Ecke der Bucht verholt. Sturmböen fegen übers Wasser, aus dem Weiterfahren wird`s heute nichts. Die Wetterprognose? Wir paddeln hinüber zur Monopolist. „Zwischen den Staaten und hier hat sich ein ungewöhnlich großer

Luftdruckunterschied aufgebaut. Das bedeutet Sturm für mehrere Tage. Wir werden erstmal abwarten.“ Pat und Jack laden uns zu einer Tasse Kaffee ein und wir schauen auf die Karte: Weiter in Richtung La Paz enden die Berge bald, die Küste wird flach. Mehrere Orte, ein Gebiet mit Industrie - da wäre der Weg über die Inseln Partida und Espiritu Santo reizvoller. 30 km - fünf bis sechs Stunden Überfahrt, dazu müßten wir noch eine Weile auf ruhigeres Wetter warten. Wollen wir das? „Ihr könntet doch auch an der Westküste paddeln, hinter der Isla Magdalena ...“ Zusammen mit anderen langgestreckten Inseln, das zeigt die Karte, bietet sie über 100 km vor den Pazifikwellen geschütztes Gebiet. „Und wenn Ihr bald dorthin geht, trefft Ihr vielleicht noch Wale.“

Entschieden - zurück an Land und ein Auto für die Fahrt nach La Paz chartern. Der erste Fahrer, den wir ansprechen ist bereit, sich und sein Auto zu vermieten. Ziemlich teuer - aber um 11 Uhr schon wird er uns abholen. Inzwischen schäumen die Wellen im Hafen weiß und der Sturm treibt Wolken mit feinem Sand vor sich her. Sand, überall Sand. Schließlich finden wir einen vor ihm geschützten Platz zum Abbauen. Die Bootshaut trocknet, die durchgescheuerte Bugspitze bekommt einen Verband, nach und nach verschwindet alles in den vom Salzwasser weiß verkrusteten Packsäcken. Und dann erscheinen zwei Autos. Eines voll beladen mit Säcken und Fässern, miserabel stinkend, „unseres“ leer. Sein Fahrer erklärt, der volle Wagen werde uns mitnehmen. Und zu zahlen wären 10% mehr als vereinbart. Gute Idee: Er kassiert die Prozente als Vermittlungsgebühr und sein Freund, der ohnehin fährt, bekommt dafür das Geld von den Fremden. „No, Señor, Ihr Auto, oder wir bleiben hier.“ Nachdem langes Palavern nichts hilft, ziehen beide enttäuscht ab. Ein anderes Vehikel? Wir finden es im Ort, sein Eigner will uns zum gleichen Preis fahren, „... in 10 Minuten!“. Nach einer Stunde erscheint er, den Wagen voll mit Kisten. Die Fische sollten zum Markt, sagt er. - Einverstanden, damit aber müßte sich auch der Fahrpreis reduzieren? Keinesfalls, im Gegenteil, die Fahrt würde noch teurer, hätte er sich überlegt. „Die denken, wir seien abhängig von ihnen und daß sie uns rupfen könnten, wie tote Hühner. Denkste, noch leben wir.“ Murrend juckelt er mit seiner Fracht davon - ohne uns. Und wir finden schließlich unseren Wasserlieferanten mit seinem roten Pick-up im Haus bei den Salzpfannen. In der Küche sitzt er bei seiner Frau die auf einem Gasofen das Mittagessen kocht. Fahren? Natürlich, nur noch schnell essen und schon geht's los. Der Fahrpreis ist „normal“, die Ladefläche sauber, mit genug Platz, mit 360° Rundumblick in die Gegend während vier Stunden abenteuerlicher Fahrt.

Was Ramón unter die dickstolligen Räder nimmt, ist bestenfalls ein Feldweg, voll Geröll, mit Felsgestein, von Rinnen durchquert. Hier zur einen Seite abgerutscht, dort durch einen Steinbrocken bis auf knappe Wagenbreite zum Abgrund hin blockiert. Kakteenwälder, Elefantenbäume, die mit ihren dicken, kurzen Stämmen wie abgestorben wirken. „Nach jedem Regen haben sie für kurze Zeit grüne Blätter“, erzählt unser Fahrer. Ab und zu ein Cirio oder Boojumbaum, mit langen, dünnen und stachligen Zweigen, die zum Himmel ragen. Steil hinauf geht's in die Sierra Cabeza de Mechudo, ins, übersetzt, Gebirge vom Kopf mit vielen Haaren. Mit Stacheln. Und dieser Kopf hat giftig-grüne Beulen: Felsen, deren Metall oxidierte? Eine unglaubliche Landschaft, wild, urzeitlich. Rot ragen die Berge auf, tiefblau liegt weit unter uns das Meer. In engen Serpentinen holpert der Wagen - im Schritttempo über Treppenstufen, durch tiefe Löcher und dann mit Anlauf einen Steilhang hinauf. Oben hält er, was heißt: Fotografieren. Nach 90 Minuten ist das Schönste vorbei. Der Weg wird breiter, die Fahrt schneller. Eine mächtige Staubwolke verdeckt die Sicht nach achtern, dann platscht unser Auto, bis zu den Achsen tief, durch einen Bach. Zeitweise am Meer entlang - Schaumköpfe, Sturm: „Wäre da heut' nichts gewesen.“ Wir passieren die Punta Coyote. Höchstens bis hierher wollte die Outdoot School-Gruppe paddeln, weiter sei die Küste weniger reizvoll, hatten die Ausbilder erzählt. Stimmt. Rauchende Schornsteine - das folgende Gelände bei Saladida gehört zu einer Phosphatmine mit Verladestation am Wasser. Ab San Juan de la Costas dann zügige Fahrt auf asphaltierter Straße. Feriensiedlungen, Wohnwagen, schließlich auf die Mex 1 und an der riesigen Taube aus Beton, dem Wahrzeichen von La Paz, vorbei, in die Stadt. Zurück zum Hotel Lorimar, zurück im orientalisch anmutenden, kühlen Innenhof und im einfachen, preiswerten Zimmer. Und dann eine Duschorgie, nach fast drei Wochen wieder Süßwasser auf der Haut. Erstmals seit ebenso langer Zeit wieder auf Stühlen am Tisch, in einem Restaurant das Tortillas serviert: „So hätten die unterwegs sein sollen!“ Und ein richtiges Bett: „Ob ich mich daran wieder gewöhne?“

La Paz - eine Stadt die früher mal La Perla genannt wurde als die Perlenfischerei den Ort berühmt machte. Bis eine mysteriöse Krankheit die Perlmuschelbestände vernichtete und die Armut einzog. Aber das ist längst vorbei - das Rathaus am Zócalo und Gebäude aus der Kolonialzeit zeigen ebenso gute Perioden der Geschichte wie Errungenschaften der neueren. Gesichter - in vielen die reizvolle Melange aus spanischem und Indioblut. 160.000 Einwohner leben im Wesentlichen von der weißen Invasion aus dem Norden: Wohnwagengespanne rollen durch die Avenidas; Boote ankern vor der Malecón, dem Strandboulevard; für Touristen werden Ausflüge organisiert, so wie dieser zur Insel Espiritu Santo: „Treffen im Expeditionsbüro, Shuttleboottrip zur Insel. Übernahme von Leihkajaks, Training und Orientierung. Paddeln zum Strand, wandern, schnorcheln und duschen. Kayak-Erlebnistour zum Seelöwenfelsen. Zurück mit Shuttleboot, Abschiedsdinner.“ Alles an einem Tag. - Wir haben zu tun. Ein neuer Sonnendach-Schlafsack muß her. Stoff kaufen, Schneider suchen. „Bis heute abend fertig“, versichert der. Dann zur Hafenmeisterei, unser Tidenkalender ist abgelaufen. Der Hafenkapitän spricht Deutsch, „Bier“ und „Guttag“. Wir dürfen die Gezeiten der nächsten zehn Tage von seinem Plan abzeichnen.

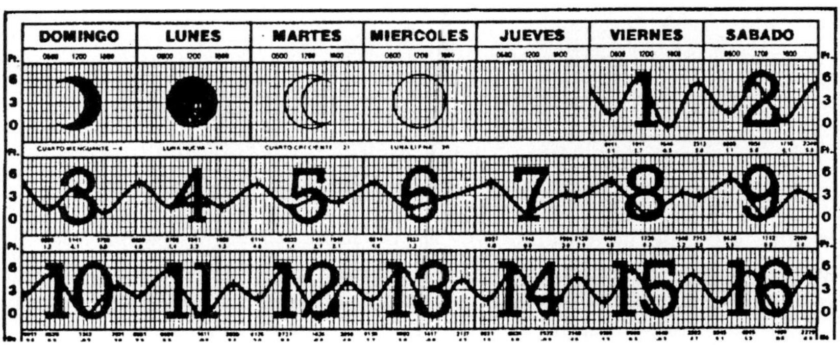

In der Wagerechten jeweils die Tage mit 24 Feldern für die Uhrzeiten, senkrecht Tidenhöhen in Fuß. Hoch- und Niedrigwasserzeiten, sowie deren Werte, sind zusätzlich vermerkt: Eine übersichtliche „Fieberkurve“. - Telefonieren nach Hause: Dafür sind nicht die Postbeamten zuständig, sondern private Geschäfte. „Long distance“ steht auf ihren Schildern. Mädchen verkaufen dort Ferngespräche und Süßigkeiten, beides gleich schnell und teuer. Günstiger sind die Preise für Bonbons, Candy-Riegel und Schokolade in Läden, die vom Boden bis zur Decke mit Schleckereien vollgestopft sind. Draußen haben sie Puppen aus Papier aufgehängt, bunt, lebensgroß: „Für die Kinderparty“, erklärt uns der Ladeninhaber, „da werden die Figuren mit den Süßigkeiten gefüllt und an die Lampe gehängt. Kindern, mit verbundenen Augen, Stock in der Hand, suchen diese piñatas zu treffen. Was dabei an Süßem rausfällt, das dürfen sie aufsammeln und behalten.“ Daß wir nur 20 Schokoriegel kaufen, enttäuscht ihn.

Postkarten schreiben, „eigentlich Unsinn ...“ - Einkaufen, einen Teil in der Markthalle, wo exotische Früchte billig und Plastikbehälter mit Trinkwasser teuer sind, den Rest im Supermarkt - Vorrat für unsere Fahrt. Plötzlich: „Halloo - sind Sie's wirklich? Wir hatten Sie schon verloren gegeben ...“, einer der Outdoor School Ausbilder. Denn nur zu zweit diese Tour zu machen, meint er, wäre doch etwas „risky“ gewesen. Ob wir denn keine Angst vorm Kentern hätten? Als sei er erleichtert und beruhigt, verabschiedet er sich. Nett.

Ab zum Schneider: Fertig? Nein. Doch da es in La Paz weder Ladenschluß- noch feste Arbeitszeiten gibt, fängt er jetzt an zu nähen. Wir helfen, legen Stoff und Reißverschluß zurecht und werden von ihm wie die Lehrbuben, die grinsend zuschauen, kommandiert. Draußen, vor der offenen Tür, bleiben Leute stehen, erschrocken oder verstohlen grinsend: Verrückte Fremde!

Essen, diesmal im Restaurant „Zum Rosa Pelicano“: Suppe mit in warme Tücher gewickelten Tortillas; danach Enchiladas, knusprige Maisfladen, mit Hühnerfleisch und Frijoles, Bohnen, gefüllt, Chilisauce

„Ranchero", also scharf gewürzt, dazu. Ein Gläschen Tequila, Schnaps aus Manney, einer Agave, spendiert der Chef. Er bedient selbst und legt eine Glenn-Miller-Platte auf. Fremde wollten sicher so was lieber hören, denkt er wohl, als die schwungvolle, mexikanische Mariachi-Musik. Noch einen eiskalten Milkshake - mit dem Risiko der Turista - und dann die Rechnung: "Wie kann der bei so niedrigen Preisen zurechtkommen?"

Unter den Palmen des mit ihren verschnörkelten Bänken an die Promenade in Nizza erinnernden Boulevards, Abendbummel zum Hafenanleger. Ein Torpedoboot läuft gerade aus, Matrosen im weißen Dreß winken. An der Pier liegen uralte Fischerboote neben modernen Luxuskreuzern. Hier wird ein Netz geflickt, dort die Bordfete vorbereitet. Vor einer Yacht sitzen Fahrensleute in der Runde. „Achtung, hierher", tönt es von dort auf Deutsch zu uns herüber. Der Hafenkapitän, bei dem wir die Tidenkarte abzeichneten, lädt uns ein, mit kühlem mexikanischem Bier anzustoßen. Ruhige, erfahrene Seeleute. Die Reeperbahn in Hamburg kennen sie besser als wir - einige haben auf Hochseefischerei für betuchte Angler umgestellt und erzählen von Rekordfängen vor weit entfernten Inseln. Als goldener Ball versinkt indes die Sonne, läßt feine Windwolken hell aufleuchten, taucht den ganzen Himmel in ein tiefes, flammendes Rot. Langsam erlischt es und aus dem Tag wird die nun warme Nacht. Sterne glitzern, Mädchenlachen, eine Gitarre klimpert: „Bei uns ist das jeden Abend so schön, das ganze Jahr über", sagt einer aus der Runde, „warum wollen Sie wieder zurück nach Europa?" Ja, warum eigentlich?

Isla Magdalena

Um acht Uhr fährt der Bus. Von der Station aus die, nur per Taxi erreichbar, außerhalb der Stadt liegt. Wieder ist unser Gepäck schwer. Und dieses Mal sollen wir für den Transport bezahlen, so viele Pesos wie für eine Person. „Auf der Fahrt nach Loreto kostete es nichts ..." - der Mann am Schalter zuckt die Achseln und verzichtet auf die Forderung. Zu Recht, zu Unrecht? Weil er für sich selbst kassieren wollte oder weil er keine Lust hat sich für sein Geschäft zu engagieren?

Vier Stunden später sind wir in Puerto Adolfo López Mateos. Endstation im Ort. Aber: „Ich bringe Sie noch zum Wasser, da können Sie dann gleich mit Ihrer banca losfahren“, lacht der junge Fahrer. Zuvor hatte er über unsere Absichten Fahrgäste informiert, die sich laut darüber wunderten, daß Ausländer mit all ihrer Habe in diese gottverlassene und trockene Gegend ziehen wollten. Das ist sie wirklich. Flach, heiß, dornige Büsche, selten Bäume. Und Sand, knöcheltiefer Sand, wo wir durch ihn hindurch Sack und Pack an die Wasserkante schleppen. Jenseits der etwa 100 m breiten Lagune, weiße, flache Sanddünen. „Heute früh zog eine Walherde hier vorbei, ganz nah“, erzählt Raul, der Fahrer eines Lasters, auf den Fischer Kisten mit ihrem Fang verladen, „Nachzügler. Denn die meisten sind, nach den drei Monaten bei uns, schon wieder auf dem Weg nach Norden.“

In jedem Jahr, im Dezember und Januar, kommen Grauwale in die südlichen Lagunen am Pazifik. In die bei Guerrero Negro, weiter nördlich, und in die hinter der Isla Magdalena gelegenen. Sind es fünf-, acht- oder zehntausend? Die Zahlen schwanken, genau gezählt hat sie wohl noch niemand. Etwa 15.000 km Weg haben sie dann aus der Arktis, von den Küsten Alaskas her, zurückgelegt. Sie passierten Kanadas British Columbia und als Touristenattraktion beliebte Wal-Beobachtungsstationen in den USA. Manche verfingen sich unterwegs in Netzen und gingen da elend zu Grunde. Für viele ist es die sich alle zwei Jahre wiederholende Hochzeitsreise. Denn in den warmen Baja-Buchten paaren sich die einen, bringen die anderen ihre Kälber zur Welt. Einige bereits auf dem Wege hierher, nach 13 Monaten langer Tragezeit. Und das ist dann gefährlich. Denn unterwegs lauern Schwertwale, Killerwhales, auf die Jungen als leichte Beute. Walbabies sind Riesenbabies - bei der Geburt bereits 4,5 m lang und 450 kg. schwer. Täglich nehmen sie während der ersten beiden Monate 45 kg zu, umgerechnet also fast zwei Kilos pro Stunde. Von ihren Müttern verlangen sie dafür 190 l Milch pro Tag. Die haben dafür vorgesorgt: Während ihrer dreimonatigen Wanderung filterten sie täglich eine halbe Tonne Nahrung aus dem Meer durch ihre Barten. „Früher sah das anders hier aus“, erzählt ein Fischer, „da ließ man die Wale nicht einfach passieren. Da wurden die zu Hunderten an Land gezogen und geschlachtet. Und trotzdem kamen sie jedes Jahr wieder. Das Töten ist ja nun vorbei, seitdem die Regierung ein Gesetz dagegen machte. Dafür verdienen wir jetzt an den Touristen, von denen immer mehr wegen der Wale kommen. Ist vielleicht sogar das bessere Geschäft.“

Um Trinkwasser zu holen, fährt einer von uns mit Raul zurück in den Ort. Häuser, Staub, Esel und abenteuerliche Gestalten erinnern an Goldgräberstories und Wilden Westen. Die Straßen bilden Quadrate, treffen rechtwinklig aufeinander, so als Muster in vielen mexikanischen Städten vom amerikanischen Nachbarn übernommen. Rauls Fischladung verschwindet in einem Sammeldepot und weiter geht's zu seinem Häuschen: Holz, Wellblechdach, Niedrigbau. Bei uns würden die vier mal vier Meter kaum einer Familie mit drei Kindern genügen, hier muß der enge Raum reichen. Wasser fließt aus einem Schlauch in unsere Behälter. Geld dafür? Ablehnung zuerst, dann doch gern - im Laden hätten wir mehr bezahlen müssen. Wasser ist knapp in dieser trockenen Gegend. Im Gegensatz zu der um Ciudad Constitución, durch die wir auf dem Weg hierher fuhren. Dort fanden sich ausgedehnte, unterirdische Wasservorräte, dort gab es grüne, bewässerte Gemüse-, sowie ausgedehnte Getreide- und Baumwollfelder.

Zurück zum Hafen. Sein Kai gehört zur Fabrik die Sardinen und Tunafisch in Konservendosen verpackt. Fischerboote werden entladen und auf dem Strand schleppen immer noch Männer und Frauen Holzkisten

mit dem angelandeten Fang zu Autos, deren Räder sich im Sand festwühlen. Nur kurz schauen sie zu den Fremden, die auf dem Strand ihr Boot aufbauen, schon arbeiten sie weiter. Hier hat jeder zu tun. „Wenn Ihr unterwegs die Wale trefft, so seid vorsichtig“, mahnt Raul beim Verabschieden, „kürzlich erst wurde eine Walkuh wütend, weil sich ein Motorboot zwischen sie und ihre Jungen drängte. Mit ihrer Schwanzflosse schlug sie zu und von dem Boot blieben nur Splitter. Glücklicherweise kamen die Leute mit dem Schrecken davon.“

In der vollen Hitze des frühen Nachmittags paddeln wir langsam nach Norden, entlang der vom Wind aus Sand geformten weißen Landschaft. „Wie in der Wüste, irgendwo in Arabien, am Suez-Kanal ...“

Und so heiß wie dort. Kein Wind: „An Land und ins Wasser!“ Das ist deutlich wärmer als an der Ostküste. Und trotzdem erfrischend. Mit Weiterfahren allerdings wird's nichts mehr: „Viel zu schön hier!“ Ein Platz zum Zelten zwischen Dünenhängen direkt am Meer. Abends, vor der Hütte, brutzelt Fleisch mit zuvor gegartem Reis auf der Pfanne. Zwar sind, das haben wir genau gesehen, weit und breit keine Menschen, und doch ist da plötzlich das Gefühl, jemand schaue uns zu: Über den Muldenrand, nur ein paar Schritte entfernt, blicken zwei Augen - große, aufmerksame Augen aus einem intelligenten Gesicht.

Ein schöner, großer Hund - nein, kein Hund, ein Koyote. Seine lange Nase wittert das Essen, sein Verstand aber mahnt zur Vorsicht: Und plötzlich ist das Tier, so unhörbar wie es kam, verschwunden. Erst nachts läßt es sich wieder hören - im Chor seines Rudels der Heulwölfe, wie die Koyoten auch genannt werden.

„Wovon sie hier leben?“

„Die brauchen Kleingetier oder Aas, das sie als Gesundheitspolizisten beseitigen. Zur Not fressen sie auch Pflanzen.“

„Und Wasser? Also gibt es doch in dieser sandigen Einöde irgendwo Quellen.“

„Nein“, antwortet am Tage darauf ein Fischer, der in der Nähe an Land ging um sein Netz zu ordnen, auf unsere Frage, „Wasser gibt's nirgendwo auf der Insel.“ Von den lobos, Wölfen, wie er sie nennt, aber liefen viele hier herum. Ungefährlich, meist wären sie nur nachts unterwegs.

So wie wir will auch er das Aufklaren abwarten - seit dem Morgen liegt dicker Nebel über der ruhigen See. Erst am späten Vormittag reißt der auf und gibt die Sicht zur anderen Lagunenseite frei. An ihr entlang paddeln wir weiter, um Sandbänke herum und zwischen Inseln. Durch die Passage zwischen ihnen, der Fischer erzählte, daß hier die Wale ihr Brutgebiet verlassen, rollen Wellen vom Meer herein. Eine Weile schaukeln wir im Auf und Ab des auslaufenden Seeganges, „vielleicht gibt's noch Nach-Nachzügler ...?“ aber die Walsaison ist wohl vorbei. Querab, von einer hohen Düne aus, könnten wir die Durchfahrt überblicken: „Bleiben!“ Vor uns das azurblaue Wasser des Pazifischen Ozeans, hinter unserem Sommerhaus Wanderdünen, kilometerweit ineinander verschachtelt. Tiefe, weiche Talhänge auf einer, steile Anstiege auf ihrer anderen Seite. Feine Zeichnungen hat der Seewind in den Sand modelliert, Wellenlinien und kleine Skulpturen, wo er auf ein Hindernis traf. Unsere Fußtritte scheinen die ersten in diesem Wüstenland - morgen schon werden sie wieder verweht sein. Am Ufer entlang erreichen wir den Leuchtturm, wo hohe, wilde Brandung, in mehreren schäumenden Ketten hintereinander, das Landen im kleinen Boot zum unkalkulierbaren Risiko werden ließe. Und bis wir am Zelt zurück sind, haben wir das Teleobjektiv für Aufnahmen von den Walen nicht gebraucht. „Da ...“, aus der See tauchen hell und dunkel gefleckte Rücken auf. Hohe, geblasene Fontänen steigen in die Luft und zerstieben im Wind. Der klotzige Kopf eines Wals steilt aus dem Wasser, steht still wie ein Turm, sinkt langsam zurück. Mit dem Boot hinaus fahren? Unwahrscheinlich, daß wir rechtzeitig und gerade dort wären, wo die Tiere ihren Kurs ziehen. Durchs Fernglas sehen wir sie gut und deutlich. Einer hebt die Fluke hoch übers Wasser und ohne Spritzer gleitet sie unter die Oberfläche zurück. Diese mächtige, fast wagerechte Schwanzflosse bringt den Wal auf Tempo. „Wir hatten einen harpuniert“, erzählte mal ein Walfänger, „der schleppte unser Schiff sieben Stunden lang hinter sich her, mit 8 Knoten“, das sind rd. 15 km/h, „obwohl die Maschinen auf 'volle Fahrt zurück' geschaltet waren. Erst langsam verlor er seine Kraft. Ein anderer, von der Harpune getroffen, raste mit seinen 60 Tonnen gegen das Fangschiff und versenkte es bevor er starb.

Draußen in der Passage sind wieder Fontänen zu sehen - Wale, die ausatmen. Da sie von Landsäugetieren abstammen, sind ihre Körperfunktionen nicht wesentlich anders. Während sie unter Wasser schwimmen, halten sie die Luft an, so wie andere Tiere und auch Menschen es tut. Tauchen sie nach 5, 10, im Notfall auch erst nach 45

Minuten aus manchmal mehreren hundert Metern Tiefe wieder auf, dann „blasen" sie, geben die Atemluft ab. In kälteren Regionen gibt's dabei einen Dampfstrahl, der bis zu 4 m hoch sein kann: Die unter starkem Druck in den Lungen erwärmte Atemluft kondensiert. - Schön sind die glatten, in der Sonne blinkenden Rücken dieser großen Tiere. Kleine sind dabei, die jetzt zum ersten Mal auf die große Reise in die Arktis gehen. Werden sie länger leben als frühere Generationen, die von Walfängern nahezu ausgerottet wurden?

Zwei Einer-Kajaks landen. Junge Leute, beide aus Deutschland nach Kanada ausgewandert. Wie wir schauen sie fasziniert den Walen zu.

Gerade hebt sich wieder ein mächtiger Turm aus dem Wasser, ragt hoch und kippt langsam zur Seite. „Die hellen Flecken auf seinem Körpern, das sind Kolonien von Seepocken die als blinde Passagiere mitreisen. Und selbst wenn die abfallen, bleibt die Haut da gescheckt. Gut zu sehen von hier aus. Im letzten Jahr beobachteten wir, wie sie ihre Jungen im Gezeitenstrom zwischen den Inseln trainierten. Da ließen sie uns mit dem Boot ganz nah ran. Darum nehmen wir die Kajaks immer mit." Immer? „Ja, wir werden auch im nächsten Jahr wieder hier sein." Und das Geld dafür? „Wir arbeiten im Sommer, Saisongeschäft. Ziemlich anstrengend. Läuft aber gut genug, um vom Verdienst den Winter über mit dem VW-Transporter Baja-Urlauber zu sein. Billiger als zu Hause. Allein die Heizung dort..."

Sie müssen zurück zu ihrem rollenden Haus, wir bleiben. Denn der Wind hat zugenommen, das Meer schäumt selbst in unserer sonst ruhigen Ecke weiß. Am nächsten Morgen fahren wir deshalb zurück, wollen an López Mateos vorbei längs der Isla Magdalena nach Süden paddeln. Kaum abgelegt, da haben wir eine ganze Schule von Delphinen um uns herum. Vor und neben dem Boot jumpen sie aus dem Wasser, biegen elegant ihre schlanken, schwarzen Körper, prusten, schnattern und schnauben. Vier reagieren auf nicht sicht- oder hörbare Signale: Vollkommen synchron ändern sie ihre Richtungen, tauchen gemeinsam und sind zur gleichen Zeit wieder oben. Wir folgen ihnen, paddeln hinterher, doch zu langsam - nach einer Weile sind sie außer Sicht: „Weißt Du noch, wie wir uns das am Anfang unserer Bajafahrt gewünscht hatten?"

Die Fischkonservenfabrik voraus. Ein Kutter hat an ihrem Kai festgemacht, sonst ist da nichts los. Rasch bleibt der Ort hinter uns zurück. Auf der einen Seite Büsche und Schilf, auf der anderen Sand, Sand, Sand. Eine Stunde, zwei - da, dieser dunkle Fleck am Ufer, ein Stein?

Er bewegt sich: „Fernglas, schnell, tatsächlich, ein Seelöwe!" Einer, dem sein Fell juckt. Mit den Flossen kratzt er es, rollt sich im Sand, scheuert über Steine, schaut nur kurz auf, als wir näher kommen. Dann macht er weiter mit seiner Selbstmassage. Erst als er seinen Fluchtweg durch uns gefährdet sieht, robbt er zum Wasser und verschwindet: „Weg ist er, schade - nein, da, da ..." Neben dem Boot taucht „Leo" wieder auf, schaut uns eine Weile aus der Nähe an bevor er ein Stück weiter wieder an Land geht. Ausgewachsen sollte er mehr als zwei Meter lang sein - die hat er nicht.
„Ein junger - darum noch ohne Harem. In einigen Jahren wird er ein Dutzend oder mehr Frauen haben."
„Und was machen die anderen Bullen, die er dann nicht ran läßt?"
„Die versuchen's, und er muß dauernd mit denen kämpfen."
„Würde ja gern wissen, ob seinen Frauen so ein Zustand gefällt."
„Du meinst die Haremswirtschaft? Gibt's doch nicht nur bei Seelöwen. Mohammedanische Frauen, hab' ich mal gelesen, finden es manchmal ganz gut, daß sie in solch einer Gemeinschaft, z.B. zu dritt oder zu viert, leben. Sie brauchten dadurch nicht einzeln alle Arbeit zu machen. Kinder hätten mehrere Betreuerinnen und seien nicht der Willkür einer Mutter allein ausgeliefert."
„Aber die Frauen einem Mann, einem Pascha."
„Der sich auch wieder mehr anstrengen muß, damit er alle unterhalten kann, finanziell, meine ich, aber sonst auch."
„Ein gutes System also?"

„Weiß ich nicht, hängt wohl von der Erziehung, der Mentalität und eben auch vom Glauben ab, ob man es mag oder nicht. Nur, ob sich das, was wir Liebe und echte Partnerschaft nennen, auf diese Weise leben läßt?"
„Doch, wenn der Pascha sich ganz seiner Lieblingsfrau zuwendet."
„Was er eigentlich nicht tun dürfte."
„Aber wäre es nicht nur normal?"
„So wie wir empfinden ja. Doch gilt das für alle Menschen?"

Wo abends unser Zelt steht, treibt uns der Wind solange Sandwolken ins Haus, bis wir es an anderer Stelle neu aufbauen. Mit dem Ergebnis, daß die Windrichtung wechselt und alles wieder so ist wie zuvor.

Erst nachdem wir einen Sandwall geschaufelt haben, der als neue Düne stetig wächst, können wir in Ruhe kochen. Säbelschnäbler und schneeweiße Silberreiher marschieren indes vorbei. Spät zieht der an der Fabrik gesehene Kutter zum Meer, um über Nacht zu fischen. Morgens begegnen wir ihm wieder: Fleißige Leute.

Eigentlich ist die Landschaft langweilig. Sanddünen, kurze Strecken mit Buschwerk am Ufer, Abschnitte dichter Mangroven und dann wieder Sand. Und doch beeindruckt gerade diese karge, schmucklose Natur jeden Tag neu. Zeitweise wird die Fahrt zum Rätselraten: Wo geht's weiter? Inseln - verlandete Durchlässe.- Ein durch Mangrovenwuchs entstandener See, dessen Ausgang zunächst nicht zu finden ist, bis wir ein verbeultes Blechgefäß im Wasser als Boje akzeptieren. Abzweigungen in anscheinend völlig verkehrte Richtungen, und dann wieder mal aussteigen und das Boot treideln. „Gibt's von dem Berg da vorn mehr Überblick?" Auf der einen Seite der Pazifik mit seinen weißen Brandungswellen, auf der anderen die Lagune, weiterhin voller Sandbänke und von Inselstreifen durchzogen - schön die Aussicht. Aber nicht umsonst - zu bezahlen mit Kletten an den Beinen. Ekelhaft - die haken sich in der Haut so fest, daß blutende Wunden bleiben, wenn wir sie entfernen: „Wer eine Expedition macht..."
„Tolles Wort - hat die Reisebranche für ihre Werbung entdeckt. Und das zieht: Expedition zu Bajas wilden Stacheln zum Beispiel - autsch!"

Fregattvögel über uns. Nicht alle nur schwarz - die weiblichen mit weißen Federn an Kopf und Brust. Flügelspannweiten von mehr als zwei Metern gehören, in Relation zum Körpergewicht, zu den größten bei Vögeln. Das macht sie zu ausgezeichneten Seglern und Kunstfliegern. Urplötzlich schießen sie davon und sind ebenso schnell wieder zurück am Himmel, wo sie stillzustehen scheinen. Zwei von ihnen attackieren eine Möve, die ihre Beute noch im Schnabel trägt - sie läßt den Fisch fallen, um sich zu retten und einer der Räuber fängt ihn geschickt noch in der Luft auf, „... die lassen andere für sich arbeiten!"

Einmal zieht ein einsamer Delphin nah an unserem Boot vorbei. Dann taucht kurz vor uns ein Wal auf, bläst, und ist gleich darauf wieder spurlos verschwunden. Und frühmorgens traut sich ein Rudel Koyoten ans Zelt. Leise lecken sie den Tau vom Dach. Stillen sie so ihren Durst? Eindeutig ja - falls es nicht doch mal regnet, liefert ihnen nur der Morgentau auf Blättern und Zweigen, zur Abwechslung auch mal auf 'nem Zelt, Wasser zum Trinken. Und doch bleibt es ein Rätsel, wie die Tiere bei der spärlichen Vegetation mit dem wenigen überleben. Bei ablaufendem Wasser suchen Strandläufer im Modder vor undurchdringlichen Mangrovenufern nach von der Tide zurückgelassenen Krebsen und anderem Kleingetier. Auch hier lassen sich Pelikane im Sturzflug fallen um zufrieden, mit dem gefangenen Fisch im Kehlsack, wieder aufzutauchen. Muscheln liegen am Strand. Faustgroß und voller spitzer Stacheln - formschön modelliert.

Drei Tage lang haben wir keine Menschen oder Boote mehr gesehen. Sich zu orientieren bleibt schwierig. Die Lagune wird so weit, daß wir die andere Seite kaum noch mit dem Fernglas ausmachen können. Nähere Sandberge scheinen in der Luft zu hängen - Wasserspiegelungen nehmen ihnen die Uferlinien. Umständliche Passagen durch verschlammtes Gebiet, eine Nebelbank und plötzlich so kalter Wind, daß wir unsere Pullover, jetzt haben wir sie dabei, aus den Beuteln zerren. Wir versuchen nach Kompaß zu fahren. Da aber unsere beiden Karten den nächsten bewohnten, markanten Anlaufpunkt an verschiedenen Stellen zeigen, wissen wir nicht, ob er vor oder bereits hinter uns liegt. Und was aus der Ferne wie ein hoher Berg aussah, das schrumpft beim Näherkommen zum mittleren Dünenkamm. Aber: „Da sind Häuser, eine Fabrik, ein Wasserturm ..." von oben gerade noch zu erkennen. Und jetzt sagt uns der Kompaß, wo wir sind: Das da, in 45°, durch vorgelagerte Inseln bisher verdeckt, muß San Carlos sein. Der, neben Ensenada hoch im Norden, einzige Baja-Tiefseehafen. Das Ende unserer Fahrt ist damit in Sicht. Denn von den Alternativen, noch eine Woche in der Bahia Magdalena zu schippern oder das Inland zu erkunden, siegt ohne Kampfabstimmung die letztere. Zwar locken eigentlich noch die hohen Felsen weiter südlich, die Bahia Santa Marina, kleine Häfen wie Puerto Chale und Cancún, doch: „Ein andermal, wenn die Wale dort sind!"

Abschiedsbesucher melden sich in dieser letzten Nacht: Ein Fregattvogelweibchen bäumt in der Nähe auf - Koyoten bringen mit ihrem wenig melodischen Geheul ein Ständchen neben dem Zelt - Seelöwen wälzen sich platschend auf unseren Badestrand. Zwei sind es, als dunkle Schatten zu erkennen. Sie schnaufen und stöhnen: „Leo mit der Ersterwerbung für sein Harem?"

Etwa zwei Stunden werden wir für die Überfahrt bis zum Hafen brauchen, weitere zwei zum Abbauen, Einpacken und im Ort herumschauen. Wenn mittags ein Bus nach La Paz fährt, den könnten wir gut erreichen. Viel Zeit also. Und trotzdem fehlt die Ruhe, in der wir sonst morgens vor dem Zelt in der Sonne sitzen und unsere Haferflocken essen. Die Aufbruchstimmung erhöht den Adrenalinspiegel, er treibt uns zu mehr Eile, als notwendig: „Sollten wir nicht losfahren? Das Wetter könnte doch ..." Nein, so stabil wie heute war es während der ganzen letzten Tage nicht. Spiegelglatte See, keine Wolke am Himmel. Und darum paddeln wir schließlich doch ohne Hektik in die Richtung der Häuser, die jetzt vom Dunst verschluckt sind. Nur die berühmte Handbreit Wasser haben wir zeitweise unterm Kiel. Auf einem Ast, der mehr Tiefgang hatte als wir, sitzt Großvater Pelikan. Wirklich, ein großer, ein alter Herr. Er blinzelt in die warme Morgensonne und nur einmal kurz zu uns, als wir vorbeipaddeln. Wie von Scheinwerfern angestrahlt leuchtet sein weißer Bauch unter dem langen, dünnen Hals, an den übergangslos der schwarze Kopf mit dem dicken Schnabel anschließt. Abwechselnd mit einem schläfrigen, dann durch das andere, orangegeränderte, wache Auge schaut er uns an: „Was wollt Ihr? Besuch? Moment ..." Er spreizt seine Flügel, zieht

Federn durch den Schnabel, kratzt im bereits schütteren Gefieder der Brust: „Nun könnt Ihr kommen." Langsam treiben wir immer näher. Dann jedoch, das Paddel - als sich das bewegt, um Distanz zu halten, da breitet er seine Schwingen aus, erhebt sich, zieht die Beine unter den Körper und fliegt, mit einem etwas vorwurfsvollen Blick, davon.

San Carlos: Weit ins Meer hinausgebaute Verladebrücke, Hafenkais, Hochbetrieb. Autos tuten; Arbeiter verladen Kisten; Frauen stehen nach frisch gefangenen Fischen an; ein Lastwagen nebelt die Gegend mit seiner Staubwolke ein. Bullige Fischfangboote laufen ein, vertäuen an der Pier. In ihren Masten, hoch oben, weiß gestrichene Ausguck-Kabinen: Dort steht auf See der Mann mit den besten Augen - er weist den Kurs zum Fang. Zu den durch die größer gewordenen Fangflotten immer kleiner werdenden Beständen an verfügbarem Fisch. Die kleine Zahl gefüllter Körbe unter dem Ladegeschirr erzählt von den Schwierigkeiten der Fischer.

Die letzten Meter zum Strand. Der schmale Trampelpfad von ihm aus führt zu einem Wasserturm. Darunter sauberes Gras und Schatten - ideal für die „Abschlußarbeiten". Mehr noch - wenn wir an einem kleinen Handrad drehen, fließt Wasser per Schlauch aus dem Reservoir über uns. Zwar befinden wir uns auf einem Werksgelände, niemand jedoch interessiert sich für unser Tun - Boot waschen, vom agressiven Salzwasser und vom Sand befreien, trocknen lassen, auseinander bauen, alles so einpacken, daß es den nächsten Transport heil übersteht. Mittags sind wir mit allem fertig und startbereit. Service: Am Tor des Geländes bekommen wir einen Werkstattwagen der uns in den Ort fahren will. Nicht nur das: Unterwegs sieht der Fahrer einen Bus „Das ist der nach La Paz!" Er überholt, blinkt, winkt, bringt ihn zum Halten und wir steigen um: Ganz einfach. Welchen Vorteil eigentlich haben unsere „geordneten Verhältnisse" daheim?

Unser Plan Nr. 1, von La Paz aus Bajas Landesinnere per Mietwagen kennenzulernen, scheitert. Wir haben keine Kreditkarte als Kaution. - Plan 2: Mit dem am Pier liegenden Tragflügelboot in dreieinhalb Stunden quer übers Cortez-Meer nach Topolobampo fahren und von dort mit der berühmten „Kupferbahn" durchs Gebirge nach Chihuahua. Dieses Vorhaben gelingt wenigstens bis zwei Stunden nach Abfahrtstermin - da allerdings liegt das Fährschiff immer noch im Hafen: „Maschinenschaden, vielleicht morgen ...", sehr vielleicht, wie ein Einheimischer sarkastisch bemerkt. - Plan Nr. 3 daraufhin: Die Mittagsmaschine nach Mexico City nehmen und dort Pläne Nr. 4 bis Nr. ? machen. Und einer von denen funktionierte - unser Boot jedoch blieb dabei im ohne Probleme gemieteten Auto: Die Seen im Hochland hielten den Vergleich mit Mexikos Baja nicht aus.

Einige Fotos von dieser Wanderfahrt

Der erste Morgen

Sonne

noch mehr Sonne

und wer war das?

Traurige Begegnungen mit Walen

War 'n Igelfisch

. . . gut geschlafen unterm Zelt

Stachelige

Schönheiten

49,5 Liter Trinkwasser an Bord

Timbabichi

Früh aufstehen . . .

Sierra de la Giganta

Zurück nach La Paz

und weiter an Bajas Westküste

Sand

Salzwasser

die reinigende Dusche

Ende einer Baja - Fahrt

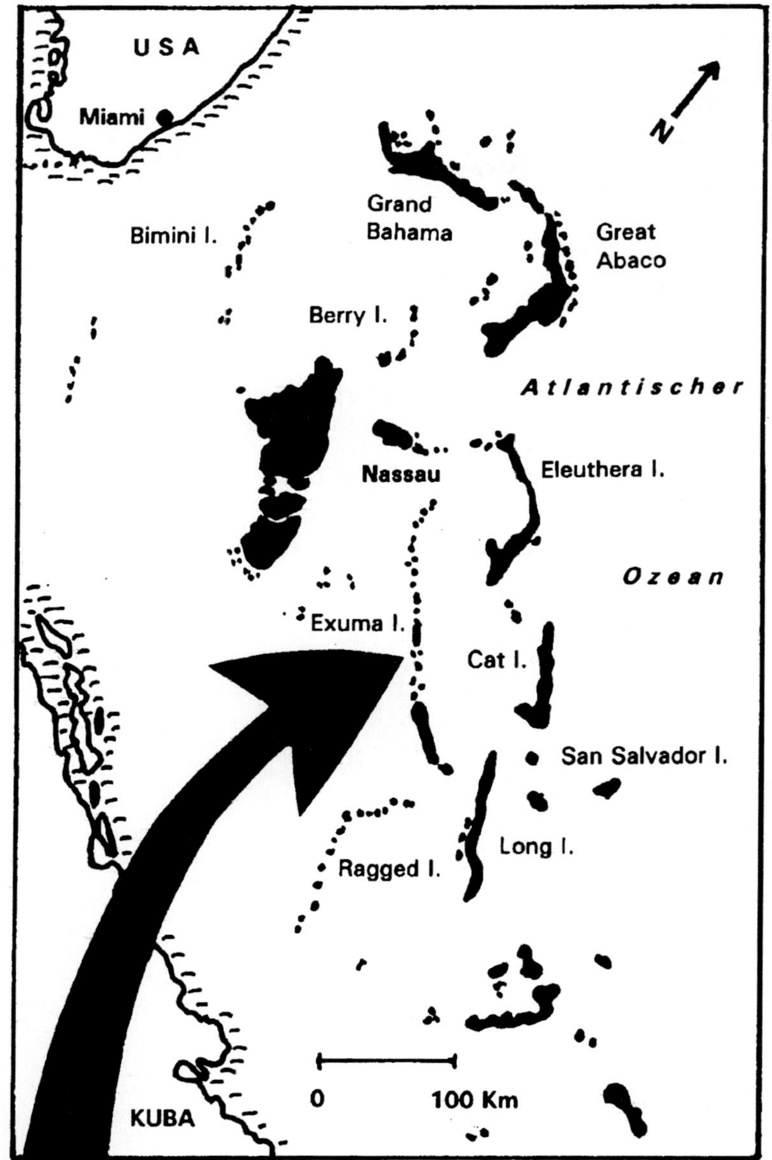

USA
Miami
N
Grand Bahama
Bimini I.
Great Abaco
Berry I.
Atlantischer
Nassau
Eleuthera I.
Ozean
Exuma I.
Cat I.
San Salvador I.
Long I.
Ragged I.
0
100 Km
KUBA

Bahama Cays

Seite und dort . . .

Dorthin?

365 Inseln, wie an einer Perlenschnur aufgereiht, über 160 km lang im blauen Meer? Inseln, von denen die meisten ursprünglich und nicht bewohnt sind, mit Sonne an, die Statistik behauptet das jedenfalls, 340 Tagen im Jahr - die Chance sie zu finden ist nicht groß. Und wenn dann noch jemand sagt, die befänden sich in den Bahamas, - nun, wir haben ihm nicht geglaubt. Denn dieser Name steht ja für Tourismus in großem Stil, für Luxus, Spielkasinos, Hochseefischerei und Kreuzfahrtschiffe, für reiche Amerikaner und Steueroasen für „arme" Europäer. Kurz: nicht für das, was wir als Ziel von Wanderfahrten mit dem Boot suchen. Aber: Es schien zu stimmen. Denn Fremdenverkehrs-Informationen über diese Inseln waren mager. Die Touristikangebote hatten andere Namen: Grand Bahama, Nassau und wenige mehr. Selten bis nicht erschienen in den lockenden Karibikprospekten die Exuma Islands. Und nachdem Paddelfreunde uns von einer Wandertour in dieser Gegend vorgeschwärmt hatten, machten wir uns auf den Weg. Auf eine Route die sehr wahrscheinlich auch etwas für Sie wäre. Ob Sie nun Salzwasser bereits unter dem Kiel hatten oder nicht. Denn Erfahrungen mit dem Meer können Sie sich dort holen. Es ist meist friedlich und kooperativ.

Bahamas - gern passierten Schiffe in den letzten Jahrhunderten diese Inselgruppe im Atlantik nicht. Denn aus ihren Schlupfwinkeln heraus bedienten sich Piraten, nahmen Ladung und Lösegelder. Offiziell gibt es sie nicht mehr. Dafür aber ihre Nachfolger, die mit anderen Praktiken versuchen bei den Durchreisenden „abzustauben". 700 Inseln und über 2.000 Cays, sprich Kieß, finden sich auf der Bahama-Seekarte. Zu den Cays zählen Mini-Inseln, Korallenbänke und einzelne Felsblöcke. Knapp 300.000 Einwohner leben im seit 1973 selbständigen Land, 85% von ihnen sind Nachfahren von Negern, die Mitte des 18. Jahrhunderts aus Westafrika als Sklaven importiert wurden. Zuvor, vor etwa 300 Jahren, kamen die ersten Engländer auf die Bahamas, später wurden sie ihr Kolonialgebiet. Heute, obwohl „parlamentarische Monarchie im Commonwealth", haben die Bahama-Bewohner ihre Unabhängigkeit mit eigener Währung die paritätisch zum US$ gewertet wird. Hauptstadt ist Nassau auf New Providence, mit Bauten aus der Kolonialzeit neben modernen Wolkenkratzern voller Büros für Firmen die steuerfrei angelegtes Geld verwalten. Englisch blieb Amtssprache, auf den Inseln wird das Caribbean-Englisch gesprochen, das leidlich zu verstehen ist.

In den Exumas gibt es für jeden Tag des Jahres eine Insel, 365 Cays, mit insges. etwa 3.800 Bewohnern. Ungefähr ein Viertel von ihnen lebt in der Hauptstadt George Town. Deren Name, nie zuvor gehört, stand auf unserem Flugschein.

Klima: Gemäßigt subtropisch. Regen fällt wenig, meist im Mai/Juni und im Oktober. Die Durchschnittswerte der Celsius Temperatur, Hoch und Niedrig je Monat in Nassau

M	1	2	3	4	5	6	7	8	9	10	11	12
H	25°	25°	26°	27°	29°	29°	31°	32°	31°	29°	27°	26°
N	18°	18°	19°	21°	22°	23°	24°	24°	24°	23°	21°	19°

Durch die gegenüber unseren Breiten höhere Luftfeuchtigkeit, ergeben sich Meßwerte, die die Schwüle der Luft anzeigen. Dabei schneidet das Gebiet im Vergleich zu anderen Zonen der Karibik recht günstig ab. Übers Jahr hinweg bleibt es ein angenehmes Klima mit Anstieg der Schwüle im August und September.

Wie kommen Sie hin?

Flug: Direktverbindungen bestehen, meist über London oder Luxemburg, nach Nassau. Billiger ist es ev. bis Orlando, Ft. Lauderdale oder Miami, USA, zu fliegen und von dort, mit Umsteigen in Nassau oder direkt, weiter nach George Town/Bahamas. Die Wahl unter allen Routen erfordert Preisvergleiche, auch wegen der Mitnahme des Bootes und der Ausrüstung.

Schiff: Passagen ab Europa würden 9 - 12 Tage des Urlaubs schon auf einem Weg verbrauchen. Und teuer sind sie auch. Billig dagegen ist der Schiffsverkehr zwischen den Inseln. Einmal pro Woche z.B. verkehrt ein Postboot in 10 - 12 Stunden von Nassau nach George Town - falls es nicht gerade repariert werden muß.

Wer hilft bei den Vorbereitungen?

Ihr Reisebüro, sicher bei der Auswahl von preisgünstigen Flügen. Darüber hinaus informiert

Bahamas Tourist Office
Mörfelder Landstr. 45-47
60598 Frankfurt am Main
Tel. 069-626051
Fax 069-627311

Als Hochsaison gilt die Zeit von Mitte Dezember bis Ende April, klimatisch eine angenehme Periode.

Karten: Englische Seekarten, die Nr. 2075 und 2077 im Maßstab 1:295.000, sind brauchbar. Mehr, auch topographische Details, bringen die Seekarten der Bahamas, 1:25.000, von denen Sie für die Exumas die Blätter Nr. 12-18 brauchen. Viel Papier, das meiste für Wasser. Also entweder das Land herauskopieren oder ausschneiden. Der US- Sportbootkartensatz „Chart Kit Bahamas“ enthält Übersichtskarten, Tabellen, Seekarten, meist 1:50.000, und Luftaufnahmen von div. Ankerplätzen nebst Informationen. Er ist im Wesentlichen auf den Bedarf von Segel- und Motoryachten abgestellt. Sie bekommen die erwähnten Karten, wenn nicht im Buchhandel, so bei den unter 2 - 4 genannten Anschriften im Adressen-Anhang.

Literatur: Die größte Auswahl von Bahama-Büchern finden Sie in den bookshops der Städte Floridas sowie in Nassau. Im deutschen Buchhandel sind u.a. erhältlich

- Caribbean Islands Handbook 1994 (Trade & Travel Publication)
- Bahamas Reiseführer (Polyglott)
- Bahamas - Florida (M.Velbinger)
- The Yachtsman Guide to the Bahamas
- Karibik-Handbuch (Bellamy) sowie das
- Paddel-Handbuch, Wandern auf Salz- und Süßwasser (BLV-Verlag), sofern Sie es zur Vorbereitung Ihrer Fahrt verwenden wollen.

Ihre Wanderfahrt

Route: Von George Town aus, bei zu starkem Ostwind ab Rolleville, nach Nordwesten, meist hinter den zur Atlantikseite hin schützenden Inseln. Es gibt Berichte von Kajakfahrern, die in Nassau starteten und nach ca. 40 km über offene See die Exumas erreichten, mit Südkurs nach George Town paddelten. Die weite Überfahrt ist, außer bei sehr sicherer Wetterlage, jedoch riskant, auch in umgekehrter Richtung.

Das Besondere: Paddeln in einer Welt von Farben - Inseln, Himmel, Wasser bieten jeden Tag neue Bilder. Verhältnismäßig geringe Wassertiefen haben Sie unter dem Kiel, da die Inseln auf einem Sockel im Meer liegen. Angeblich das reinste Salzwasser der Welt, durch weichen, porösen Kalkstein gefiltert und ohne Schmutzeinlauf von Flüssen. Wassertemperaturen je nach Monat zwischen 20° und 28°. Schwimmen und Schnorcheln in Korallenriffen ist dadurch Genuß.

Was erwartet Sie?

Das „Island Hopping", das Wandern mit dem Boot von einer Insel zur nächsten. Mit Abständen von nur wenigen Kilometern zwischen ihnen. Die Inseln sind flach, viele sehr wenig bewachsen, mit Sandstränden, teils Mangroven und felsigen Ufer an denen man nicht landen kann. Eine reiche Tierwelt unter und über Wasser. Keine giftigen Schlangen, nur einige Spinnen die man besser nicht anfaßt.

Wetter: Die Karibik liegt im Bereich des auslaufenden nordatlantischen Passatwindes. Er weht vorwiegend aus östlich - südöstlichen

Richtungen. Dadurch rollt die Brandung an die Atlantikküsten der Inseln während es hinter ihnen und hinter dem Riff ruhig bleibt.

Das ergibt sich auch aus der Tabelle mit Richtungen sowie Durchschnittswerten für Windstärken in kn, Referenzstation Nassau

M	**1**	**2**	**3**	**4**	**5**	**6**	**7**	**8**	**9**	**10**	**11**	**12**
R1	O	O	SO	O	OSO	OSO	SO	SO	O	NO	NO	ONO
R2	O	O	OSO	NO	ONO	OSO	O	O	ONO	ONO	NO	ONO
W1	7	6	6	6	6	5	4	5	5	6	7	6
W2	8	7	8	7	7	6	5	6	6	7	8	7

W1 und R 1 nennen Meßwerte morgens um 8, W2 und R 2 um 15 Uhr. 4 - 6 kn entsprechen 2 Bf . 7 - 10 kn sind Windstärken von 3 Bf.

Nicht deutlich werden bei diesen Durchschnittsangaben zeitliche Abweichungen. So hatten wir Ende Februar, Anfang März eine ganze Reihe von Tagen mit Wind aus N und NO. Schwerpunkte für Hurrikane liegen in den Monaten Februar und Oktober. Da haben sie einen Anteil von 1,4 bzw. 1,3% an den gemessenen Häufigkeiten. Warnungen vor Wirbelstürmen geben die Wetterstationen, die per Radio überall gut zu empfangen sind.

Strömungen und Gezeiten: Ein Zweig des Nordäquatorialstromes führt als Bahamastrom in nördlicher Richtung an den Inseln entlang. Mit bis zu 1 kn wirkt er sich aufs Fahren kaum aus. Gezeiten aber sind spürbar. Bei Ebbe zieht das Wasser zwischen den Inseln zum offenen Meer, mit der Flut strömt es herein. Hinter den Cays sind die Tidenrichtungen nicht konstant. Sie erreichen Geschwindigkeiten zwischen ½ und 2 kn, in engen Passagen mehr. Ihre Höhe liegt im Schnitt bei unter einem Meter. Wenn Tidentabellen mit Angaben für Nassau benutzt werden, so sind für die Exumas etwa 20 Minuten den angegebenen Zeiten hinzuzurechnen. Informationen über Gezeiten, Strömungen, Wetterdienste u.a.m. bringt der jährlich neu erscheinende Reed's Nautical Almanac & Coast Pilot, erhältlich in bookshops und Marinas.

Zelten: Offiziell ist „Kampieren“ nicht erlaubt. Das aber bezieht sich wohl eher aufs längerfristige Bleiben irgendwo. Für eine Nacht gab und gibt es keine Probleme. Es sei denn auf Inseln die sich im Privatbesitz befinden. Sind die Eigner zu den Ferien oder auf Dauer da, muß gefragt werden. Doch fast überall bieten sich unbewohnte kleine Cays als Platz fürs Übernachten an. Dabei kann direkt am Wasser gezeltet werden, so daß längeres Tragen von Boot und Ausrüstung entfällt.

Risiken: Etwas Vorsicht ist beim Schwimmen notwendig, da sich manchmal Haie im Gebiet hinter den Inseln zeigen. Auch Barakudas und große Rochen sind dort zu beobachten.

Was brauchen Sie?

Ausrüstung: Ihr Boot, Ihre Zeltausrüstung, Tauchmaske, Schnorchel etc. zum Besuch der Unterwasserwelt und mehr Stauraum als sonst für Trinkwasser. Ein Segel ist, falls der Wind aus SO weht oder von den Inseln in die Fahrtrichtung gelenkt wird, brauchbar. Wichtiger ist ein am Strand aufzuspannender Sonnenschutz.

Versorgung: Unterwegs einkaufen können Sie in den Marinas und in den wenigen kleinen Orten. Doch die Auswahl dort ist nicht groß. Darum besser in George Town den Bedarf eindecken. Normales Trinkwasser ist selten gut. Wir kauften darum Quellwasser in Plastikbehältern und füllten es in unsere flexiblen Beutel um.

Angeln: Fragen Sie nach den örtlichen Bestimmungen. Sie können aber auch unterwegs von den Fischern die Abendmahlzeit kaufen.

Gesundheit: Keine Impfungen, kein Malariagebiet. Ein Medizinkasten solllte zur Vorsorge mitgenommen werden, da es unterwegs keine Möglichkeiten gibt, Medikamente kurzfristig zu besorgen.

Wieviel Zeit haben Sie?

Drei Wochen? Die reichen gut, um durch die Inselwelt nach Norden zu paddeln und um von dort nach z.B. Staniel Cay zurück zu schippern. Denn ob und ab wann Norman Cay wieder angeflogen oder vom Postschiff bedient wird, ist unbestimmt. Aber auch bei etwas weniger Zeit lohnt sich diese Tour - steht jedenfalls in unserem Tagebuch. Also:

Was wir während dieser Fahrt unterwegs sahen und mitbekamen

George Town

Wo die Wolkendecke aufreißt, blinken weiße Strände der Bimini Islands zu uns herauf. „Dort fängt man die besten Fische", erzählt der Nachbar. Dann liegt Andros unter uns, die von Meeresarmen durchzogene größte Bahama Insel. Danach nichts als das tiefe Blau der Karibiksee. Mit neun Passagieren vollbesetzt war die kleine zweimotorige Cessna vor einer Stunde in Miami gestartet. Nach einer weiteren soll sie in George Town, in der Exuma-Hauptstadt, landen. Hoffentlich, und nicht früher irgendwo anders, so wie die Maschine mit der wir ab Frankfurt flogen. Die mußte nach Knall und Turbulenzen, nach Ablassen des Kerosinvorrates über England, aber mit immerhin noch zwei von drei Triebwerken, unplanmäßig runter. „Ein Tag weniger unterwegs mit dem Boot ..."

Die nächsten Ausfalltage avisiert der Pilot gleich nach der glatten Landung auf der Piste neben dem Meer. „Die liegt in Miami", erklärt er lakonisch auf die Frage wo denn die Stangentasche fürs Faltboot sei, „hatten keinen Platz. Kommt in den nächsten Tagen nach." Am vierten wirft ein einheimischer Fahrer sie vor dem Hotel so mißlaunig aus dem Auto, daß der fünfte Tag mit Reparaturen ausgebucht ist. Und ob aus Ärger darüber oder warum sonst - drei weitere Tage lang verhindern aufmüpfige Bakterien den Start: „Wenn das so weiter geht ...?!"

George Town - was sich Stadt nennt, ist um eine Lagune und um den Victoria Lake herum gebaut, an den beiden Straßen entlang, je eine nach Osten und nach Westen. In der Hafenbucht ankern etwa gleich viele Boote wie Häuser im Ort stehen. Zwei Dutzend? Einige mehr? Wahrscheinlich, denn angeblich leben 800 Bewohner in den kleinen, niedrigen Häuschen. Nette Leute, schwarz, gut gekleidet, fröhlich. Wovon sie leben? „Etwas Landwirtschaft", sagt die Hotelwirtin, „und Touristen." Viele sind das nicht. Und die meisten auf ihren Motor- und Segelyachten. Deren Heimathäfen, auf dem Heck der Boote nachzulesen, sind Miami und die jetzt im Februar kalten Städte der US-Ostküste sowie Kanadas. Ihre Besatzungen kurven mit schnellen Beibooten hinüber zum vorgelagerten Stocking Island, zum Badestrand mit Beach Bar und berühmten Höhlen. Oder zum Einkaufen an Land. Da grüßen sie einander und auch uns: „Wer weiß ist, gehört zu deren Clique.“ Sie bleibt unter sich - das ist deutlich. Und auch die einheimische schwarze Bevölkerung hält es so. Daß deren Vorfahren einmal Sklaven waren? Das ist lange her. Heute betreiben sie die Geschäfte und Werkstätten, und selbst die Putzfrau des Hotels kommt im eigenen Auto. Die Sklavenhäuschen ihrer Vorfahren gehören zu Hotels mit saftigen Preisen.

Mitten im Ort ein gewaltiger Feigenbaum. Nicht weit davon das rosa Gebäude von dem aus bis ins vorige Jahrhundert hinein die Sklaven von ihren Herren zur Feldarbeit dirigiert wurden. Jetzt beherbergt es den Bürgermeister, das Postamt und zeitweise Missetäter hinter Schloß und Riegel. Über dem Säulenportal tummeln sich im Exuma-Wappen Flamingo und Fisch, darüber weht die Landesfahne, blau-gelb-blau mit einem schwarzen Dreieck zum Mast hin. Der Postmaster, hinter einbruchsicherem Glas, verkauft Marken mit Motiven die an Kolumbus' Landung in den Bahamas vor 500 Jahren erinnern. „War gar nicht weit von hier“, erklärt er dazu. Und so wissen wir nun nicht nur, daß es am 12. Oktober 1492 passierte, sondern auch den ursprünglichen Namen der Insel: Guanahani, vom Entdecker in San Salvador umgetauft. Wahrscheinlich wohnten damals noch die Arawak Indianer dort. Spanische Seefahrer und Abenteurer holten sie weg, brachten sie als Arbeitskräfte in neue Kolonien - überlebt haben sie nicht. Das erzählt ein Engländer der, „wie viele von uns ...“, auch nach der Unabhängkeit der Bahamas im Land blieben. Er warnt, wir sollten unterwegs vor Dieben auf der Hut sein. „Sich fremdes Gut anzueignen war ja früher durchaus nicht unehrenhaft Und auf diesen Inseln hat es Tradition. Denn sie waren lange

Zeit die Schlupfwinkel von Piraten. Von Räubern also? Nein, unsere Leute in London jedenfalls sahen es damals nicht so. Sie duldeten nicht nur die Piraten-Geschwader sondern förderten sie sogar. Warum? Nun, geplündert wurden die spanischen Besitzungen, die Konkurrenz, und hauptsächlich deren Schiffe gekapert. Das war zwar keine offizielle Politik, aber es funktionierte. Bis die Seeräuberei dann Anfang des 18. Jahrhunderts aufhören mußte. Da verkündete unser King Georg I eine Generalamnestie für Piraten. Und kein Witz: Ihre Anführer bekamen gute Posten in der britischen Marine."

Während zu Hause Schneeflocken treiben, suchen wir den Schatten unter im Wind sirrenden Palmen. Es ist brütend heiß - nur 19 km weiter südlich kreuzt der Wendekreis des Krebses die Insel und bei ihm beginnen die Tropen. Im Supermarkt mit Klimaanlage sind Getränke in Dosen die Renner. Mädchen stapeln sie in Kisten - eine neue Partie ist gerade angekommen: Am Hafenkai hat das Postschiff aus Nassau festgemacht. Ein kleiner Dampfer mit großem Kran auf dem Vorderdeck. Der hievt Paletten mit Ware an Land, Lebensmittelkartons, lose Matratzen, Hummerkörbe, Säcke voller Orangen, Stühle und ein Motorrad. Alles Dinge die im Insel-Laden erheblich teurer als auf dem Festland sind, von wo sie importiert werden. Besitzer von Pickup Autos suchen sich ihre Bestellungen aus dem Durcheinander - kein Ladelistenvergleich, keine Quittung. Es geht anscheinend auch so.

Dann, endlich, liegen eines Tages die Einkäufe auf dem Tisch, werden aus-, um- und für unterwegs eingepackt. „Morgen geht's los!". Zwei Wochen haben wir noch, 14 Tage. Nur: ob und wie wir von den nördlichen Inseln zurück nach Miami kommen werden, das bleibt unklar.

Die „Harken Air“ weiß nicht, ob ein kleiner Flieger uns in Normans Cay aufnehmen kann und *darf* - wieso nicht? -, die anderen Charterer wollen keine Termine machen. Und das Postboot hält dort nicht. „Sie werden wohl hierher zurückpaddeln müssen“, bedauert (?) die Hotelwirtin, „ein Zimmer für Sie...“ - da mit dem unsere Geldreserve bereits draufging, streichen wir die Idee.

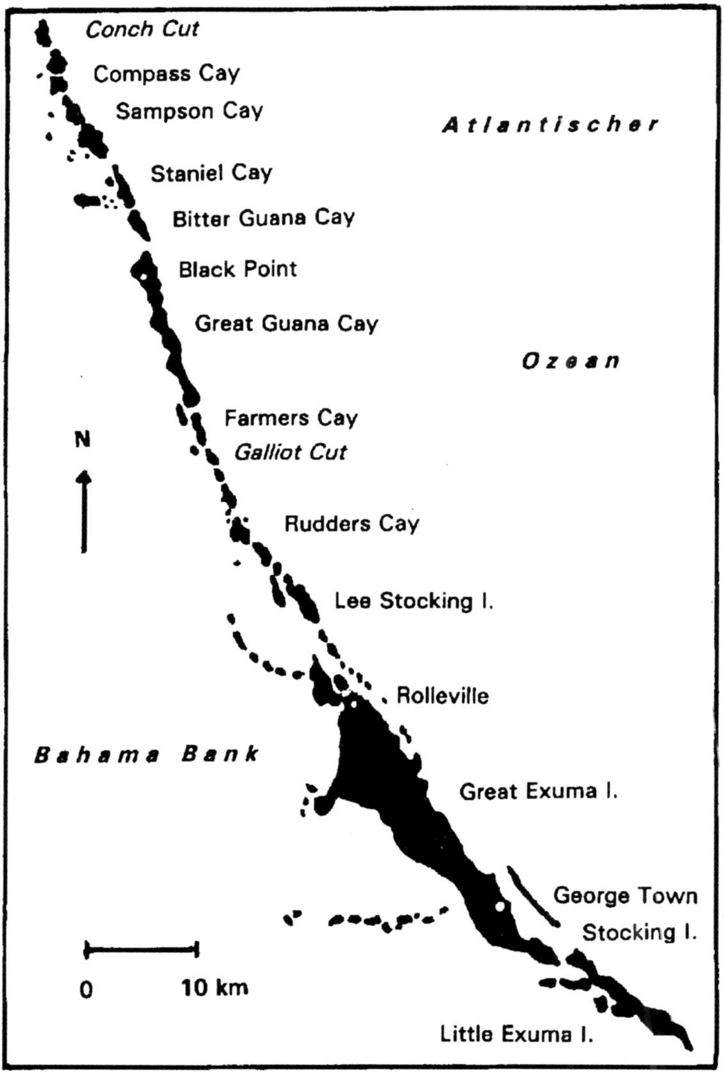

1. Tag

„Der Name hat mit unserer Geschichte zu tun“, erklärt ein Einheimischer in Rolleville, einige Kilometer nördlich der Hauptstadt, „mit unseren Vorfahren die Sklaven waren. Sie arbeiteten auf Farmen von eingewanderten weißen Siedlern. Erst 1834 verbot die britische Regierung den Sklavenstatus. Das aber sprach sich nur langsam herum. Einer jedoch handelte, Lord Rolle, Baron von Steventon. Wohnte nicht weit von hier. Der ließ nicht nur alle Sklaven frei, sondern schenkte ihnen auch sein Land. Etwa die Hälfte der Leute nahm deshalb seinen Namen an und unser Ort heißt auch nach ihm.“

Ein Ort mit zum Teil hübschen alten Häusern. Viele bunt gestrichen, Fischernetze vor der Tür. Aber nur ein paar Kinder sind bei der Hitze unterwegs. Sie schauen unserem Boot nach, das nach dem Start nun am Nachmittag bereits die Übernachtungsinsel sucht, „am ersten Tag soll man sich Zeit lassen ...“ Inseln genug, und von fast allen leuchten weiße Streifen Sandstrand in der Sonne. Wo wir auf einem landen, da ist er warm und weich unter den Füßen. Ganz nah am Wasser können wir zelten, in Ruhe das Gepäck besser ordnen und ein Feuer fürs Abendessen machen: „War nicht schlecht im Hotel. Aber dies hier ist mehr als nur besser.“ Seltsame Früchte an einem Busch - orange bis rotbraun, etwa birnengroß, steinhart. Später hören wir, daß es Steinäpfel sind, genießbar erst nach zwei Jahren. Unsere Spuren sind die einzigen im Sand. Sie führen ein Stück am Ufer entlang bis scharfgezackte Felsen Halt gebieten. Im Sand liegt ein Blatt getrocknete Fächerkoralle, zartes, schön strukturiertes Gewebe. „Mitnehmen als Andenken an unseren ersten Exuma-Inselplatz?“

2. Tag

Die Farben sind unglaublich, kein Maler könnte sie so erfinden. Die Inseln, der Himmel, das Wasser. Seine Farben wechseln. Wo wir wenige Meter über Sandboden paddeln, da ist es hell, smaragdgrün bis türkisfarben. Es wird grünbraun über Seegrasbewuchs, tintenblau bis schwarz in den tiefen Durchfahrten zwischen Inseln, den Cays. Dort strömt die Flut, deutlich spürbar herein. Wo wir durch eine schmale Passage wollen, läuft sie uns mit Wildwassergestrudel entgegen: Kehrt und außen herum weiter. Bei unserem Kurs nach NW bringt

der SO-Wind niedrige Schiebewellen. Eine Weile kommen wir ohne zu paddeln zwar langsam aber doch voran. Auf einer Insel Müll, ein großer Haufen. Was und woher? „Das sind Muscheln", erst nahe heran als solche zuerkennen: Grau bis zart rosa, schön geformt, in die Hand genommen schwer und kindskopfgroß. Einige hundert. Jede mit einem kleinen Loch, aufgeschlagen um das Tier herauszuholen.
„Pink Conches, die Wirtin erzählte, daß der Inhalt gut schmecke. In Eierteig gebacken. Irgendwann mal probieren?"

Nur selten passiert ein Segel- oder Motorboot in großem Abstand „unsere" Insel an diesem Abend. Den kilometerlangen Strand haben wir für uns allein und herrlich warmes Badewasser direkt vor der Tür. In der Palmenplantage hinterm Zelt wurde seit Jahren nicht mehr gearbeitet. Umgefallene Bäume, zugewachsene Wege, „lonnt nicht mehr. Zu niedrige Preise für das aus den Kokosnüssen gewonnene Öl. Kommt heutzutage aus Ländern, wo die Arbeitskräfte billiger sind." Eine Regenwand zieht am Horizont entlang, die Sonne geht flammend glutrot unter: „Das Wetter ändert sich ..."

3. Tag

Morgens dicke graue Wolken. Windstille. Kaum sind wir auf dem Wasser, da prasselt der erste Regenschauer. Darum paddeln wir an dem kleinen Ort mit „Jetty" vorbei. Mit diesem Wort für Mole oder Pier bezeichnet die Seekarte nahezu alle Anlegestege, kleine hölzerne inklusive. Die beiden großen voraus aber sind respektabel. Bullige Motorboote liegen da, an Land gezogen ein Tauchboot. „Caribbean Marine Research Center, Lee Stocking Island" steht auf dem hübschen, bunten Schild an der Pier. Es gießt immer noch, zwischen den modernen Villen und Betriebsgebäuden ist niemand zu sehen. Während wir unter einem Dach den Regen abwarten, öffnet sich hinter uns eine Tür: „Bitte kommen Sie rein!" Braungebrannt, drahtig, Amerikaner - der Chief Scientist dieses Forschungszentrums lädt uns zu einer Tasse Kaffee ein. „Was wir hier tun? „Primär geht es um die Entwicklung niedrigpreisiger Lebensmittel aus dem Meer", erzählt er. „Dazu studieren wir unter anderem die physikalischen und ökologischen Wechselbeziehungen des Lebens unter Wasser. Wir züchten diverse Fisch- und Muschelarten die nicht nur in dieser Gegend für die Ernährung wichtig sind." In einem Tank zeigt er die Aufzucht des roten Hybrid

Tilapia, eines wertvollen Speisefisches, „der kann in Seewasserkäfigen gehalten und mit billigem Futter gemästet werden.“ In einem anderen Behälter leben Zackenbarsche, hier Grouper genannt. Große, kräftige Tiere mit breitem, großem Maul und einer Haut die sich durch Flecken wie eine Tarnkleidung dem Untergrund anpaßt. „Das sind zwar berüchtigte, außerordentlich schnelle Raubfische, aber sie bringen viele Kilos auf die Waage. Sind hier weit verbreitet, das heißt: sie waren es. Denn durchs Überfischen ist die Population sehr klein geworden. Wir erforschen bessere Fortpflanzungsmöglichkeiten. Ebenso für die Queen Conch, für die schönen großen Muscheln, die ihr unterwegs sicher bereits gesehen habt.“ Unterm Mikroskop sehen wir Larven an denen der Einfluß von UV Strahlen auf die Meeresorganismen untersucht wird. Tabellen zeigen andere Ergebnisse der Unterwasserforschung zum Einfluß der Wassertemperatur aufs Absterben von Korallen. „4.000 Tauchgänge machen wir pro Jahr, demnächst werden wir auch Unterwasser-Wohneinheiten haben. Wenn Ihr also nächstes Jahr kommt - vielleicht könntet Ihr da statt im Zelt wohnen?“ Rundfahrt im Jeep - Flugzeug-Landepiste, Wohnhäuser für die Angestellten, Restaurant mit Bibliothek und Ladengeschäft. „Wir haben alles - Ihr beide nicht ...“ zwei T-shirts mit dem Wappen der Station zum Abschied. Winken, weiter.

Im Regen. Und der fühlt sich bei der Wärme angenehm auf der Haut. Die Regenjacken bleiben unter Deck, wären zu warm. Viele kleine Cays wandern an Steuerbord vorbei. Sie schützen vor Brandungswellen die von ihren Atlantikseiten her grollen. Auf Bock Cay ein Radiomast, ein Pavillon, ein großes Haus - dem Namen nach die Dependance eines Hotels in George Town. Ohne Gäste. Leichte Strömung treibt das Boot über flachen Grund in der schmalen Durchfahrt zwischen zwei Inseln.
„Der Uhrzeit nach läuft jetzt Ebbe. Warum aber hier in dieser Richtung und gestern, ebenfalls bei ablaufendem Wasser, entgegengesetzt?“

„Hängt wohl mit den Wassertiefen, mehr noch mit der Lage von Cays zur ein- oder ausströmenden Tide zusammen. Müßte man auf Spezialkarten sehen können, die wir nicht haben. Macht auch nichts. Wenn wir weiter weg vom Ufer paddeln, wird der Stromzug geringer."
Vor der Abfahrt hatten wir die Tidenzeiten von der Tabelle eines Seglers abgeschrieben. Jeweils sechs Stunden und einige Minuten mehr liegen zwischen dem Wechsel der Gezeiten.

Auf Prime Cay, Tagesziel nach nicht vielen Kilometern, begrüßen uns „Mini-Leguane". Sie schießen heran, schauen fragend zu den langen Zweibeinern auf, untersuchen, was wir da an Land tragen. Eine Eidechsenart, bis ca. 30 cm lang, den Schwanz so hochgerollt, wie es ein Skorpion tut, wenn er sich bedroht fühlt. Große Augen unter den Schuppen des Kopfes. Brotstücke aus der Hand mögen sie, aber der Zeltstock? Zu hart. Wenn einer sich in Gefahr glaubt, blitzschnell verschwindet er mit kaum wahrnehmbaren Grabbewegungen unterm Sand. Das Feuer in einer Sandkuhle mögen sie nicht. Auf ihm brutzeln Zucchinistückchen mit etwas Fleisch die es zum Kartoffelpürree geben wird. Der Regen hat aufgehört, und während wir essen, sinkt die Sonne langsam ins Meer. Da werden kleine Mücken aktiv und lästig. Die, die wir aus Kanada als „No-see-ums" kennen, ähnlich unseren Gnitzen oder Gewittertierchen, nur gefrässiger. Ein Räucherstäbchen hält sie auf Distanz und treibt illegale Einwanderer aus dem Zelt.

4. Tag

Sonne. Die Mini-Leguane schauen zu wie wir einpacken und untersuchen den geräumten Zeltplatz genau nach Vergessenem. Nichts? Schade. Wir paddeln rüber nach Goat Cay, wo es seltene Vögel zu sehen geben soll. Aber selbst durchs Fernglas sind sie nicht auszumachen. Dafür ganz nah in geringer Tiefe ein Manta, graublau, gut einen Meter Durchmesser, mit Schwanz mehr. Eine Weile schwimmt er auf gleichem Kurs, dann taucht er unter dem Boot hindurch und verschwindet mit plötzlichem Erhöhen der Geschwindigkeit in Richtung nächster Insel. Auf der steht am Pier ein Schild „Keep out".
„Würdest Du an Deinen Zaun 'Bleib weg' schreiben?"
„Vielleicht brauchen die keine höflichere Ausdrucksweise. Haben das kleine Schloß da, die Terrasse mit Säulengalerie, Motor- und Segelyacht am Steg - da hat man's wohl nicht mehr nötig."

„Glauben die. Aber das zahlt sich nicht aus. Und wenn die auch sonst so arrogant und ruppig sind, werden sie kaum echte Freunde haben. Doch was geht's uns eigentlich an?!"

Rüber nach Rudders Cut Cay, vor der senkrecht stehenden Sonne in den Schatten einer der beiden Höhlen im Felsufer. Für Boot und Besatzung groß genug. Von oben scheint Licht durch zwei runde Ausschnitte, über einem wachsen langarmige Kakteen. Ein guter Platz fürs Essen aus der Bordküche. Leise schwappen Wellen einer Segelyacht unter Motor herein - kein Laut sonst in diesem kühlen Refugium. Die Insel ist, auf der Karte vermerkt, im Privatbesitz und hat unweit der Häuser einen Airstrip, eine Piste für kleine Flieger.
„Was das alles kostet?!"
„Erinnert mich an einen Ausspruch vom Krupp Senior. Der wurde mal gefragt wie teuer seine Yacht Germania gewesen sei. Seine Antwort etwa: Müßte ich mich das fragen, so könnte ich sie mir nicht leisten. Womit der die Folgekosten solch einer Investition meinte - so wie hier, der Bau ist längerfristig ja oft die kleinere Ausgabe."
Abends auf einer Insel die wahrscheinlich noch zu haben ist.
„Möchtest Du sie?".
„Heiße doch nicht Krupp oder Michael Jackson oder ..."
„Und sonst?"
„Auch nicht!"

5. Tag

Wir kommen in die Nähe von Farmers Cay. Gibt es wegen des Ladens dort mehr Häuser auf den umliegenden Inseln? Neben mehreren von denen stehen Masten mit sich im Wind drehenden Propellern. Ähnliche auf Segelyachten die vor Anker liegen. Zur Stromerzeugung? „Auch", der Skipper, den wir fragen scheint etwas erstaunt über die Unwissenheit, „damit machen wir aus dem salzigen frisches Wasser, zum Trinken." Früher sehr teure und aufwendige Geräte wären inzwi-

schen preiswert und raumsparend geworden. „Und wie kommt ihr ans Trinkwasser?“ fragt er. Daß wir einen größeren Vorrat davon mitschleppen findet er ungesund: „Das Zeug ist dann doch warm und nicht zu genießen - ohne Eis?!“

Cave Cay, im Privatbesitz, hat, wie der Name es sagt auch laut Karte einige Höhlen. Vom Wasser aus sind sie nicht zu erkennen. Und auch die in Beschreibungen als „Seagarden“ bezeichnete Gegend vor dem Galliot Cut bringt nichts anderes als was wir unterwegs bereits beim Schnorcheln sahen - im leichten Strom des Wassers schwingende Pflanzen und wenige Fische die Angst haben. Durch das Cut, wörtlich Einschnitt, läuft der Seeweg für größere Schiffe nach George Town. Und der Weg des Gezeitenstroms - bei gegen ONO Wind ablaufendem Wasser gäbe es dort kabbelige See, erwähnte das in George Town eingesehene Seehandbuch. Heute ist’s ruhig. Drüben eine hohe Felseninsel, einige kleine Höhlen und ein ausgedehntes, fast verlandetes Mangrovengebiet. Irgendwo in dieser Gegend liegt das Wrack eines gesunkenen Postbootes auf dem Grund - Quartier für Baracudas und Ziel von Tauchern. Die pechschwarzen Einheimischen vor Little Farmers Cay tauchen nach Muscheln und holen ein Netz ein - viel ist nicht drin. Ein Dutzend Segelboote ankert in der Inselbucht. Holzhäuser sind um sie herum gebaut, rosa, grün und gelb gestrichen. Rot blühende Bougainvillebüsche leuchten in der Sonne und rosa Frangipaniblüten. Der „Little Harbour Super Market“ bietet Getränke in Dosen, Big Beans und andere Konserven, Waschmittel, Brot und Kekse. Paprika und Tomaten kommen aus benachbarten Gärten. Preise? Der Inhaber nennt sie nach Abschätzen der Kaufkraft des Kunden, „aus Germany?“ 50% mehr als in George Town. „Kenne Deutschland“, erzählt er, „habe da gelernt“, diese Methode abzukassieren? Regenwasser schöpfen wir aus seiner Zisterne. „Es ist besser als alles was in dieser Gegend aus Quellen kommt“, versichert der tüchtige Kaufmann und kassiert dafür erneut.

Vorbei an „Farmers Cay Yacht Club and Marina“, an dort liegenden kanadischen Booten, hinüber nach Great Guana Cay - 15 km lang, zwischen einem Kilometer und weniger als 100 Metern breit. Zur schmalsten Stelle wollen wir. Wie aber finden? Wir holen die Uhr raus und fahren nach Zeit - 6 Kilometer - bei der Hitze gibt's dafür 75 Minuten Vorgabe. Und nach denen reicht's uns auch. Die andere Inselseite hin oder her - landen, unters Sonnendach, das Zelt kommt später dran.. Kann man bei sicher 25° Wassertemperatur abkühlen? Man kann. Und alles ist wieder herrlich. „Morgen bleiben wir hier!“

6. Tag

Nachts, der Wind ist eingeschlafen, hören wir die Brandung von der anderen Seite. Und Morgens sehen wir die Atlantikwellen - es sind wirklich kaum zweihundert Meter bis zu ihnen. Allerdings mühsame Meter, voller Dornen und Gestrüpp. Und schließlich so dicht verwachsen, daß wir umkehren. Am Zelt wartet ein Besucher. Auch er trägt nach Landessitte den Schwanz hochgerollt, ist zutraulich und voll Vertrauen. Eine andere Eidechsenart, mit längerem Schweif und glatter Haut. Nach fruchtloser Konversation verschwindet das Tierchen unter flachen Steinplatten die teils lose aufeinander liegen - ideal zum darunter wohnen. Eine überraschend reiche Vegetation in dieser trockenen Gegend. Gelbe und rosa Blüten; dicke fleischige Blätter an einer Pflanze, orangefarbene Luftwurzeln an der anderen. Nipa Palmen am Hang, und dazwischen die stacheligen Bodenbedecker. Der Wind hat gedreht und wirft Brandungswellen auf unseren Strand damit wir mehr Spaß am Baden haben. In der Ferne einige weiße Segel, einmal ein Hubschrauber ohne Kennzeichen. Sonst nichts, genug!

7. Tag

Spiegelglatte See, Sonne. Beim Einsteigen im flachen Wasser interessiert sich ein Baracuda fürs Steuer - die Tiere lieben angeblich alles was blinkt. Tauchern wird darum empfohlen ihre Rolexuhren an Land zu lassen. Dieser dreht rasch wieder ab, da das Steuerblatt schon seit einer früheren Fahrt schwarz gestrichen ist und inzwischen nur einige blanke Ratscher hat. Ob's Einfärben aber wirklich Sinn macht, auch um Haifische nicht anzuziehen, konnte niemand uns verbindlich sagen. Wir paddeln nach White Point, einem schmalen ins Meer ragenden

Vorsprung der Insel. Der ist ebenso wenig weiß wie Blackpoint, am Ende der Insel, schwarz ist. Es sei denn man nimmt als Punkt den jungen Mann mit Fahrrad, der uns am Ufer begleitet, der ist wirklich dunkelschwarz. Black Point, der nördlich George Town größte Exuma Ort - eine lange Reihe bunt gestrichener Häuser, Schule mit Baseball - Netzen davor, ein Sendemast und eine längere, über den flachen Grund hinaus gebaute

Landungsbrücke. Einheimische, sehr dunkle Männer und Frauen stapeln auf ihr Kisten und Fässer, am Nachmittag käme das Postboot nach Nassau, darum könnten wir da nicht anlegen. Wir vertäuen unser Boot hinter der Jetty - eine Leine zur Boje im Wasser, eine zum Strand. So kann es, auch wenn Wellen kommen, nicht anecken. Bungalows mit roten Dächern und kunstvoll gestalteten Umfassungsmauern im Neubauviertel. „Bin seit einem Jahr hier, zwei Kinder, mein Mann verkauft Taucherausrüstungen und Andenken“, das Mädchen, nein, die junge Frau, ist noch keine Zwanzig. Ob es ihr hier gefiele? „Sehr ruhig ...“ meint sie mit einem etwas abwertenden Ton in der Stimme. Die Umschreibung für „ödes Kaff“? Über die Parabolantenne bekäme sie die Fernsehprogramme aus Florida, erzählt sie. Und Nassau, Bahama-TV? „Lohnt nicht!“

Kinder kommen aus der Schule, deren Sonnenblenden vor den Fenstern kaum Licht herein lassen. Grüne Röcke bzw. Hosen, beige-gelbe Hemden oder Blusen, die Lehrerin im schick modischen schwarzweißen Kleid. „Ja, Schuluniformen sind Pflicht bei uns“, bestätigt sie, „weil dadurch äußere soziale Unterschiede vermieden werden.“ Die gibt es hier - sie sind sichtbar: Holz- oder Steinbau, handbetriebene oder elektrische Pumpen vor den Häusern, Größe der Parabol-Antennen und natürlich die Boote. Ein junger Mann lehnt lässig und müßig an seinem auf den Strand gezogenen supermodernen Flitzer. „Womit verdient der das Geld für solch 'nen teuren Schlitten?“

„Tourismus, sagte die Lehrerin, als ich nach den Einkommen fragte."
„Aber hier ist doch nichts los - die paar Restaurants ohne Gäste ..."
Und wo wir in einem etwas bestellen, da ist die Bedienung so unfreundlich, daß einem dafür gefordertes Geld doppelt leid tut. Andere könnten's besser brauchen, Männer und Frauen die vor ihren Häusern sitzen und Bänder aus Palmenblättern flechten. Aus denen werden Taschen für Touristen und Gewinne für die Händler. Bummel am Meer entlang, vorbei an der kleinen Baptistenkirche und an Schildern die aufforden den Ort sauber zu halten - angesichts von Abfällen am Ufer recht sinnvoll. „Vor einigen Tagen waren schon mal Leute mit Booten wie eures hier", erzählt ein Mann am Pier. Aha, unsere Freunde, denen wir in George Town nachwinkten, als sie zur etwa gleichen Route starteten. „Die holen wir nicht mehr ein ...!"

Ansteuerungspunkt heute ein weißes Kliff, von weither leuchtet es über der grünblauen See. Darunter breiter weißer Strand ohne Spuren, sauber, wie unberührt.
„Wo findet man das noch in Europa?"
„Und wie lange bleibt das hier noch so?"

8. Tag

Dunkle Wolken, ruhiges Meer. Heute erreichen wir Stanyard Cay oder auch Staniel Cay - für viele Inseln gibt es zwei Namen auf der Karte. Ein Flugzeug landet dort auf der einen Kilometer langen Piste. „Von hier hätten wir sicher eine Rückflugmöglichkeit ..." Die sei jeden Tag verfügbar, bestätigt die Frau zu der uns ein Schild „Lebensmittelladen - blaues Haus - oben Hügel", führte. Sie verkauft aus ihrem Sortiment Grapefruit und Bananen, „ja, von der Insel ...", Süßigkeiten und Käse aus den USA. Und sie verweist an einen Mann mit goldbesticktem Mützenschirm, der wisse alles. Das erste davon: Kein Postboot in den nächsten beiden Wochen, kaputt, Motorschaden. Dann: Vielleicht würde ein anderes Verkehrsboot ausnahmsweise vorbeikommen um uns aufzunehmen. Er könnte per Funk anfragen und uns dann unterwegs benachrichtigen. Unser Bootsname? Und unser Funkcode? „Das haut mich um", meint er verblüfft. „ein Boot ohne Radiokontakt?" Nun, wir sollten uns in Sampson Cay an Paul Petty wenden, er werde ihn demnächst wegen unseres Problems anfunken. - Zwei große Motorboote am Jetty des Yachtclubs, ein Tanker am nächsten Pier von dem aus er Öl für Generatoren, Außenborder und Dieselautos in weiter oben am Hang gelegene Behälter pumpt. Im Speisesaal des Restaurants spielen Halbwüchsige Billard; wenn wir ein Zimmer haben wollten, bietet die Wirtin an, so wäre es jetzt billiger als sonst - und dadurch etwa so teuer wie eines in Frankfurt Stadtmitte ...

In keiner Informationen über die Gegend fehlt als Attraktion die Thunderball Grotte. „In ihr wurde der gleichnamige James Bond Film gedreht", wenigstens Teile von dem. Wir paddeln hinüber zu der Insel,

einer von drei kleinen in der Bucht zwischen Staniel Cay und Majors Spot. Bei extremem Niedrigwasser wären die Eingänge sichtbar, sonst könne man nur mit einer Taucherausrüstung hinein, erklärt ein Angler im Ruderboot mit dickem Außenborder. Also nichts, „aber den Film sollten wir uns nochmals anschauen ..." Wir umrunden die bewachsenen Felskuppeln im Meer und gehen dann für die Nacht auf eine kleine Insel, zelten vor schönen, hochgewachsenen Palmen und Bäumen, die mit ihrem federartigen, filigranartigen Zweigwerk wie Kasuarinen aussehen. Vielleicht sind sie's? Obwohl die doch hauptsächlich in den Tropen wachsen. Aber es kann stimmen - das Holz läßt sich kaum schneiden, brennt jedoch gut - beides Merkmale für diese Baumart. Er bleibt nicht das einzige Indiz für die Nähe der Tropen. In der Nacht klatscht ein Regenguß aufs Zeltdach, hart wie in Äquatornähe und ebenso rasch vorbei.

9. Tag

Morgens Wolken, Tendenz aufklarend. Gemütlicher Turn nach Sampson Cay. Am Außenpier hat gerade ein kleiner Dampfer festgemacht, privates Schiff eines dicken Amerikaners der mit schweren Schritten auf den Yachtclub zusteuert. Wir paddeln um die Anlegestege herum in den Hafen. Und da sind wir etwas mißplaziert zwischen großen Luxusyachten und Wasserflugzeugen. „Immerhin - das kleinste Boot hier, ist auch was." Auf dem gut unterhaltenen Weg zwischen Palmen und blühenden Büschen flanieren Besatzungmitglieder der Yachten. Andere hocken in der klimatisierten Bar vor dem Tresen. Eines der Wasserflugzeuge tuckert aus dem Hafen, startet, dreht eine, zwei, drei Runden und landet wieder - die zahlenden Gäste haben ihre Marina Sampson Cay von oben gesehen. „Mit so einem nächste Woche nach Nassau fliegen?" Der Preis

dafür beantwortet die Frage mit Nein. Paul Petty, nennt ihn, ein intelligenter Schwarzer, hellwach und humorvoll. „Ihr Freund in Staniel Cay sagte Sie wüßten alles, auch über Postbootverbindungen und so." Das gefällt ihm, nur hat der Freund ihn nicht informiert. Das mailboat bliebe wohl noch eine Weile kaputt, nichts Außergewöhnliches. Ein anderes Boot nächste Woche nach Nassau? „Die privaten Eigner nehmen selten Fremde mit. Und die 'Emett & Septus', die irgendwann vorbeikommt? Nach der fragen Sie im Hotel 'Happy People' in Staniel Cay", von wo wir ja gerade kommen. Normans Cay, die nördliche große Insel, käme für eine Abholung nicht in Frage. Da gäbe es nur einen Polizeiposten, die Verhältnisse wären noch nicht wieder in Ordnung. Wieso und was? „Da wohnten mal mehrere Familien in ihren Häuschen während der Ferien. Als sie eines Tages wieder hin wollten, schickten bewaffnete Leute in Motorbooten sie zurück: Normans Cay, es hat eine gute Piste, war von Kolumbianern besetzt worden. Die luden dort ihr Rauschgift in Flugzeuge um, mit denen sie es nachts nach Florida brachten. Das ging ziemlich lange so. Bis schließlich die

Yankees intervenierten und unsere Regierung dem Einsatz von US-Militär zustimmte. Doch als die Soldaten kamen, waren die Brüder natürlich nicht da.“ Und heute? Er zuckt die Achseln. Unwillkürlich denken wir an den fast täglich passierenden Flieger ohne Kennzeichen und an die Probleme mit Rauschgift, von denen wir in Miami in der Zeitung lasen. - Im „General Store“, ein Angestellter öffnet ihn sogar für einzelne Kunden, kaufen wir etwas Nachschub für unsere Tagesverpflegung - groß ist die Auswahl nicht. „Die Leute brauchen nicht viel“, meint der Verkäufer, „die haben alles an Bord dabei.“ Daß sie es drüben, in Florida, um bis zur Hälfte billiger kriegen, weiß er auch.

Was nun weiter? „Werden nach Staniel Cay zurück müssen. Von dort entweder das ominöse Schiff oder ein Flugzeug chartern. In fünf Tagen ab heute. Schon.“
„Macht nichts, können ja irgendwann mal wiederkommen. So bequem wie das hier ist ...!
Als hätte der Wind das gehört, dreht er bei der Überfahrt nach Pipe Cay auf Nord und nimmt etwas zu. Leichter Seegang von vorn, herrlich zu fahren. Die Karte verzeichnet eine Decca - Navigations-Station. Die aber ist verlassen. In den Gebäuden haben Chaoten wüst gehaust, Wände eingerissen, Türen rausgebrochen, mutwillig noch brauchbares Inventar wurde zerstört.
„Warum machen Menschen so was?“
„Reagieren Ärger ab, Wut, Unbefriedigtsein.“
„Vielleicht darüber, daß ihre Station geschlossen wurde? Damit gingen ja ihre Arbeitsmöglichkeiten verloren.“
„Eine der Folgen des Fortschritts. Dieses Decca Navigationssystem war eine der großen Hilfen für Schiffe, um sich zurecht zu finden. Über weite Teile der Welt verteilt gab es die Ketten mit meist einen Haupt- und einigen sternförmig positionierten Nebensendern. Die von ihnen ausgestrahlten Frequenzen wurden auf Schiffen empfangen, aufgezeichnet und an Hand der Schnittpunkte konnten sie ihren Standort bestimmen. Durch das GPS ist das nun überholt.“
„GPS - Global Positioning System, fast unglaublich, daß man heute mit einem kleinen Gerät überall auf der Erde weiß, wo das Auto oder Boot sich gerade befindet. Da kreisen oben Satelliten, der Empfänger bekommt die Daten, rechnet um und sagt ‘da bist Du’. Auf wenige Meter genau.“

„Bessere Ergebnisse ja. Aber, wie hier, überall mit dem Verlust an Arbeitsplätzen bezahlt. Und das ist in vielen Industriebereichen nicht anders. Schlimm für die Betroffenen. Denn bisher noch ist ja in unserem Bewußtsein die Arbeit ein wesentlicher Lebensinhalt und sie produziert Geld für Gemeinschaftsaufgaben. Wenn aber die Entwicklung so weitergeht - bezahlen dann Roboter und Satelliten für Steuern, Krankenkassen und Sozialversicherungen? Und was tun die Menschen statt zu arbeiten?"
„Was tun Rentner und Pensionäre? Wenn man mit denen spricht, haben die meisten zu wenig Zeit."
„Stimmt. Doch ob es immer sinnvoll ist, was sie tun?"
„Was ist überhaupt sinnvoll?"
„Ich denke, das muß jeder für sich finden. Für seinen Bereich. Eine generelle Antwort - kann es die überhaupt geben?"

Wir zelten, nicht viel weiter, vor einem Palmenhain. Zu nah an Bäumen und Gebüsch: Die dort hausenden Mücken und Miniquälgeister stürzen sich auf die Neuankömmlinge und schaffen sogar den Weg durchs Moskitonetz. Einreibekosmetik hilft und angewidert verlassen sie das Zelt. Wir müssen trotz Gestank bleiben.

10. Tag

Vor Sonnenaufgang singt ein Vogel in der Nähe, trällert und schnalzt wie eine Nachtigall, melodisch, schön. Raus aus dem Zelt - da sitzt er - groß und ähnlich wie eine Amsel, längerer Schwanz, fast zahm: Selbst der Blitz des Fotos stört ihn nicht. Winzig dagegen die Kolibris die flatternd vor Blüten „stehen" bleiben und mit ihren langen Schnäbeln Honig saugen. Im strahlenden Sonnenschein paddeln wir hinüber nach Compass Cay. Von der Anlegebrücke grüßt der Eigner. Wenn wir zur Insel Rocky Dundas führen, sagt er, dort gäbe es eine Höhle mit Stalagmiten - so ein kleines Boot könne da rein, wenn kein Seegang dort liefe jedenfalls. Heute aber steht der Wind voll

drauf. Morgen vielleicht? Er zeigt stolz zu einem summenden Generator: „Macht 7 Gallons, das sind mehr als 30 Liter, Trinkwasser pro Stunde. Sehr wirtschaftlich. Und einfacher als Regenwasser aufzufangen.“ Er erzählt von dem bei der nächsten Insel beginnenden Exuma Cays Land & Sea Park, „der erste Nationalpark in der Welt unter Wasser. Wurde 1959 gegründet. Gibt da einige Korallenriffe mehr als hier, schön zum Tauchen. Auf Waderick Wells Cay wohnt Peggy Hall, die den Park betreut, ich denke nur noch in diesem und im nächsten Jahr, geht dann wohl in Pension. Tolle Frau, grüßt sie von mir.“

Niedrigwasser - und rrrumms, mitten im Meer laufen wir auf eine Sandbank. Aussteigen, mit dem Boot an der Leine wandern, weiter.Schöner Strand vor dem Conch Cut im Norden der Insel. Die Muscheln, die diesem Einschnitt den Namen gaben, liegen verstreut im Sand, prachtvolle Exemplare, unbeschädigt. Draußen laufen die Wellen hoch, der Wind hat aufgedreht - keine Chance heute nach drüben zu paddeln. „Morgen?“

11. Tag

Ja, der Wind wacht später auf als wir. Knapp zwei Kilometer vom Zeltplatz bis nach Little Bells Cay.
„Drei Tage haben wir noch. Rechnen wir mit zweien zurück nach Staniel Cay, dann bleibt nur dieser heute für den Park und wir müssen morgen umkehren. Die eine Woche George Town fehlt uns.“
Anders und schöner als die bis hierher, sehen diese naturgeschützten Inseln auch nicht aus. Vielleicht weiter im Norden?“
Die Karte zeigt den Park bis hinauf zum Wax Cay Cut - etwa 45 km Luftlinie. Geringe Wassertiefen, Lagunen sowie Seen auf den Inseln, einige von denen noch im Privatbesitz. Auf anderen, der Sampson Cay Eigner erzählte es, noch vereinzelt Leguane, Flamingos und seltene Vogelarten. Auch Fischadler - einer kreist eine Weile über uns und beobachtet wie wir langsam und müde von der Hitze im Windschatten der Cays dahintrudeln. Jetzt, da wir wissen, daß die Fahrt zu Ende geht, wird's etwas traurig. Dann: „Was soll's eigentlich - war und ist doch überall schön hier. Nicht nur dort, wohin wir eben nicht mehr kommen.“
„Wieso nicht? In einem der nächsten Jahre vielleicht?!“

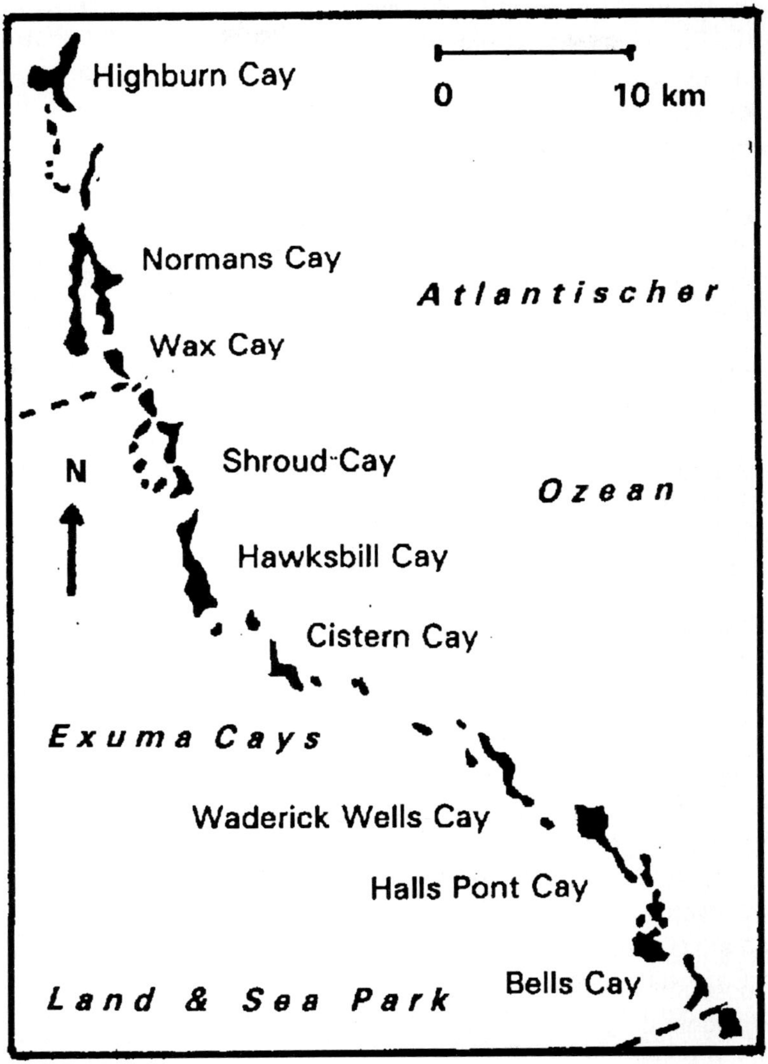

Highburn Cay
0
10 km
Normans Cay
Atlantischer
Wax Cay
N
Shroud-Cay
Ozean
Hawksbill Cay
Cistern Cay
Exuma Cays
Waderick Wells Cay
Halls Pont Cay
Land & Sea Park
Bells Cay

12. Tag

Erst mittags fahren wir weiter. Und kriegen zwischen zwei Inseln gut zu tun. Da weht der Wind gegen die Tide - das verursacht einige Turbulenz. Dazu die von der hier felsigen Küste zurückrollenden Wellen - in dem Durcheinander gehen die Paddel schneller als sonst vor und zurück. Das schafft mehr Stabilität fürs Boot das so auch auf die geringsten Ausschläge des Steuers sofort reagiert. Und das ist notwendig. Denn nur kurz sind die Veränderungen in der Wasserlandschaft zu erkennen - je eher wir uns ihnen anpassen, desto ruhiger und sicherer wird die Fahrt. Doch verglichen mit anderen Touren ist das alles harmlos - keine großen Entfernungen und immer bald wieder im Schutz von Inseln.

An Pipe Cay vorbei paddeln wir nach Süden. In eine belebtere Gegend. Ein Fabrikgebäude in dem Maschinen surren ohne daß zu erkennen ist, was da in dieser einsamen Gegend fabriziert wird. Am Zufahrtskanal zu einer Siedlung sagt ein Schild: Besuche an Land nur auf Einladung - Danke.
„Klingt ja freundlicher als 'Bleib weg'. Nur komisch, daß diese Leute hier sich so gegen Besucher abschotten."

Über Nacht bleiben wir auf Fowl Cay. Schöner Platz vor Nipa Palmen von dem aus wir den weiten „unverbauten" Blick übers Meer haben. „Da drüben sind wir demnächst - 500 km bis Miami. Per Flugzeug oder Schiff?"

13. Tag

In der Bucht vor Majors Spot ankert eine ganze Luxus-Armada. Die seien wegen des Windes dorthin umgezogen, „daii mooowd", sagt der Fischer den wir beim Picknik in einer Bucht treffen. Er brachte seinen Fang an Land, einen Korb voll armlanger Fische verschiedener Farbe. Snapper seien das, erklärt er, die meisten zappeln noch. Egal, bei lebendigem Leib schneidet er sie auf und Filetstücke heraus, wirft die in einen Eimer und läßt den Abfall liegen. „Die Skipper auf den Booten kaufen das - wollt ihr nichts?" Etwas weiter sehen wir ein Schild am Strand. „Beware of native pigs" - Vorsicht wegen einheimischer

Schweine? Und tatsächlich, kaum haben wir angelegt, da ist plötzlich eines da, kommt durchs Wasser auf uns zu, schnüffelt am Boot und an den Beinen und trollt sich wieder ins kühlere Naß.
„So ein Brocken, wenn der wütend wird ..."
„Ein *Meer*schwein!"

Im Beiboot der nächstgelegenen Yacht landet eine Frau die Gemüsereste auf den Strand legt. Die Schweine wären mit Vorsicht zu genießen, erzählt sie, „Besucher in ihrem Territorium mögen sie nicht. So wenig wie manche der Inselbesitzer." Sie und ihr Mann arbeiten als caretaker auf einem der ankernden Schiffe, haben es zu bewachen und in Ordnung zu halten bis der Eigner es in den Ferien benutzt. „Allein kann man so etwas hier nicht liegen lassen." Und dann fragt sie: „Where is your boat", wo unser Boot sei. Dieses da? „You are kidding", wohl ein Witz - und anscheinend nicht restlos überzeugt tuckert sie zu ihrer Arbeitsstelle zurück.

Nachmittags sind wir in Staniel Cay. „Alle Postboote noch in Nassau", kaputte und heile und das Vielleicht-Schiff nicht in Sicht. Also bleibt es beim chartern einer kleinen Maschine. Der Pilot heißt Rolle. Er wird uns morgen so rechtzeitig abholen, daß wir in Nassau einen Anschlußflieger der Bahamas Air bekommen. Alles verabredet - zurück ins Boot und zum letzten Zeltplatz dieser Fahrt. Hochseefischerboote kommen uns entgegen, ein zusätzlicher Steuerstand hoch oben im Aufbau, lange Aluruten achtern neben den am Boot verschweißten Sitzen mit Anschnallgurten. Die Skipper gucken traurig - vielleicht hatten sie weniger Glück als die Fische. Wir sind schon bald wieder auf einer der Inseln. Warmer Sand unter den Füßen, Schatten unterm Sonnendach, Schwimmen im glasklaren, türkisfarbenen Wasser. Ein Schwarm silberner Fische schnellt in weiten Sprüngen über die glitzernde Oberfläche, in der Ferne zieht ein Segelboot vorbei. Und als die Sonne glutrot im Meer versinkt, da ist draußen und auch drinnen der Frieden, den dieses Leben in der Natur einem schenkt.

14.Tag

An der Marina in Staniel Cay bauen wir das Boot ab und packen ein. Vorbei bummelnde Amerikaner bleiben stehen, schauen zu, fragen und finden die Fahrt „adventurous", abenteuerlich. Für uns ist das

der Flug in der kleinen, einmotorigen Cherokee. Statt über die offene See fliegt der Pilot an dem Teil der Inselkette entlang den wir nun wenigstens aus der Luft noch sehen: Helle Sandflecken in der See, grüner Bewuchs, einzelne Häuser, dunkelblaue Wasserwege wo das Meer aus- und einströmt. Und irgendwo da unten müssen die Paddelfreunde sein, die mehr Zeit hatten als wir - so sehr Teil der amphibischen Landschaft, daß wir sie nicht aufs Foto bekommen. Knapp 50 km vom Nordende der Exumas zur Insel New Providence, nach Nassau. Moderne Hochhäuser, Wolkenkratzer, Hotelpaläste, Ferienwohnungen, Marinas, mehrere Kreuzfahrtschiffe vor Anker. Dann Sumpfgebiet und die Landepiste des Flugplatzes. Auf dem Abstellplatz hundert, nein mehr Privatmaschinen. Der Flieger nach Miami - „ausgebucht. Wenn Sie Glück haben: stand by, Warteliste.“ Und in letzter Minute gibt’s die Einsteigekarte, husch, husch durch die hier bereits stattfindende Zollkontrolle der US-Amis und ab geht’s. Der Eile wegen reist unser Gepäck ohne den sonst auf dieser Strecke üblichen Aufschlag mit.
„Klappt alles.“
„Anders als auf dem Weg hierher ...“

Einige Fotos von dieser Wanderfahrt

Los . . .

Große Yacht

kleinstes Boot

Schatten

Staniel Cay

Steinäpfel

Fächerkoralle

und Besuch

Warmer Sand

warmer Regen

Ein paar Muscheln

mitnehmen?

Mini - Leguan

und Meerschwein

Das Boot fliegt mit

über den
Exuma Cays

Wohin ?

Diese beiden Bücher
geben Ihnen die Antwort
mit weiteren Anregungen für Ihre Wanderfahrten.

Auf den nächsten Seiten finden Sie Einzelheiten.

Lockende Ziele für Boot und Zelt

sie liegen jenseits der Grenzen und doch fast vor der Haustür. Denn erreichbar sind sie mit nur kurzen Flugstunden, aber auch mit dem Auto. Und die Fahrten sind „machbar", geeignet um neue Erfahrungen im Umgang mit Salz- und Süßwasser zu gewinnen.

Ostsee-Schären - unzählige von ihnen liegen im Gebiet zwischen Helsinki und Mariehamn, der Hauptstadt Ålands, einer autonomen Region im Bottnischen Meerbusen. Und genau dorthin führt die Wanderfahrt - von einer Insel zur anderen. Was Sie dabei sehen und erleben können, erzählt der Bericht. Vor allem aber auch, wie solch eine Fahrt vorzubereiten und womit im Einzelnen unterwegs zu rechnen ist.

Baltenflüsse - bis vor nicht langer Zeit waren sie für uns tabu - in Zukunft könnten die Gewässer Estlands und Lettlands auf der Liste Ihrer künftigen Reiseziele ganz vorn stehen. Denn unverfälschte Natur gibt es dort ebenso wie Menschen die viel Interessantes zu erzählen haben. Sie treffen die unterwegs in ihren Booten, beim Wandern.

Odysseus' Inseln - Homer hat sie geschildert - Sie sollten dort gewesen sein. Zunächst einmal in Gedanken folgen Sie den Spuren des Odysseus zu seiner Heimatinsel Ithaka. Von Korfu aus, über Epirus und Levkas, und weiter nach Kefalinia und Zakintos, zu den anderen Inseln des Ionischen Archipels. Vom Boot aus sehen und erleben Sie das Land und seine Menschen anders. Wie?

Türkische Küste - die Fahrt an ihr entlang führt in die Sonne, zu Stränden die noch nicht von der Tourismuswelle überflutet sind. An Stellen, die eben nur mit dem kleinen Boot zugänglich sind. Und Sie erleben Menschen, geprägt von anderer Mentalität und Religion. Wie begegnen die Ihnen? Und wo finden Sie etwas aus der Antike zurück? Was für solch eine Küstenfahrt wichtig ist, ergibt sich aus Text, Bildern und Karten. Damit Sie sich auf Ihre Tour gut vorbereiten können.

Das Buch hat 328 Seiten, davon 32 mit Farbfotos. Mehr als 100 Handzeichnungen und Kartenskizzen. Erhältlich im Buchhandel, in Sport- und Campinggeschäften sowie beim Deutschen Kanu-Verband.

 ISBN 3 - 980 1220 2 - 6

Exotische Ziele für Boot und Zelt

Dieses Buch bringt Sie mit dem kleinen Boot in die Tropen. Zunächst einmal nach Bali. An die Nordküste, die weitab liegt von den Touristenzentren dieser indonesischen Insel. Wer dort entlang paddelt und irgendwo landet, dem begegnen die Bewohner anders als hier. Wie? Es wird Sie überraschen.

Philippinen Inseln - auch wenn Sie dort mit Ihrem kleinen Boot aufkreuzen, sind es Begegnungen mit den einheimischen Menschen, die in Ihrer Erinnerung bleiben. Und das Leben am, auf und unter dem Wasser. Sie lernen es beim Lesen ebenso kennen, wie mehrere verschiedene, nachvollziehbare Routen durch das, so wird behauptet, schönste Inselland Südostasiens.

Und dann die Südsee-Atolle. Paddeln Sie zunächst in Gedanken um eines herum, bevor Sie sich selbst aufmachen um vielleicht ein anderes vom Boot aus zu sehen. Um dabei die Romantik der Inseln Ozeaniens zu erfahren? Lebt die überhaupt noch? Darauf gibt es keine generelle Antwort. Aber Sie werden wissen, wie und wo man sie suchen kann.

Kiribati - daß dieses Wort für eine selbständige Republik im Zentral-Pazifik steht - sehr bekannt ist das nicht. Und dementsprechend unbeeinflußt von der modernen Zivilisation ist das Dorf in dem Sie beim Lesen mit Ihrem Faltboot landen. Was sich dort erleben und erfahren läßt? Vielleicht wird es Sie darüber nachdenken lassen, ob und wann solch eine exotische Wandertour eingeplant werden kann. Vorbereitende Informationen sagen Ihnen auch wie man gut und sicher die Tropen genießen kann.

Das Buch hat 344 Seiten, davon 36 mit Farbfotos. Mehr als 100 Handzeichnungen und Kartenskizzen. Erhältlich im Buchhandel, in Sport- und Campinggeschäften sowie beim Deutschen Kanu-Verband.

ADRESSEN-ANHANG

1. Info-Bank für Kanu-Wanderer
   Joachim Hermann
   Egmatingerstr. 11
   85653 Aying-Dürrnhaar
   Tel. 08102-3200

2. Geo Center ILH
   Schockenriedstr. 44
   70565 Stuttgart
   Tel. 0711-7889340
   Fax 0711-7889354

3. Bade & Hornig
   Stubbenhuk 10
   20459 Hamburg
   Tel. 040-3748110
   Fax 040-36400

4. Eckart & Meßtorf
   Rödingsmarkt 16
   20459 Hamburg
   Tel. 040-3748420
   Fax 040-378028

5. Deutscher Kanu-Verband eV
   Berta-Allee 8
   47055 Duisburg
   Tel. 0203-721065
   Fax 0203-341924

6. Bundesamt für Seeschiffahrt
   und Hydrographie
   Bernhard-Nocht-Str. 78
   20359 Hamburg
   Tel. 040-31901
   Fax 040-31905000

7. Salzwasser-Union
   Hans-Jürgen Staude
   Guttmannsring 65
   21079 Hamburg
   Tel. 040-7635195

8. Otto v.Stritzky & Marja de Pree
   Im Birkenfeld 13 A
   65779 Kelkheim-Eppenhain
   Tel. 06198-8657

Die letzte Adresse für den Fall, daß Sie uns schreiben oder anrufen wollen, mit Fragen, Anregungen oder Kritik zu diesem Buch. Wir würden uns darüber freuen.

Ahoi und gute Fahrt!

INHALT	SEITE

* = Seiten mit Karten

Der Deutsche Kanu-Verband

kennen Sie ihn? Er vertritt Sie und Ihre Interessen im Kanusport. Genauer: 19 Landesverbände, 1.250 Kanuvereine und Einzelmitgliedergruppen tun es, mit insgesamt rd. 110.000 Mitgliedern. Sind Sie bereits dabei? Sollten Sie nicht dazugehören?

Warum? Weil wir alle zusammen besser dafür sorgen können, daß unsere Gewässer natürlich, unverbaut und sauber bleiben, Übernutzungen vermieden werden und so möglichst viele Gewässer auch künftig für unseren Sport nutzbar sind. Wir können gemeinsam die Sicherheit und Ausrüstung von Booten verbessern und durch Kurse mehr Freude an unserem Sport haben. Der DKV organisiert und fördert all das, für und im Namen der Mitglieder. Und er informiert sie über das aktuelle Geschehen am und auf dem Wasser. Daß Mitglieder Gastrecht auf mehr als 800 verbands- und vereinseigenen Campingplätzen haben, versteht sich von selbst.

Die DKV-Wirtschafts- und Verlags GmbH, das Service-Unternehmen des Verbandes, veröffentlicht unter anderem ein in der Welt einzigartiges Flußführersystem, das über fast alle mit kleinen Booten befahrbare Gewässer in Europa informiert. Mitglieder erhalten diese Wanderführer zu Vorzugspreisen, ebenso wie Flußkarten, eine sorgfältige Auswahl an Kanuliteratur, Kalender und auch Videos zu Lehrzwecken. Über die DKV-GmbH erscheint auch Kanu Sport, die verbandseigene Monatszeitschrift mit aktuellen Informationen für Kanusportler und Fahrtenvorschlägen für Wasserwanderer. Außerdem werden die drei bundeseigenen Campingplätze des DKV, Bodensee, Edersee und Teufelsmoor, über sie bewirtschaftet.

Wo ist der nächste Verein in Ihrer Nähe? Oder wollen Sie einem der regionalen Verbände als Einzelmitglied angehören? Fragen Sie uns nach Einzelheiten dazu. Wir freuen uns darauf.

Deutscher Kanu-Verband e.V.
DKV-Wirtschafts- und Verlags GmbH
Postfach 10 03 15 - 47003 Duisburg / Berta Allee 8 - 47055 Duisburg
Tel. 0203 - 721065/6/7 - Fax 0203 - 341924